Kursbuch Religion 7/8

Kursbuch Religion 7/8

2000

Arbeitsbuch für den Religionsunterricht im 7./8. Schuljahr

Calwer Verlag
Stuttgart

Verlag Moritz Diesterweg
Frankfurt am Main

Kursbuch Religion 2000 wird herausgegeben von Gerhard Kraft, Dieter Petri, Heinz Schmidt und Jörg Thierfelder

Kursbuch Religion 2000 7/8
erarbeitet von Heidrun Dierk, Helmut Hanisch, Britta Hübener, Gerhard Kraft, Werner Müller, Heinz Schmidt und Friederike Taut-Müller

unter Mitarbeit von Helmut Kempf, Markus Schanz, Albrecht Winkler

ISBN 3-7668-3492-4   (Calwer)
ISBN 3-425-07879-8   (Diesterweg)

© 1998 Calwer Verlag, Stuttgart, und Verlag Moritz Diesterweg GmbH & Co., Frankfurt am Main.
Alle Rechte vorbehalten. Das Werk und seine Teile sind urheberrechtlich geschützt.
Jede Verwertung in anderen als den gesetzlich zugelassenen Fällen
bedarf deshalb der vorherigen schriftlichen Einwilligung eines der Verlage.
Umschlaggestaltung: Thomas Bahr GRAFIK, Mainz
Umschlagabbildung: Luigi Russolo, „Maisons + lumières + ciel", 1912/13 (Ausschnitt),
Öffentliche Kunstsammlung Basel
Layout und Computergrafik: Thomas Bahr GRAFIK, Mainz
Satz und Reproduktionen: Utesch GmbH, Hamburg
Druck und Bindung: Parzeller Druck- und Mediendienstleistungen, Fulda
Printed in Germany

Inhalt

So sind wir – echt 10

total … verdreht 12
  einfach daneben 12 · ganz schön neu 13 · unheimlich cool 14 · vollkommen blendend 15 · richtig verwirrend 16 · wahnsinnig verknallt 17 · irgendwie anders 18 · endlich los 20 · trotzdem geborgen 21 · typisch „die heutige Jugend" 22 · und so bin ich 23

Rock my Soul – Popmusik und Religion 24
  Endlich auf'm concert … 24 · Madonna 25 · Lieder von der Ewigkeit 26 · Christen, die Rock und Pop machen 28

Wer hat schon ein Gewissen 32
  Gewissenlos? 32 · Gewissenhaft? 33 · Gewissensbildung 34 · Gewissensfragen 35 · Orientierung: Die Zehn Gebote 36 · Schuld und Vergebung 38 · Gewissenhaft 40

Mit Gott unterwegs 42

Wege zu Gott 44
  Wege zu sich selbst 44 · Die Mitte suchen 46 · Gottesbegegnung 47 · Beten – Das Leben mit Gott teilen 49 · Klage und Vertrauen 50 · Gebetserhörung 52

Wege mit Gott 56
  Jona hat zu lernen 56 · Umkehr 58 · Jesus lernt durch eine Frau 60

Wege von Gott her – Paulus 61
  Auf der Suche 62 · Stationen im Leben des Paulus 64 · Streit unter Geschwistern 66 · Superapostel 69 · Starke und Schwache 71 · Freiheit? 74 · Der Weg in den Tod 75

Menschen begegnen Jesus 76

Nachfolge – Freunde und Freundinnen Jesu 78
  Unruhige Zeiten 78 · Maria Magdalena – eine Freundin Jesu 80 · Maria Magdalena im Kreise der Jünger Jesu 81 · Jesus und Maria Magdalena – ein Liebespaar? 82 · Liebe und Treue hören nicht auf 83 · Du wirst mich wieder sehen 84 · Nachfolge heute 85

Gottes Reich im Kommen   86
    Hoffnungen – Erwartungen 86 · Was man ändern kann 88 ·
    Bergpredigt – Einladung zum Reich Gottes 89 · Neue Regeln: die so
    genannten Antithesen 90 · Gewaltverzicht – Risiko und Chance 91 ·
    Praxis des Reiches Gottes – ein Wunder 92

Hoffnungsgeschichten – die Wunder Jesu   94
    Wunder erleben 94 · Wunder – was ist das? 95 · Wunder in der
    Antike 96 · Heilung eines Besessenen 97 · Meinungen über
    Wunder 98 · Die Wunder Jesu 99 · Wunder tun 101

Durch Leiden und Tod   102
    Anmaßung und Provokation 102 · Voruntersuchung und Anklage 102 ·
    Der Prozess vor Pilatus 104 · Die Kreuzigung 105 ·
    Auferstehung 107 · Sehen – Glauben – Handeln 108 ·
    Ostergeschenke – Zeichen für die Auferstehung? 109

Wirklichkeit deuten, prophetisch handeln, Hoffnung wecken   110

Der eine Gott 112
    Prophetie heute 113 · Der Kampf um den einen Gott 114 · Der
    Prophet Elia 116

Die Gerechtigkeit Gottes   118
    Der Prophet Amos 118 · Amos klagt an im Namen Gottes 120 · Gott
    lässt Amos das Gericht über Israel schauen 121 · Amos predigt das
    drohende Gericht 122 · Und dann? 123

Leben mit den Geringsten   124
    Franz von Assisi 124 · Die ersten Gefährtinnen und Gefährten von
    Franziskus 126 · Die Ausbreitung des Ordens 127 · Das Ende des
    Franz von Assisi 128 · Franziskus nachempfinden 129 · Leben in
    Partnerschaft mit anderen Lebewesen 130

Arm und Reich   132
    Wer ist arm? Wer ist reich? 133 · Armut 134 · Gemachte
    Armut 136 · Befreiung von Armut 137

Aberglaube – oder? 140

... und sie vertrauen dem Kaffeesatz 142
  aber – glauben? 143 · Glauben – aber ...? 144 · Supermarkt für wunde Seelen 145

... und sie vertrauen den Sternen 146
  Bestimmen Sterne das Schicksal? 146

... und sie versprechen das Glück 147
  Hanussen II – ein „Glück-Bringer"? 147

... und sie glauben an Teufel 148
  Der Böse – oder das Böse? 148

In der Schöpfung als Ebenbild Gottes 150

Jeder Mensch ist ein Abbild Gottes 152
  Der Abglanz Gottes 152 · Und er schuf sie als Mann und Frau 153

Mit Behinderungen leben 157
  Behinderung - Zumutung oder Annahme 157 ·
  Begegnung mit behinderten Menschen 159

Ihr schuldet uns eine lebenswerte Welt 161
  Wenn ihr uns fragt... 162

Flucht in die Sucht 164
  „Muntermacher" 164 · Das Leben neu gewinnen 166

Kirche in der Welt 168

Christen im Römischen Reich 170
  In Bedrängnis 170 · Verfolgungen 172 · Kirche im Staat 174 ·
  Widerstände 176 · Konflikte 177

Christliche Welt des Mittelalters 178
    Stadtleben 178 · Gottgewollte Ordnung 181 · Leben im Kloster 182 ·
    Neue Klöster und Ordensgemeinschaften 184 · Ketzer? 186 ·
    Frauen – am Rand? 188 · Fromme Frauen 190 · Bedrohungen und
    Ängste 192 · Wie finster war das Mittelalter? 192 · Und heute? 193

Wege in eine neue Zeit: Die Reformation 194
    Zeit des Umbruchs 194 · Allein durch den Glauben 195 · Freiheit
    des Glaubens und des Wortes 198 · Innere oder äußere Freiheit
    199 · Trennung der Kirchen 200 · Weltweite Reformation 201 ·
    Katholische Reform 203

Judentum 204

Jüdin, Jude sein 205
    Das Judentum – die Wurzel des Christentums 206 · Christen und
    Juden in der Geschichte 207 · Eine Insel der Zeit: Der Sabbat 208 ·
    Kindheit und Jugend 209 · Feste 210 · Religion der Tat 214 ·
    Erinnerungszeichen 215 · Der Tempel 216 · Die Synagoge 217

Islam 218

Muslimin, Moslem sein 219
    Muslime unter uns 220 · Muslimin – oder Christin? 222 · Die fünf
    „Säulen" („arkan") des Islam 223 · Die Moschee 225 · Mohammed
    226 · Glauben an einen einzigen Gott 227 · Nach Mohammeds Tod
    228 · Der Koran 230 · Islamischer Festkalender 233

Liebe Schülerinnen und Schüler,

ihr habt vielleicht schon in den vergangenen zwei Schuljahren im Fach Religion mit dem Kursbuch 2000 gearbeitet. Dieses Buch ist die Fortsetzung für die Klassen 7 und 8. Auch wer das Kursbuch 2000 bis jetzt noch nicht kennt, wird sich rasch darin zurechtfinden. Das Buch will euch Anregungen geben, über ganz unterschiedliche Themenbereiche nachzudenken, die mit eurem Leben und der Umwelt um euch herum, mit dem christlichen Glauben und anderen Religionen zu tun haben:

- Unsere Wünsche, unsere Musik, unsere Gewissenserfahrung
- Wege zu Gott, Wege mit Gott, Wege von Gott her
- Die Bedeutung Jesu für den Einzelnen wie für die Welt
- Prophetisches Handeln - Überlieferung und Gegenwart
- Aberglaube - eine Versuchung
- Wir Menschen sind Ebenbilder Gottes
- Kirche in der Welt: Vom Römischen Reich bis zur Reformation
- Begegnungen mit dem Glauben von Muslimen und Juden

Diese Themenbereiche, die sich in den neun großen Kapiteln widerspiegeln, sind aus kleineren Bausteinen zusammengesetzt. Im Religionsunterricht könnt ihr die Bausteine unabhängig voneinander behandeln, ihr könnt euch auch aus den Bausteinen das heraussuchen, was euch am wichtigsten ist. Das Buch ist euer Markt der Möglichkeiten, die Auswahl überlassen wir euch.
Auch die Arbeitsaufträge sind als Angebote zu verstehen, aus denen ihr auswählen könnt. Vielleicht habt ihr zu den Texten und Bildern ganz andere Ideen. Bei Arbeitsaufgaben mit einem △ könnt ihr genauer untersuchen, was in einem Text oder Bild steckt. Aufgaben mit einem ▼ geben euch Anregungen, selbst etwas Weiterführendes zu tun.
Das Buch liefert keine einfachen Antworten oder Lösungen auf die Fragen, die ihr habt. Es will euch aber helfen, für euch selbst und im Gespräch mit anderen herauszufinden, wie ihr Probleme und Konfliktsituationen bewältigen könnt, wie ihr miteinander umgehen und wie ihr Klarheit darüber gewinnen könnt, was euch ganz persönlich wichtig ist. Dazu zeigt es auch Richtungen und Wege auf. Alle Autoren von diesem Kursbuch Religion wünschen sich, dass ihr euch zum Nachdenken, Diskutieren, Spielen, Handeln, Erzählen und zu künstlerischem Gestalten anregen lasst.
Am Rand findet ihr manchmal Hinweise auf andere Seiten im Buch, auf denen das jeweilige Thema in anderer Weise behandelt wird.
Ein 📖 verweist auf eine Bibelstelle, die ihr im Zusammenhang der Kapitelseite nachlesen könnt.

Für alle, die an diesem Buch mitgearbeitet haben,
Gerhard Kraft
Heinz Schmidt

einfach daneben
ganz schön neu
unheimlich cool
vollkommen blendend
richtig verwirrend
wahnsinnig verknallt
irgendwie anders
endlich los
trotzdem geborgen
typisch Jugend
und so bin ich

total...
VERDREHT

So sind wir – echt

total ... verdreht
Rock my Soul
Wer hat schon ein Gewissen

Rock my Soul: Popmusik und Religion

Endlich auf'm concert
Madonna
Lieder von der Ewigkeit
  Eric Clapton, Tears in Heaven
  Die Toten Hosen: Paradies (1996)

Christen, die Rock und Pop machen
  "Schulze" – ein Interview
  Heaven Bound: "Ruhrpott-Reggae"
  Nimmzwei – DAS ROCKFOLKBARETT
  Techno für "Generation C":
  World-wide Message Tribe

Wer hat schon ein GEWISSEN

- gewissenlos • gewissenhaft • Gewissensbildung • Gewissensfrage
- Gewissensfreiheit • Schuld und Vergebung • Gewissen aus Verantwortung

total ... verdreht

**einfach ...
daneben**

Endlich erwachsen werden, dazugehören – das ist es, worauf ich so lange gewartet habe. Und jetzt? Mit meinen Geschwistern gibt's im Moment bloß noch Streit. Und die Erwachsenen um mich rum tun so, als ob ich 'ne schlimme Krankheit hätte.
Ach, in der Pubertät? Jetzt schon? Na, da steht euch ja was bevor!
... hab ich zufällig mitgehört, wie Tante Trude von nebenan zu meiner Mutter gesagt hat. Die muss es ja wissen, die hat ja schon mindestens 70 Jahre Lebenserfahrung!

Natürlich, Sie können ruhig "DU" zu ihr sagen!

... aber sie spielt noch immer mit ihren Kuscheltieren ...

Um acht muss er immer zuhause sein.

Das ist noch nichts für dich.

Und die Musik, die er hört ...

Ich hätte eigentlich gedacht, dass er vernünftiger ist!

Sie sollte doch auch mal ein nettes Kleid anziehen.

Er ist im Stimmbruch!

... und pass auf deinen kleinen Bruder auf!

△ In welchen Situationen sind euch solche oder ähnliche Kommentare schon begegnet? Was würdet ihr jeweils zur Antwort geben? Malt eine Sprechblase mit den Kommentaren eines Mädchens oder eines Jungen!
▼ Denkt euch in kleineren Gruppen typische Situationen aus und spielt sie den anderen anschließend vor!

So sind wir – echt

Es passiert jedem

Irgendwann im Alter zwischen 9 und 16 fängt dein Körper an, sich auffällig zu verändern. Tom (16) sagte dazu: „Als ich 15 war, fing mein Körper plötzlich an verrückt zu spielen!" Diese Zeit der Veränderung wird Pubertät genannt. Jeder macht sie durch. Dein Körper wird vielleicht dicker oder dünner, länger, behaart oder bleibt glatt. Du bekommst Pickel oder auch keine. Jeder wächst und verändert sich unterschiedlich schnell und zu verschiedenen Zeiten. Vielleicht bist du in der Zeit voller Energie oder du möchtest in der Zeit nur rumhängen und viel schlafen. Es überrascht dich vielleicht, wie schnell und unkontrollierbar sich deine Stimmung ändert.

Verantwortlich für die Veränderungen sind bestimmte Hormone, Botenstoffe, die dein Körper bildet. Die Wachstumshormone steuern die Vermehrung der Knochenzellen, der Körper wächst. Sexualhormone sorgen dafür, dass bei Mädchen und Jungen die Geschlechtsmerkmale ausgeprägt werden. Schließlich wird die Geschlechtsreife erreicht, Mädchen können schwanger werden, Jungen werden zeugungsfähig.

ganz schön ... neu

△ Versucht die unten aufgeführten Begriffe zuzuordnen.
Gelingt es bei allen?
Ergänzt!

eher weiblich **eher männlich**

Zärtlichkeit
Angriffslust
Risikobereitschaft
Ordnungsliebe
Mitleid
Gerechtigkeit
Scheu
Empfindlichkeit
Ehrgeiz
Ideenreichtum
Mut
Selbstbeherrschung

...früher war alles besser!

Ich komm von der Schule nach Hause, 'ne Arbeit in Mathe geschrieben, Streit mit der Freundin, jede Menge Hausaufgaben ... Dann kommt Mama und will, dass ich den Tisch decke und noch „ein bisschen" aufräume, bevor der Besuch kommt.
Überhaupt meint sie, dass ich mich jetzt mehr um den Haushalt kümmern soll. Mein Bruder ist zwei Jahre älter als ich, der grinst nur, wenn er das hört.
Verschwinde ich mal mit dem Telefon auf meinem Zimmer, ist das immer ein Drama. Ich würde mich in letzter Zeit so zurückziehen, heißt es dann, und mein Herr Papa meint, „wenn du dich mit mir auch mal so lange unterhalten würdest, wäre ich froh."
Aber manche Dinge kann ich einfach besser mit meiner Freundin bequatschen.
Ich versteh ja, dass sie meinen, ihr „kleines Mädchen" beschützen zu müssen. Manchmal denk ich auch, früher war alles besser.

△ Stellt eine Stichwortliste zusammen, am besten in Kleingruppen, welche Veränderungen ihr als schön empfindet. Was bringt Probleme mit sich?

total ... verdreht

unheimlich … cool

Mit 14 habe ich mir die Haare seitlich hochrasieren lassen und orange gefärbt. Meine Klamotten werden nach dem Kaufen nicht sofort angezogen, die bearbeite ich erst mal. Ob ich ein richtiger Punk bin – ich weiß nicht. Eigentlich will ich nur Spaß haben, mein eigenes Ding machen. Abgeschaut hab ich mir das von den Toten Hosen, besonders der Campino ist so was von cool drauf. Als ich damit angefangen habe, sind meine Eltern ganz schön erschrocken. Eigentlich soll's ja auch ein bisschen schocken. Trotzdem – heute hab ich keine Schwierigkeiten mit ihnen.

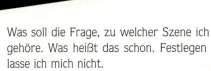

Was soll die Frage, zu welcher Szene ich gehöre. Was heißt das schon. Festlegen lasse ich mich nicht.
Punk, Rock, Hip-Hop, Grunge, Techno … – such dir's raus. Ich spiele gerne mit meinem Äußeren, probier was aus. Eigentlich mach ich mir nur 'nen Spaß draus.
Ob mir das ganz egal ist, was die anderen über mich denken und reden? Das wahrscheinlich nun auch nicht. Aber ich will nicht täglich an einem Schönheits- oder Originalitätswettbewerb teilnehmen. Wichtig ist mir im Grunde nur, dass ich gut drauf bin. Dann bin ich mit mir zufrieden.

△ Welche Rolle spielen für euch „Klamotten"? Was ist zur Zeit „in", was ist „out"?
Wie müsste ein Mädchen oder ein Junge sein, zu der/dem ihr sagen würdet: „Echt cool!" Gibt es für euch Wichtigeres, als gut auszusehen?
▼ An welcher Stelle der Hitliste steht Kleidung, Frisur, Schmuck?

So sind wir – echt

vollkommen... blendend

Werbungseidank

Videospots und Musikclips, Hochglanzbilder in den Zeitschriften, Werbeplakate an der Straße, die Moderatorin mit makellosem Teint, die Popstars mit dem absoluten Outfit ... Gott sei Dank wird uns überall gezeigt, was wir anziehen sollen, wie unsere Idealfigur auszusehen hat, wohin wir reisen müssen, um nicht ausgelacht zu werden. Die Leuchtreklame begleitet uns mit der stets gleichen Botschaft: ... Mach mit, wenn du dich nicht klein und mickrig fühlen willst. Mach dich beliebt und kaufe, was unbedingt dazugehört. Erfüll dir deine Wünsche, Kleidung, Frisur, Sonnenbräune, Idealgewicht ...

Miriam, 15 Jahre

„Ich begann ganz einfach mit einer Diät. Dann hörte ich auf, Abendbrot zu essen, danach ließ ich das Mittagessen weg und schließlich auch noch das Frühstück.
Ich begann damit, als ich in der 10. Klasse war. Ich nahm 35 Pfund ab.
Ich erfand eine Menge Tricks, um mich vor dem Essen zu drücken, sagte, ich müsste noch zu einem Kurs oder zu einer Freundin. Aber schließlich begannen meine Eltern sich Gedanken zu machen. Wenn ich mal zum Abendessen zu Hause war, befahlen sie mir, etwas zu essen, und ich geriet in Panik. Je mehr sie auf mich einredeten, desto entschlossener wurde ich, nichts zu essen. Ich wollte so gern mager sein. Nichts konnte mich davon abhalten.
Früher war ich ein Strich in der Landschaft. Als ich dann in die Pubertät kam und zunahm, war ich vielleicht nicht dick, aber ich fühlte mich so. Damals waren wir gerade in eine neue Stadt gezogen und ich hatte all meine Freunde verloren. Ich hasste meine neue Schule.
Ich dachte, wenn ich nur perfekt aussähe, eben superschlank, dann könnte mich nichts mehr verletzen.
Wer meine Noten sah, sagte: ‚Was für eine Musterschülerin.' Und wer mich ansah, sagte: ‚Was für ein schlankes Mädchen. Sie erreicht einfach alles.' Wenn mir jemand etwas zu essen anbot, sagte ich immer: ‚Nein, danke', und fühlte mich dann sehr stark.
Eine Cousine hat dann gemerkt, was los war, und mit mir über Magersucht geredet. Das hat mich so getroffen, dass ich ein paar Tage später alles meiner Mutter erzählt habe. Sie ist dann mit mir zu einer Beratung für Essstörungen gegangen. Ich hatte Glück, weil ich nur ein gutes halbes Jahr magersüchtig war. Das machte die Therapie leichter.
Dass ich diese Krankheit besiegt habe, hat mir eine Menge Selbstachtung gegeben. Trotzdem weiß ich, dass ich mich auch heute noch damit herumschlagen muss. Aber ich denke, dass ich es eines Tages schaffen werde, im Einklang mit mir selbst und meinem Körper zu leben. Es gibt ja Menschen, die mir dabei helfen."

Bei Magersucht (Anorexie) hungern die Erkrankten sich buchstäblich zu Tode. Bei der Bulimie („Kotz-Fress-Syndrom") wechseln Hungern und Fressanfälle einander ab, bei denen oft riesige Mengen an Lebensmitteln verschlungen und wieder erbrochen werden.
Beides sind schwere Krankheiten, die vor allem Mädchen in der Pubertät treffen. Sie brauchen dann dringend ärztliche und psychologische Hilfe.

Maria Magdalena
Seite 80-82

△ Vergleicht die Jugendlichen auf der vorherigen Seite mit Miriam. Sprecht über Werbeanzeigen in Zeitschriften, über Fernsehwerbespots usw.
▼ In einer Collage könnt ihr gut darstellen, mit welchen Mitteln die Werbung arbeitet.

total ... verdreht

richtig… verwirrend

Herzklopfen

15.6.
Eigentlich ist es verrückt. Da kenne ich das Mädchen schon lange, sie ist bei mir in der Schule, jetzt auch im Konfirmandenunterricht, und dann kommt sie heute mit einer neuen Frisur in die Konfirmandengruppe und es trifft mich wie ein Schlag. Plötzlich macht sie unheimlich Eindruck auf mich: Tolle, schulterlange Haare und sie kichert auch nicht so blöd wie die anderen. Die müsste meine Freundin sein.

18.6.
Heute im Bus habe ich mich einen Platz hinter Kathrin gesetzt. Sie hat mich angeguckt und mehr war nicht und die Welt war unheimlich schön. Vielleicht hat sie ja gemerkt, dass ich sie mag, denn ich renne ja auch auf dem Schulhof immer in ihrer Nähe herum. Und morgen rede ich sie an.

20.6.
Verflucht noch mal, ich bin zu blöd, ich schaffe es nicht. Aber heute ist sie mir gekommen, die rettende Idee, sie kam aus dem Radio. Im Wunschkonzert im Jugendprogramm werde ich Kathrin einfach mit einem Lied grüßen. Mit meinem Lieblingslied … Und damit sie es bestimmt auch hört, nehme ich die Sendungen ab morgen auf Kassette auf und gebe sie ihr dann. Bestimmt wundert sie das. Wenn das nichts hilft …

22.6.
Das ging aber schnell, heute kam es im Radio: Stefan liebt Kathrin. Ich hatte ganz schön Herzklopfen. Aber jetzt kommt erst das Schwierige, wie gebe ich Kathrin die Kassette?

23.6.
Ich bin die Kassette erst nach Schulschluss losgeworden. In der Pause standen immer so viele Leute um sie herum und die machen sich über so was ja doch bloß lustig und verderben einem die ganze Tour. Aber immerhin: Ich habe es geschafft, ich habe ihr die Kassette gegeben. Sie ist ja bestimmt auch irgendwie schüchtern. Anstatt etwas zu sagen, hat sie die Kassette wortlos in die Tasche gesteckt. Aber jetzt müsste sie wenigstens Bescheid wissen.

wahnsinnig … verknallt

26.6.
Ich bin schon wieder zu Kathrin gegangen – Mann, Mädchen könnten das ja auch mal tun. Ich habe sie gefragt: „Was meinst du denn?", und sie hat nur gesagt: „Och, ich weiß nicht." Mir hat es die Sprache verschlagen und ich war irgendwie enttäuscht. Aber ich bringe es ja auch nicht. Die verfluchte Schüchternheit.

So sind wir – echt

27.6.
Heute hat Jochen zu mir gesagt: „Soll ich dir mal zeigen, wie man die Schnepfe Kathrin anmacht? Du kommst ja doch auf keinen grünen Zweig."
Die Jungen mit ihrer blöden Mackermasche, ist ja bloß Angeberei. Und eine richtige Freundschaft kommt dabei nie heraus. Und dann haben es diese Idioten auch noch an die Tafel geschrieben: Stefan & Kathrin, mit einem Herz drumherum und Love dabei. Warum muss man aus allem eine Schau machen? Kann man nicht so, wie man ist, aus sich herausgehen, muss man echt spielen? Mein Brief an Kathrin, mein letzter Versuch, liegt noch immer im Physikbuch...

wahnsinnig... verknallt

Die Arbeit fängt an
Zu meinem Traumtypen müsste ich Vertrauen haben. Ich müsste mit ihm reden können. Er soll auch zuhören und mir von sich erzählen. Ich möchte mich mit ihm streiten können, wirklich sagen können, was mir stinkt, er soll das auch können. Ich will auch versuchen, ihn zu verstehen, wenn er Mist baut. Am Anfang ist es leicht zu denken: Der ist der Tollste! Wenn man sich kennen lernt, kommen die Schwierigkeiten. Du hast ihn, hast es geschafft! Das Prickeln ist weg... Du musst versuchen, etwas Neues zu finden. Beides ist schön, der Anfang und hinterher, aber beides sind ganz unterschiedliche Gefühle... die Arbeit fängt an!

△ Sucht euch die Stellen im Tagebuch heraus, die euch gefallen. Versucht euch mal als Ratgeber für Stefan. Wie sollte sich Kathrin verhalten? Vergleicht: Geben Mädchen andere Ratschläge als Jungs?
▼ Schreibt jeweils in kleineren Gruppen das Drehbuch zu einem Liebesfilm.

total... verdreht

irgendwie ... anders

Familienchronik

Meine Urgroßmutter Elisabeth heiratete 1869. Von ihr wird berichtet, dass der Mann, der sie heiraten wollte, von ihr forderte, dass sie imstande sein müsse, ein vollständiges Menü mit fünfzehn Gängen zu kochen. Vor der Verlobung musste sie also das Essen kochen und ihm, der allein im Esszimmer saß, einen Gang nach dem anderen servieren. Als er zu Ende gegessen hatte, steckte er sich eine Zigarre an, sog genüsslich an ihr und lehnte sich im Stuhl zurück. Die Eltern traten mit der zukünftigen Braut ins Zimmer und bestätigten, dass sie das ausgezeichnete Mahl wirklich alleine gekocht hatte. Der Bräutigam sagte: „Sie hat es großartig gemacht. Ich fand nichts auszusetzen. Wenn es Ihnen recht ist", sagte er zum Vater der Braut, „können wir nächste Woche unsere Verlobung feiern." Elisabeth wusste, dass sie nie wieder, wenn sie seine Frau war, selber kochen müsste, da sowohl er wie ihre Familie vermögend genug waren, um sie standesgemäß – wie man damals sagte – zu unterhalten. Elisabeth errötete vor Freude, wie berichtet wird, und bedankte sich. Sie sagte nicht, dass sie ihn nun keineswegs mehr heiraten wolle, ja lieber Köchin würde, als ihn zu nehmen. Es kam ihr gar nicht in den Sinn, einen kleinen Aufstand zu wagen. Sie fand es auch nicht sonderbar, dass er sie heiratete, weil er in ihr die ideale Mutter für seine zukünftigen Kinder sah.

Meine Großmutter heiratete 1892. Auch sie führte eine vorbildliche Ehe. Sie war ihrem Mann in allen Dingen untertan und abhängig von ihm, wirtschaftlich wie körperlich. Sie bekam jeden Morgen, bevor ihr Mann ins Kontor ging, 5 Reichsmark als Wirtschaftsgeld von ihm. Oft musste sie ihn daran erinnern, was ihr jedes Mal unangenehm war. Erst im Alter, bevor sie starb, wagte sie zu sagen, dass es eigentlich doch erstaunlich sei, dass sie niemals in ihrem Leben getan hätte, was sie selber wollte.

Meine Mutter wollte auf das Lehrerinnenseminar gehen. Aber da ihre beiden Brüder studierten, fand ihr Vater, dass ihre Ausbildung ihn nicht so viel Geld kosten sollte, da sie ja sowieso heiraten würde. Doch als sie 1921 heiratete, bekam sie eine Aussteuer und eine Mitgift, die ein kleines Vermögen darstellte. Sie konnte aber nicht darüber verfügen, sondern es ging in die Hände ihres Mannes über. Als er Konkurs machte, war sie mittellos.

Er zieht sich gerne schön an, ist ordentlich, näht sein Zeug selber, bleibt gerne zu Hause, ist kinderlieb, sanft und verspielt. Manche Mädchen fühlen sich bei ihm nicht sicher.
Sie diskutiert viel, ist selbstständig, wissbegierig, hartnäckig, hat Überzeugungskraft und setzt sich durch, was ihr notwendig erscheint zu tun, tut sie. Sie braucht keine „starke Schulter".
Beide sind zärtlich, fantasievoll und selbstverständlich hilfreich Freunden und Fremden gegenüber. Sie arbeiten, um später einen Beruf zu haben, der ihnen nicht in erster Linie Geld einbringt, sondern in dem sie etwas Nützliches tun können. Sie haben sich zusammengetan, um miteinander besser zu werden. Sie wollen nie fertig werden.

△ Die Frau, die aus der Familienchronik erzählt, ist aus der Generation eurer Eltern. Was stört die Mutter, Großmutter und Urgroßmutter an ihren Ehemännern?
Beschreibt, wie ihr die Beziehung der Paare empfindet.
▼ Beschreibt ein ideales Paar!

So sind wir – echt

△ Versucht herauszufinden, aus welcher Zeit die Paare auf den Hochzeitsbildern sind.
Die Paare haben sich verändert, nicht nur äußerlich. Beschreibe, wie die einzelnen Paare auf dich wirken.

total ... verdreht

endlich … los

Nicht auszuhalten

Das Ganze war schon ein bisschen komisch.
Ich glaub, es war ein Samstag. Da war gerade so'n Fußballspiel im Fernsehen, als ich mit Paul nach Hause kam.
„Das ist der Paul", hab ich gesagt. Papa hat kaum aus seinem Sessel hochgeguckt. Ich glaub, der hat gar nicht recht verstanden, was ich von ihm will.
Ob der Paul sich für Fußball interessiere, er könne doch mit schauen, hat er halb abwesend gesagt. Dabei hat er einen ziemlich hilflosen Eindruck gemacht.
Paul wusste auch nicht so recht, wie er darauf reagieren sollte – Fußball mag er nun mal wirklich nicht. Da hab ich schnell eingegriffen „…du, wir gehen auf mein Zimmer und hören Musik, lass dich nicht stören."
Als ob er auf einmal aufgewacht wäre, ist er aufgestanden, hat gesagt, mein Zimmer sei doch nicht aufgeräumt, zudem wollte er Mama aus der Küche holen, die soll den „Besuch" auch begrüßen und das Fußballspiel sei doch wirklich nicht so wichtig, man könne sich vielleicht schön zusammensetzen, Mama bereite ja sowieso gerade das Abendessen vor …
„Du, wir gehen erst mal auf mein Zimmer, Paul interessiert sich für meine neue CD", hab ich ihn unterbrochen. Daraufhin hat Papa dann nichts mehr gesagt. Mama war aber anschließend sehr fürsorglich, kam alle paar Minuten. Hat uns zu trinken gebracht, dann was zu essen, hat auch öfter mal gefragt, ob's auch schmeckt und ob wir satt geworden sind.
O Mann, das hält doch wirklich keiner aus.

△ Was denken wohl das Mädchen und ihr Freund Paul über das Verhalten der Eltern? Worüber werden sich die Eltern unterhalten?
Überlegt in Kleingruppen: Wie hätte die Geschichte anders verlaufen können?
▼ Spielt eure Version der Klasse vor.

So sind wir – echt

An meine Eltern

Manchmal denke ich nach und sinne und frage,
warum ich da bin.

Ob Ihr wohl wisst,
dass ich euch anvertraut bin
für einige Jahre,
aber nicht euer Besitz?

Ihr habt mich nicht so,
wie man sich Dinge anschafft
und dann mit ihnen umgeht,
solange sie einem gefallen.

Euch gehöre ich nur,
soweit ihr mich euch vertraut macht
und Verantwortung übernehmt für mein Leben.

Meine Eltern, wenn ich älter werde
und anders, als ihr es gewünscht habt,
wenn ihr bemerkt,
dass mit mir ein anderes Leben begann –
auch ein fremdes, das eurem Leben nicht gleicht.
Werdet mir Freunde,
die mich bejahen, so wie ich bin.

Schenkt mir die Liebe,
die annimmt, vertraut und begleitet,
damit ich sie lerne
und mutig werde zu schenken.

Mein Vater und meine Mutter,
wenn ihr mich freigebt aus Liebe,
kann ich mich finden und euch und das Leben.

Sonst nicht.

trotzdem …
geborgen

Reden –
und die Gewissheit haben,
dass einer da ist,
der nicht nur hinhört,
sondern zuhört.

Schweigen –
und die Gewissheit haben,
dass einer da ist,
der auch die Stille
ertragen kann.

Weinen –
und die Gewissheit haben,
dass einer da ist,
der nicht nur abwartet,
sondern wartet.

Lachen –
und die Gewissheit haben,
dass einer da ist,
der nicht auslacht,
sondern mitlacht.

Tanja

total … verdreht

typisch … „die heutige Jugend"

„Stell dir vor, du knackst den Jackpot …"

„Wenn ich die Bilder in der Tagesschau sehe, weiß ich sofort, was ich mit meinem vielen Geld anfangen kann." Melanie ist 14, sie will allen Kindern helfen, die durch Kriege verletzt worden sind, die Waisen oder obdachlos geworden sind.

Steve, 14 Jahre alt, hat eine andere Idee. Er würde erst mal seiner Oma eine Rolltreppe ins Haus einbauen lassen. „Sie hat Schmerzen in den Gelenken. Auch ihre Hüfte ist ausgeleiert. Für Opa stelle ich einen Chauffeur ein, weil er mit 75 seinen Führerschein abgeben will."

Matthäus 25,31-40

„Lars und Tobias („… zusammen sind wir 27 …") versichern, sie würden ihren „… öden Schulhof in einen Spielpark der unbegrenzten Möglichkeiten verwandeln."

Für die 13 Jahre alte Marion ist das keine Frage: „Das Geld aus dem Jackpot geht voll und ganz an Brot für die Welt, an Adveniat oder eine der anderen Hilfsorganisationen …"

Mit Lotto-Jackpot viel Gutes tun
Kinder von heute sind keinesfalls egoistisch

HAMBURG (AP). Kinder von heute sind offenbar alles andere als egoistisch und konsumorientiert. Falls sie einmal den Lotto-Jackpot knacken sollten, wollen viele von ihnen mit den Millionen Gutes tun und vor allem anderen helfen. Das ergab eine Umfrage der Zeitschrift „Eltern" unter 2023 Schulkindern zwischen sieben und 16 Jahren.

Null Bock auf den Besuch bei der Oma
Neue Studie zeigt, dass bei Jugendlichen die Bereitschaft sinkt, sich sozial zu engagieren

Komische Sachen malen und kassieren
Beim Berufswunsch sind Kinder nicht unbescheiden

△ Macht weitere Vorschläge.
▼ Was ist typisch für die „heutige Jugend"? Führt selbst eine Umfrage durch bei Mitschülern aus unterschiedlichen Klassen.
Befragt eure Lehrer oder eure Eltern.
Schreibt einen Artikel für die Schülerzeitung.

So sind wir – echt

Was ich eigentlich will

Eigentlich will ich keinem anderen gleichen. Im Gegenteil. Man soll mich doch als einen unverwechselbaren Menschen erkennen. Deswegen richte ich mich nicht nach anderen.

Eigene Ziele zu haben ist sehr wichtig. Ob ich sie tatsächlich erreichen kann, weiß ich nicht.
Das mit den Zukunftsplänen ist doch nur Spinnerei. Wir machen uns bloß was vor.
Die Wirklichkeit ist viel eintöniger.

Die Hauptsache ist, dass man seine Aufgabe erfüllt. Wo und was das ist, kann einem doch egal sein.

Ich habe Ziele und Wünsche. Aber oft traue ich es mir nicht zu, diese alleine zu verwirklichen. Schön wäre es, wenn ich mit anderen zusammen Zukunft planen könnte.

und so ... bin ich

△ Alle diese Aussagen stammen von Jugendlichen zwischen 12 und 16. Sprecht darüber, welche Aussagen ihr gut verstehen könnt. Welche erscheinen euch unverständlich?

Zukunft erträumen

△ Ergänze auf einem kleinen Blatt folgende Satzanfänge – es können durchaus auch Wunschträume geäußert werden, die wahrscheinlich so nicht in Erfüllung gehen. Eure Lehrerin/euer Lehrer sammelt die Blätter und liest ohne Namensnennung vor. Ihr könnt raten, von wem die einzelnen „Wunschträume" sind. Achtet auf Besonderheiten und Übereinstimmungen.

Ich möchte gerne einmal ...
Ein großer Wunschtraum von mir wäre ...

▼ Bringt Bilder von euch mit in den Unterricht, auf denen ihr nicht älter als acht Jahre seid. Überlegt, was sich seit damals bei euch verändert hat. Wie hat sich das Äußerliche, aber auch euer Denken und Fühlen gewandelt?
▼ Schreibt, wir ihr euch euer Leben in zehn Jahren vorstellt.

total ... verdreht

Rock my Soul – Popmusik und Religion

Endlich auf'm concert …

Popmusik nennt man jede Art von Musik, die bei einer größeren Zahl von Menschen beliebt ist. Dazu gehören auch alle Arten von Rock- und Jazzmusik. Selbst so unterschiedliche Dinge wie Techno und Volksmusik.

Es ist in irgendeiner größeren Stadt in Deutschland, freitagmorgens vor einer Festhalle. Geli steigt aus ihrem Schlafsack. Eigentlich hätte sie erst heute mit dem Zug herfahren müssen, aber sie hat das Warten nicht mehr ausgehalten. Sie hat die Nacht vor der Halle verbracht und sie ist nicht die Einzige. Noch etliche junge Leute fiebern mit ihr auf dasselbe große Ereignis zu. Schon so lange hat sie auf diesen großen Tag gewartet und heute Abend soll es endlich so weit sein: Die Backstreet Boys kommen! Sie wird schon ganz unruhig, wenn sie an die Jungs denkt! Sie sind alle so süß! Sie singen und tanzen supertoll!
Es wird Mittag. Langsam füllt sich der Platz vor der Halle. Keinem wird es langweilig, denn alle kennen sich aus und alle haben nur ein Thema, über das sie reden. Das Konzert …

▼ Sucht in Lexika nach den Erklärungen für Rock, Pop, Jazz und Techno.
Erzählt von Popkonzerten.
Bringt Musik und Bilder von eurer Lieblingsband mit.
▼ Wie reagiert ihr, wenn jemand Musik mitbringt, die ihr überhaupt nicht leiden könnt?

So sind wir – echt

Madonna

Vier Jahre benötigte die 1,54 Meter große Blondine, um die Großtanzfläche der New Yorker In-Discos mit ausverkauften Fußballstadien zu vertauschen. Aus dem unscheinbaren Sexkätzchen entwickelte sich ein Mega-Star. 13 Millionen Stück wurden von den ersten beiden Madonna-Alben weltweit verkauft und elf ihrer Singles platzierten sich hintereinander in den Top 5 der USA. Für eine Stippvisite nach Europa (drei Open-Air-Veranstaltungen) mussten ein Fracht-Jumbo, drei Sattelschlepper und 50 Crew-Mitglieder mobilisiert werden.

Madonna Louise Ciccone, geboren am 16. August 1960 in der Industriestadt Detroit, wuchs in einer streng katholischen italo-amerikanischen Familie mit fünf Geschwistern auf. Die Mutter starb früh und der Vater, ein Automobil-Ingenieur, hatte es schwer, die sechs Kinder durchzubringen.

Als Teenager nahm Madonna Ballettstunden und besuchte kurzzeitig die University of Michigan für Modernen und Jazz-Tanz. Mit 17 Jahren ging sie nach New York und trieb sich in der Disco-Szene herum. Sie lernte Gitarre, Keyboard und Schlagzeug. Eine Zeitlang trommelte sie für „Breakfast-Club" und sang bei der Rockband „Emmy".

In dieser Phase entdeckte Madonna für sich einen Reizwäsche-Look, der den Bauchnabel frei ließ und der durch den starken Einsatz von Modeschmuck betont wurde. Sie unterstützt ihre Hits mit raffinierten Videoclips und wurde so zum heftig umstrittenen Sex-Symbol.

Ein gelungenes Leinwand-Debüt gab Madonna in dem Spielfilm „Susan verzweifelt gesucht".

Eine Welttournee führte Madonna im Spätsommer '87 auch in die Bundesrepublik. Im Frankfurter Waldstadion trat sie vor 60.000 Fans auf. Danach widmete sich Madonna intensiv ihren Filmplänen und spielte in „Who's that girl" nicht nur die Hauptrolle, sondern bot auch Hitparadenstoff für den dazugehörigen Soundtrack…

In den darauf folgenden Jahren zog sich Madonna stärker aus der Öffentlichkeit zurück. Ihre Ehe mit dem Sänger Sean Penn scheiterte nach kurzer Zeit. 1995 beschloss Madonna Mutter zu werden. Sie wurde schwanger von ihrem Fitnesstrainer, begrenzte für die Zeit der Schwangerschaft alle anderen Aktivitäten auf ein Minimum und gebar im Oktober 1996 ihre Tochter „Lourdes Maria".

△ Schildert die Entwicklungsstufen der Karriere Madonnas. Was brachte ihr den Durchbruch?
▼ Wärst du gerne wie Madonna?

Rock my Soul

Lieder von der Ewigkeit

In etlichen Pop-Songs beschäftigen sich Künstler mit dem Sterben und der Frage nach dem Himmel. Zum Teil wird die Frage: „Wie wird es nach dem Tod sein?" dadurch ausgelöst, dass die Musiker selbst mit dem Tod in Berührung kamen.

Eric Clapton, Tears in Heaven

Clapton ist einer der berühmtesten Rockgitarristen. Auch sein Lied über den Himmel hat mit persönlichen Erfahrungen zu tun. Sein kleiner Sohn kam ums Leben und um dieses Erlebnis zu verarbeiten, spielte Clapton eine „unplugged"-CD ein, also mit purer Musik ohne elektronische Effekte. Besonders in seinem Lied „Tears in Heaven" redet er von seiner Erfahrung.

Clapton stellt sich vor, wie es im Himmel aussehen könnte, er stellt Fragen an sein Kind im Himmel:

Aus dem letzten Buch der Bibel: „Und Gott wird abwischen alle Tränen von ihren Augen und der Tod wird nicht mehr sein noch Leid noch Geschrei noch Schmerz wird mehr sein, denn das Erste ist vergangen."
Offenbarung 21,4

Would you know my name
if I saw you in heaven?
Would it be the same
if I saw you in heaven?
I must be strong and carry on,
cause I know, I don't belong
here in heaven.

Time can bring you down,
time can bend your knees.
Time can break your heart,
make you beggin please.

Would you hold my hand
if I saw you in heaven?
Would you help me stand
if I saw you in heaven?
I'll find my way through night
and day cause I know, I just
can't stay
here in heaven.
…
Beyond the door, there's peace,
I'm sure, and I know,
there'll be no more tears in heaven.

△ Versucht gemeinsam die wichtigsten Inhalte zu übersetzen. Unterhaltet euch über den letzten Satz.
▼ Wie stellt ihr euch den Himmel vor?
Vergleicht das Lied mit dem Satz aus Offenbarung 21,4.

So sind wir – echt

Die Toten Hosen: Paradies (1996)
Südwestpresse 18.3.96

Die medienwirksamen Spaß- und Überraschungsaktionen der „Toten Hosen" sind mit dem Namen der Band genauso verbunden wie deren punkiger Rock'n'Roll. Sie lieferten sich mit den „Leningrad Cowboys" ein mitreißendes Eishockey-Spiel, unterstützten den Fußballklub Fortuna Düsseldorf, holten sich den wohl bekanntesten Bankräuber Ronald Biggs ans Mikro.

Eigenwillig waren die Düsseldorfer schon immer und so verwundert es auch kaum, dass sich der Sänger Campino vor den Plattenaufnahmen für die Scheibe „Opium fürs Volk" für zehn Tage in die Benediktiner-Abtei Königsmünster zurückzog. Campino nimmt bei den Texten von „Opium fürs Volk" kein Blatt vor den Mund.

„Wir haben vielleicht zum ersten Mal das Selbstbewusstsein gehabt, unsere ernsten Statements nicht sofort mit einem blöden Witz zu relativieren, wie wir das oft getan haben, um nicht angreifbar sein zu können", sagt Campino und weiß: „Es ist nicht so wichtig, über was man singt, sondern wie der Blickwinkel ist."

Aus dem Lied „Paradies"

Wer kann schon sagen, was mit uns geschieht
vielleicht stimmt es ja doch
dass das Leben eine Prüfung ist
in der wir uns bewähren sollen
Nur wer sie mit „Eins" besteht
darf in den Himmel kommen
für den ganzen dreckigen Rest
bleibt die Hölle der Wiedergeburt
...
Ich will nicht ins Paradies, wenn der
Weg dorthin so schwierig ist
ich stelle keinen Antrag auf Asyl
meinetwegen bleib ich hier
...

△ Was sagen die Toten Hosen über das „Paradies"? Ist es wirklich „paradiesisch"? Vergleicht die Aussagen über das Paradies mit den Aussagen über den Himmel.
▼ Schreibt selbst einen Text zu Paradies und Himmel.

Rock my Soul

Christen, die Rock und Pop machen

„Schulze" – ein Interview

„Schulze" – das hört sich an wie der Nachbar mit dem großen Zwerg im Garten. Ist deine Band so drauf? Erzähl mal was von deiner Band.

In unserem Bandnamen sollte nur irgendwie klar werden, dass wir deutschsprachige Texte machen. Wir wollten auch nicht einen Namen haben, in den man so viel reininterpretieren kann.
Wir sind eine relativ normale Gruppe von Leuten, die Spaß daran haben, miteinander Musik zu machen.

Bist du ein Star?

Nö. Na ja, es gibt schon Phasen, in denen man sich besonders behandelt fühlt. Wenn wir z. B. im Fernsehen sind, hingeflogen werden, einen teuren Wagen mieten und die Plattenfirma zahlt alles, dann fühlt man sich schon als was Besonderes. Aber dann kommen wir heim und die alltägliche Umgebung sorgt dafür, dass wir auf dem Boden bleiben.
Diese ganze Mediensache ist immer wie eine Art Ausflug in eine andere Welt – aber meine Alltagswelt ist die ehrlichere und verlässlichere.

Ist es eher schön oder eher nervig, wenn man bekannt ist?

Manchmal tut es gut, irgendwo hinzukommen und die Leute kennen mich, aber ich bin froh, dass ich nicht so bekannt bin, dass ich nicht mal mehr ins Kino kann, ohne erkannt zu werden.

Du verdienst bestimmt jede Menge Kohle mit deiner Musik!

Darauf ein ganz eindeutiges Nein! Wir können nicht nur vom Musikmachen leben. Wir sind in so einer Art Zwischenzustand: Entweder wir müssen noch größer rauskommen oder irgendwann die Bandsache wieder als reines Hobby betreiben.

Jemand sagte mal: Schulze sind eigentlich gut, nur manchmal haben sie so komische christliche Lieder… – schaden solche Lieder dem Erfolg?

Ich glaub nicht. Auch in den Musikbusinesskreisen hat niemand ein Problem, wenn man über derartige Gedanken schreibt. Auch dort machen sich die Leute Gedanken über das Leben. Es kommt halt darauf an, ob es gut gemacht ist.

In einem Lied singst du: „Man nennt mich einen Träumer oder Spinner, wenn ich red von Jesus, meinem Herrn" – warum redest du von Jesus?

Ich rede von Jesus, weil ich eine ganz persönliche Glaubensbeziehung zu ihm habe und das ist für mich das Grundlegendste im Leben.
Die wichtigsten Zeiten sind für mich die Zeiten, in denen ich bete, und ich merke, dass ich nicht nur vor mich hinrede, sondern dass er da ist und mir antwortet. Ich merke, dass ich ihn brauche, ich habe auch nie eine sinnvolle Alternative gefunden, einen Sinn im Leben zu entdecken.
Wenn ich z. B. nur davon lebe, dass andere Menschen mich für einen geilen Typen halten, macht mich das letztlich zu einem Sklaven fremder Meinungen.
Ich habe selten die Erfahrung gemacht, dass einer sagt: Bleib mir weg mit deinem Christsein.
Bei Konzerten rede ich über alles, was mir in meinem Leben wichtig ist. Auch über meinen Glauben: immer ein paar Sätze vor den Liedern.
Dabei versuche ich nicht, irgendwelche Fragen zu beantworten, die sich dem Zuhörer gar nicht stellen, sondern eher auch in anderen Liedern Themen aufzuwerfen, ohne dass im dritten Vers die ultimative Antwort kommt.

ICH HÄNG AN DIR

Schulze

So sind wir – echt

Heaven Bound: „Ruhrpott-Reggae"

Nicht erst seit ihre erste CD auf dem Markt ist, sind die Ruhrpott-Gewächse im Gespräch. Ihr Erfolgsrezept: Natürlichkeit – bei Heaven Bound spielt keiner den großen Star – und Ausgelassenheit.
„Die Gefahr christlicher Bands", meint Sänger Jürgen Milkereit, „liegt darin, dass häufig sehr problembeladene, schwermütige Lieder geschrieben werden. Das Frohe an der Frohen Botschaft bleibt auf der Strecke." Anders bei Heaven Bound. Ihre Konzerte sind kleine Feste, Ausdruck ihrer eigenen Lebensfreude und Lebensbejahung. Aber den Jungs aus Bochum geht es nicht nur um locker-flockiges Rumflippen.
„Reggae hat immer auch eine soziale Komponente", meint Sänger Jürgen Milkereit. „Es ist die Musik der Armen, Unterdrückten." Deshalb auch Lieder gegen Rassismus und Ausländerfeindlichkeit, für Solidarität und für den Gedanken, dass wir alle auf einer Welt leben. Aber auch der Glaube kommt in den Reggae-Rhythmen vor: Der Heilige Geist ist bei Heaven Bound derjenige, der „Wände einreißt und Brücken baut".

Hey Little Man

hey little man sitting in the tree
thinking nobody is watching me
hey little man jump off your tree
jesus is the one who sets you free

all the people in the streets are gatherin' round
there's a man called jesus comin' into town
in the crowd there's a guy who's too little to see
to get out he climbs up a sycamore tree

and he hears the people laughin', laughin' about him
pointing with their fingers and staring at him
and he feels like an outlaw, his destiny was never to win
and he asks himself the question, should I stay or run

hey little man sitting in the tree
thinking nobody is watching me
hey little man don't you understand
jesus is the one who holds out his hand

hey little man don't you run away
this could be your great big day
hey little man jump off your tree
jesus is the one who sets you free

there's a little man inside of me and you
we're hopin' that someone is watching us too
make a fool of yourself and climp up your tree
even today jesus is comin' to set us free

and you hear the people laughin', laughin' about you
pointing with their fingers and staring at you
and you feel like an outlaw, your destiny is never to win
and you ask yourself the question, should I stay or run

hey little man sitting in the tree ...

lied für blinde ...
Seite 101

△ Diskutiert über die Themen der Musik von „Heaven Bound".
   Übersetzt das Lied „Hey Little Man".
▼ Wenn ihr Lieder über eure Erfahrungen mit Religion schreiben würdet – was wären eure Themen?

Lukas 19,1–10

Rock my Soul

"Christliche Popmusik" bedeutet nicht, dass der Musikstil oder die Instrumente speziell christlich wären.
Das Besondere ist, dass sich die Musiker als Christen verstehen und durch Texte und Konzerte von ihrem Glauben erzählen.

Nimmzwei – Das Rockinfolkbarett

„Nimmzwei" sind zwei Hessen, die in vielen Stilarten von Musik, Kabarett und Comedy zu Hause sind. Sie verstehen es, ihr Publikum gut zu unterhalten und zum Lachen zu bringen, z. B. mit einer Persiflage auf den „Terminator".
Zwischendrin bleibt den Zuhörern aber auch das Lachen im Hals stecken, wenn sie im Lied „Sabine" einen frauenfeindlichen Macho aufs Korn nehmen.
„Nimmzwei" haben Spaß daran, Musik zu machen, allerdings machen sie nicht nur aus Spaß Musik. Ihre zweite CD heißt: „Wir wollen nur deine Seele". Auf den ersten Blick ein seltsamer Titel, aber er wird verständlicher, wenn man betrachtet, was die beiden im Begleitheft der CD schreiben:

„... Auch wenn wir es oft nicht hören wollen, bedeutet Christsein immer noch die völlige Aufgabe der eigenen Person und die totale Hingabe an den auferstandenen Jesus Christus, die jeden Bereich unseres Lebens mit einschließt. Wir wollen uns gerne diesem Anspruch stellen – ohne Kompromisse und religiöses So-Tun-als-ob."

△ Erörtert, was die beiden unter Christsein verstehen.
Wie passt es zusammen, so radikal vom Christsein zu reden und zugleich so freche Liedtexte zu machen?
▽ Was gehört für dich wesentlich zum Christsein?

So sind wir – echt

Techno für „Generation C": Worldwide Message Tribe

Gegründet wurde WWMT vor knapp drei Jahren als Bestandteil der Organisation „Message to Schools", die den Schülern der englischen Industriemetropole Manchester die christliche Botschaft in ansprechender Form näher bringt. „Wir bieten im Rahmen der normalen Schulzeiten eine Woche lang Seminare, Workshops und Kreativ-Veranstaltungen, die den Kids enorm gut gefallen. Wir drehen Videos mit den Schülern, machen mit ihnen Musik und bilden Tanzformationen. Am Ende gibt es dann eine große Abschlussveranstaltung, wo die entstandenen Ideen vorgeführt werden. Und natürlich gibt's dann auch ein Tribe-Konzert", erzählt Heavyfoot augenzwinkernd und fügt hinzu: „Die Grundlage unserer Arbeit sind allerdings Bibeltreffs und Glauben-Kennen-Lern-Kurse, wo wir Teenagern, die bisher nur wussten, dass es irgendwo einen Gott geben soll, diesen Gott eben vorstellen."

„Worldwide Message Tribe" sind zeitgemäß und total fetzig-poppig. Und sie müssen es auch sein, denn viele Leute glauben oft, dass christlicher Glaube eine knochentrockene und hölzerne Geschichte ist. Deshalb haben die Tribes einen Weg gefunden, der den Glauben genau so präsentiert, wie es Teens brauchen, um sich für etwas zu interessieren, was sie bisher höchstens ätzend gelangweilt hat. Der Erfolg ist jedenfalls durchschlagend, immerhin kommen 40% der Schüler zu Aussprachen.

Doch damit ist die Aufgabe der Tribes noch nicht beendet. Weil die Kids ihren neuen Glauben auf eine Art kennen gelernt haben, die ungewöhnlich ist, und dann einen regelrechten Kulturschock erleiden, wenn sie in eine der traditionellen Kirchen kommen, hat „Message to Schools" Broschüren und Videos im Tribe-Sound erstellt, die helfen sollen, einen Start in das Leben mit Jesus zu finden. Allerdings hoffen Sani, Mark, Heavyfoot und Zarc, dass sich in den Kirchen von Manchester noch mehr Leute finden, die sich auf die Bedürfnisse von Teenagern einstellen und bei den ersten Glaubensschritten die richtige Hilfe leisten.

△ Techno ist umstritten. Diskutiert Pro und Contra.
▼ Würdet ihr einen Techno-Gottesdienst in eurer Kirche befürworten? Nennt Gründe.

Rock my Soul

Wer hat schon ein Gewissen

Gewissenlos?

Beim Tunnelbau einmal vergraben
Vor dem Bankeingang ans Licht gekommen
Zweiter Gangster geständig

Jugendkriminalität
„In der Regel beginnt das im Kleinen..."

Autodiebstahl – und kaum jemand reagiert
Polizei testete in der Innenstadt das Verhalten von Augenzeugen

Immer mehr Kinder und Jugendliche werden kriminell:
Jetzt wurde, wie Bild am Sonntag" berichtete – Deutschlands jüngster Bandenchef gefasst: Der 14-Jährige aus Quedlinburg soll 200 Einbrüche, Überfälle und Diebstähle begangen haben

Einige Menschen können lügen wie gedruckt und werden nicht einmal rot dabei.
Manche stehlen ohne Gewissensbisse.
Geschäftemacher drehen den Kunden für viel Geld wertloses Zeug an.
Ein Chef im Supermarkt verlangt von seiner Mitarbeiterin, das Fleisch in der Tiefkühltruhe neu zu verpacken, weil das Verfallsdatum abgelaufen ist.
Ein Sechzehnjähriger ermordet einen Rollstuhlfahrer und dessen Frau. Er sollte für seine Mutter, eine Krankenschwester, Nachtwache bei den behinderten Leuten halten. Danach durchsuchte er die Schränke nach Beute.
Noch immer werfen Leute Müll in die Landschaft.
Viele fahren mit Höchstgeschwindigkeit über die Autobahn und riskieren das Leben anderer – wie auch ihr eigenes.

▼ Sammelt Beispiele, wo Menschen eurer Meinung nach gewissenlos handeln.
▼ Überlegt, wie es kommen kann, dass manche Menschen so gewissenlos handeln können.
▼ Diskutiert über die Aussage der Karikatur.
▼ Zeichnet selbst Karikaturen, z. B. zu den Themen Umwelt, Gewalt, Ausbeutung.

So sind wir – echt

Josef ist einer der mächtigsten Männer der Welt geworden. Höhen und Tiefen hat er erlebt. In einer großen Geschwisterschar ist er aufgewachsen. Er war Vaters Liebling. Wenn er zurückdenkt, hat er kein gutes Gewissen seinen Brüdern gegenüber. Oft hat er gepetzt. Obwohl er der Zweitjüngste war, hat er sich hochmütig über die anderen gesetzt.
Seine Brüder haben sich grausam an ihm gerächt. Sie haben ihn in eine Zisterne geworfen und dann an eine vorüberziehende Karawane als Sklaven verkauft. Der Vater glaubte, ein wildes Tier habe seinen Lieblingssohn zerrissen.
In der Sklaverei ging es Josef zuerst gut. Potiphar, sein Herr, förderte ihn und bald war er Aufseher über den ganzen Landbesitz.
Potiphars Frau hatte es auf Josef abgesehen. Sie wollte ihn als ihren Geliebten, als Spielzeug. Aber das ließ Josefs Gewissen nicht zu. Zum einen verstieß Ehebruch gegen seinen Glauben, zum anderen wollte und konnte er Potiphars Vertrauen zu ihm nicht missbrauchen. Über seine ablehnende Haltung war Potiphars Frau zutiefst gekränkt. Sie drehte den Spieß um und beschuldigte Josef vor ihrem Mann als den, der sie zu vergewaltigen versucht habe. Daraufhin ließ Potiphar Josef ins Gefängnis werfen.
Lange, unendlich lange war er dort. Aber jetzt ist diese schwere Zeit vorbei. Der Pharao hat ihn zu seinem Stellvertreter gemacht. Jetzt ist er einer der mächtigsten Männer der Welt. Und – vor ihm knien seine Brüder. Sie wissen nicht, wer er ist. Die Jahre haben ihn verändert und er ist ägyptisch geschminkt und frisiert. Aber er hat sie sofort wieder erkannt. Ihre Hirtenkleider, ihre Sprache, ihr ganzes Verhalten hat sich nicht verändert.
Jetzt könnte sich Josef rächen für das, was sie mir angetan haben. Aber er hört auf eine andere Stimme. „Es sind deine Brüder, Josef."

Gewissenhaft?

Zwei Gesichter in einer Person

△ Beschreibt die Personen. Bedenkt ihre Entscheidungen. Sind sie gewissenlos oder gewissenhaft? Woran orientiert sich ihr Gewissen?
▼ Überlegt, wie ihr euch entscheiden würdet. Bedenkt die Schmach und das Elend, das die Brüder Josef angetan haben. Bedenkt aber auch, dass Josef seinem Vater „alles hinterbrachte, was die Brüder taten".
  Lest die Entscheidung des Josef nach in 1. Mose, 44-46. Der Konflikt tritt noch einmal auf nach dem Tod von Jakob. Lest dazu 1. Mose 50,15-21.

Wer hat schon ein Gewissen

Gewissens-bildung

Gewissen bildet sich aufgrund unterschiedlicher Einflüsse. Belohnung und Bestrafung spielen genauso eine Rolle wie die verschiedenen Einflüsse von Kameraden, Mitschülern und Freunden sowie andere Umwelteinflüsse.

„Tagebuch eines Zweijährigen":

8.00 Nach dem Aufwachen hat Mama Milch gebracht. Habe sie getrunken. Mama sagt: So ist's brav.

9.00 In der Küche gewesen. Ein Glas auf den Steinboden geworfen. Mama war ärgerlich.

9.30 Schrankschlüssel abgezogen und versteckt. Mama schimpft.

10.00 Spiele mit meinem Teddy. Mama lobt.

10.20 Farbstifte gefunden. Tapete bemalt. Mama sehr wütend.

10.40 Stricknadel aus Strickzeug gezogen und krumm gebogen. Zweite Stricknadel in Sofa gesteckt. Mama schlägt auf die Hände.

11.10 Auf Töpfchen gewesen. Mama lobt. Aber dann Händchen ins Töpfchen gesteckt. Mama schrie: Pfui! Strengstens verboten.

11.45 Tausendfüßler bis unter Mauer verfolgt. Dort Kellerassel gefunden. Schmeckt interessant.

▼ Beobachtet, wie Eltern ihre Kinder erziehen. Sammelt in einer Liste, welche Verhaltensweisen Eltern einem Kind anerziehen.
▼ Überlegt bei den folgenden Beispielen, wer alles bei der Gewissensbildung beteiligt ist. Beschreibt positive und negative Auswirkungen von Erfahrungen.

Martina und Peter

Im Kindergarten entsteht ein Streit zwischen der fünfjährigen Martina und dem sechsjährigen Peter. Beide wollen mit dem Werkzeugkasten spielen. Die Erzieherin entscheidet für Peter. Sie sagt: „Werkzeuge sind etwas für Jungen." Martina soll in der Puppenecke spielen.

△ Überlegt, wie ihr euch als Erzieherin oder Erzieher verhalten würdet.
▼ Welche Einsicht möchtet ihr Martina und Peter vermitteln?

Noch schnell Hausaufgaben

Frieder hat keine Hausaufgaben. Margot, die Klassenbeste, gibt ihm ihr Hausheft. Der Aufsicht führende Lehrer erwischt Frieder beim Abschreiben. Er bestraft beide Schüler mit Arrest. Margot schwört sich: „Nie wieder gebe ich meine Hefte her."

△ Lohn – Strafe – Lernen durch Vorbild – Einsicht … Ordnet diese Stichworte den einzelnen Beispielen zu.
▼ Sprecht darüber, wie unterschiedlich sich durch Erziehung das Gewissen bilden kann.

So sind wir – echt

Wie gut dürfen Kinder sein?

Sohn: Papa, Charly hat gesagt, sein Vater hat ... Stör ich dich?
Vater: Ich such nur gerade die Rechnung von unserem Toaster raus ... Vielleicht ist die Garantiezeit noch nicht abgelaufen.
Sohn: Der schmeißt jetzt den Toast gar nicht mehr hoch! Er ist Mama runtergefallen.
Vater unsicher: So, davon weiß ich ja gar nichts – ist ja nun auch egal. Da haben wir die Rechnung ja.
Murmelt: ... Na bitte, hat ja noch Garantie, der Toaster.
Sohn: Aber wenn Mama ihn doch ...
Vater: Das werde ich Mama schon noch fragen. Bei einer soliden Konstruktion – und bei diesem Preis – muss das Gerät schon einen kleinen Stoß vertragen können.
Sohn: Wie mir meine Uhr runtergefallen ist, hast du aber gesagt, ich muss das von meinem Taschengeld bezahlen, weil das kein Materialfehler ist und weil dann auch keine Garantie ist.
Vater: Also, das lass jetzt bitte meine Sorge sein, ja? Wie siehst du überhaupt aus? Was ist das für ein Pullover, den kenn ich ja gar nicht. Woher hast du den?
Sohn: Getauscht.
Vater: Getauscht? Gegen was denn?
Sohn: Gegen ... Na, gegen meinen dicken grauen ...
Vater: Was?? Gegen deinen guten Norwegerpullover? Bist du denn von allen guten Geistern verlassen?
Sohn: Gar nicht. Ich brauch so'n dicken Pullover überhaupt nicht, weil ich ja noch die Pelzjacke hab. Und die Sabine hat immer so gefroren ...
Vater: Die Sabine? Ist das nicht das Mädchen aus dieser merkwürdigen Familie mit den hundert Kindern?
Sohn: Acht. Und die kriegen nie anständige Anziehsachen.
Vater: Du wirst diesen lausigen Pullover sofort wieder gegen deinen eigenen zurücktauschen, verstanden?
Sohn: Das geht nicht.
Vater: Wenn ich das bestimme, geht das sehr wohl!
Sohn: Nein, es geht nicht! Sabines großer Bruder ist gerade auf 'ner Klassenreise und da hat Sabine ihm den Pulli geborgt.
Vater: Das wird ja immer besser ... Und du hast ihr nicht gleich noch einen zweiten Pullover übereignet?
Sohn: Ich nicht, aber Charly.
Vater: Fabelhaft! Noch so ein gutes Kind! Und was sagt Charlys Vater dazu?
Sohn: Charly sagt, sein Vater sagt, jeder muss wissen, was er macht. Charly soll bloß nicht ankommen und einen neuen Pullover haben wollen. Er sagt: Gut sein muss jeder auf eigene Rechnung ...

Ursula Haucke (Ausschnitt)

Gewissensfragen

△ Beurteilt die Antwort von Charlys Vater. Wie könnte die Geschichte mit dem Pullover weitergehen?
▼ Gestaltet diese Szene als Hörspiel. Erfindet ein Gespräch zwischen Vater und Mutter über die Garantie (die Mutter hat Gewissensbisse).

Wer hat schon ein Gewissen

Orientierung: Die Zehn Gebote

2. Mose 20,2-17
5. Mose 5,6-21

Amos klagt an
Seite 120

Jugendliche haben einige der Zehn Gebote in die heutige Zeit ausgelegt

Gott will, dass wir frei werden. Frei von all den Göttern, die uns zu Marionetten machen und uns einzuflüstern versuchen, man dürfe andere Menschen unterdrücken und missbrauchen. Oder: Man muss haben, immer mehr haben, koste es, was es wolle. Oder: Du musst nach oben kommen und darfst keine Rücksicht auf andere nehmen. Der Gott der Bibel will uns durch seine Gebote frei machen vom Machtmissbrauch, vom Haben-Müssen, von falschem Ehrgeiz.
Wir bitten Gott: Herr, mache uns zu freien Menschen.

Wir fühlen uns oft von unseren Eltern nicht verstanden. Sie ermahnen zu viel, nörgeln ständig an einem herum und geben zu wenig Freiheit.
Wir bitten Gott, dass wir wieder besser miteinander reden können.

Alle Menschen sind Gottes Ebenbilder. Darum darf niemand den anderen töten. Man kann auch mit Worten töten, seelisch töten. Man kann jemanden fertig machen, indem man ihn ungerecht behandelt, unbarmherzig demütigt. Auch Tiere und Pflanzen sind Gottes Geschöpfe. Wir Ebenbilder Gottes haben Verantwortung für sie. Die ganze Erde ist Gottes Schöpfung. Wir Menschen haben den Auftrag, sie zu bebauen und zu bewahren.
Wir bitten Gott, dass wir uns einsetzen für die Bewahrung der Schöpfung, für Frieden und Gerechtigkeit, damit wir eine Zukunft haben.

Das erste Gebot:

Ich bin der Herr, dein Gott, du sollst keine anderen Götter neben mir haben.

Das vierte Gebot:

Du sollst deinen Vater und deine Mutter ehren, auf dass du lange lebest im Lande, das dir der Herr, dein Gott, geben wird.

Das fünfte Gebot:

Du sollst nicht töten.

So sind wir – echt

Das sechste Gebot:

Du sollst nicht ehebrechen.

Wir Menschen leben von der Liebe. Zur Liebe gehört, dass wir einander vertrauen. Liebe heißt: Mit dem Herzen sehen, Freude und Leid miteinander teilen, füreinander einstehen, einander begleiten.
Wir bitten Gott, dass wir einen Menschen finden, den wir so lieben können.

Das achte Gebot:

Du sollst kein falsch Zeugnis reden wider deinen Nächsten.

Oft lügen manche aus Bequemlichkeit, weil sie Fehler nicht eingestehen wollen. Oft sagen sie Halbwahrheiten, um sich ins rechte Licht zu setzen. Aber Lügen haben kurze Beine. Lügen zerstören Vertrauen. Auch schonungslose Wahrheit kann grausam sein.
So bitten wir Gott, dass er uns den Mut gibt, die Wahrheit mit Liebe zu sagen.

Das neunte und zehnte Gebot:

**Du sollst nicht begehren deines Nächsten Haus.
Du sollst nicht begehren deines Nächsten Frau, Knecht, Magd, Vieh oder alles, was dein Nächster hat.**

Sie schließen den Kreis zum ersten Gebot. Wir Menschen gehören alle zu der Familie Gottes. Wir sollen einander helfen mit unseren Gaben und Begabungen. Je mehr jemand begabt ist, umso mehr Verantwortung hat er. Je reicher jemand ist, umso mehr kann er mit den Armen teilen.
Wir bitten Gott, dass wir unsere Gaben und Begabungen erkennen und sie einsetzen für unsere Mitmenschen.

△ Findet ihr die Auslegungen richtig, falsch oder ergänzungsbedürftig?

3. Mose 19,18b; 5. Mose 6,5;
Markus 12,30
und die Parallelstellen
Matthäus 22,34 - 40 und
Lukas 10,25 - 28

Du sollst Gott lieben von ganzem Herzen, von ganzer Seele und mit allen Kräften.

Du sollst deinen Nächsten lieben wie dich selbst.

▼ Man nennt diese beiden Gebote auch Doppelgebot der Liebe. Aber ist es nicht ein 3fach-Gebot? Legt dieses Liebesgebot in eigenen Worten aus. Bedenkt dabei die Zehn Gebote.

Wer hat schon ein Gewissen

Schuld und Vergebung

Das Gleichnis vom hartherzigen Schuldner

Wenn Gott seine Herrschaft aufrichtet, handelt er wie ein König, der mit den Verwaltern seiner Güter abrechnen wollte. Gleich zu Beginn brachte man ihm einen Mann, der ihm einen Millionenbetrag schuldete. Da er nicht zahlen konnte, befahl der Herr, ihn selbst mit Frau und Kindern und seinem ganzen Besitz zu verkaufen und den Erlös für die Tilgung der Schulden zu verwenden. Aber der Schuldner warf sich vor ihm nieder und bat: „Hab doch Geduld mit mir! Ich will dir ja alles zurückzahlen." Da bekam der Herr Mitleid; er gab ihn frei und auch die Schuld erließ er ihm.

Kaum draußen, traf dieser Mann auf einen Kollegen, der ihm einen geringen Betrag schuldete. Den packte er an der Kehle, würgte ihn und sagte: „Gib zurück, was du mir schuldest!" Der Schuldner fiel auf die Knie und bettelte: „Hab Geduld mit mir! Ich will es ja zurückgeben!" Aber darauf wollte sein Gläubiger nicht eingehen, sondern ließ ihn sofort ins Gefängnis werfen, bis er die Schuld beglichen hätte.

Als das die anderen sahen, waren sie bestürzt. Sie liefen zu ihrem Herrn und erzählten ihm, was geschehen war. Er ließ den Mann kommen und sagte: „Was bist du für ein böser Mensch! Ich habe dir deine ganze Schuld erlassen, weil du mich darum gebeten hast. Hättest du nicht auch Erbarmen mit deinem Kollegen haben können, so wie ich es mit dir gehabt habe?" Dann übergab er ihn voller Zorn den Folterknechten zur Bestrafung, bis die ganze Schuld zurückgezahlt wäre.

So wird euch mein Vater im Himmel auch behandeln, wenn ihr eurem Bruder nicht von Herzen verzeiht.

Matthäus 18,23 - 35

Oh Herr, …
Seite 131

Wie oft muss ich verzeihen?

Da wandte sich Petrus an Jesus und fragte ihn: „Herr, wenn mein Bruder an mir schuldig wird, wie oft muss ich ihm verzeihen? Siebenmal?" „Nein, nicht siebenmal", antwortete Jesus, „sondern siebzigmal siebenmal".

Matthäus 18,21 - 22

△ Das Gleichnis vom hartherzigen Schuldner soll die Forderung Jesu, immer zu verzeihen, begründen. Versuche die Begründung mit eigenen Worten auszudrücken.

Bitte um Vergebung der Schuld

Gott, sei mir gnädig nach deiner Güte
und tilge meine Sünden nach deiner großen Barmherzigkeit;
denn ich erkenne meine Missetat
und meine Sünde ist immer vor mir.
An dir allein habe ich gesündigt
und übel vor dir getan.
Schaffe in mir, Gott, ein reines Herz
und gib mir einen neuen, beständigen Geist.
Verwirf mich nicht von deinem Angesicht
und nimm deinen heiligen Geist nicht von mir.
Erfreue mich wieder mit deiner Hilfe
und mit einen willigen Geist rüste mich aus.

aus Psalm 51

So sind wir – echt

Vergeben kann schwer sein

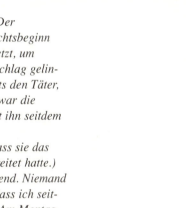

Liebe Petra!
Ich muss dir unbedingt schreiben. Schade, dass du nicht bei mir bist. Dann könnte ich dir alles viel besser erzählen und du könntest mir sagen, was du von der ganzen Sache hältst.
Seit zwei Wochen ist Sabine Stein Schülerin meiner Klasse. Beinahe wäre sie meine Freundin geworden. Sie sitzt neben mir und ich hatte vor, ihr das Einleben in die neue Umgebung zu erleichtern. Sie sah so schüchtern in der Klasse umher, als sie uns vorgestellt wurde, so schien es mir wenigstens. Später in der Pause allerdings tat sie so, als ob sie in unserer Klasse schon eine Menge zu sagen hätte und wir froh sein könnten, sie als Mitschülerin gewonnen zu haben. Am Nachmittag half ich ihr bei den Hausaufgaben. Ihre Mutter war sehr nett zu mir, sodass ich mich bei Sabine wie zu Hause fühlte.
Schade, dass Sabine sich in der Schule so ungeschickt benahm. Richtig hochnäsig sah sie aus. Nach einer Woche wollte niemand mehr etwas mit ihr zu tun haben. Mir gefiel ihr Verhalten auch nicht. Aber ich glaubte, das würde sich bestimmt ändern, wenn sie sich erst richtig in die Klasse eingelebt hätte. Zu Hause war Sabine ganz anders, eine prima Spielkameradin. Aber das ist nun alles vorbei.
Vorige Woche wollten wir unserem Mathematiklehrer einen Streich spielen. Der Lehrerstuhl hat in der Mitte eine Vertiefung. Rudi schüttete kurz vor Unterrichtsbeginn Wasser auf die Sitzfläche. Da Herr Linder sich immer sofort auf den Stuhl setzt, um Eintragungen ins Klassenbuch vorzunehmen, erwarteten wir, dass unser Anschlag gelingen würde. Der Lehrer wusste aber schon, was ihm blühte, und kannte bereits den Täter, als er das Zimmer betrat. Rudi wurde hart bestraft. Am schlimmsten für ihn war die Benachrichtigung seiner Eltern. Sein Vater hat ihn heftig vertrimmt und lässt ihn seitdem nachmittags nicht mehr auf die Straße.
Sabine hat zugegeben, dass sie Rudi verraten hat. (Einige hatten gesehen, dass sie das Klassenzimmer noch einmal verlassen hatte, nachdem Rudi den Stuhl vorbereitet hatte.) Sie hat nichts mehr zu lachen. Alle sind empört und behandeln sie entsprechend. Niemand will mehr mit ihr spielen. Alle gehen ihr aus dem Weg. Du wirst verstehen, dass ich seitdem nicht mehr ihre Freundin sein kann. Aber das Schlimmste kommt noch. Am Montag war Wolfgangs Geldbeutel aus seiner Mappe verschwunden. Der Lehrer fand ihn in Sabines Tasche. Sie beteuerte, ihn nicht genommen zu haben, aber der Lehrer glaubte ihr nicht. Er hat ihre Eltern verständigt und seither kein Wort mehr mit ihr gesprochen.
Sabine ist verzweifelt. Sie hat den Geldbeutel wirklich nicht gestohlen. Jeder von uns weiß das auch. Einige haben ihn ihr heimlich in die Tasche gesteckt, aus Rache, wie sie sagen.
Es muss schrecklich sein, von den eigenen Eltern und von den Lehrern für einen Dieb gehalten zu werden.
Ich möchte Sabine ja gerne helfen. Aber wie? Zum Verräter will ich nicht werden. Was soll ich tun? Antworte bitte bald.
Deine Silke

△ Schreibt einen Antwortbrief.

Wer hat schon ein Gewissen

Gewissenhaft

Beim Wunderrabbi
Seite 101

Der Johannisbrotbaum

Ein Weiser ging einmal über Land und sah einen Mann, der einen Johannisbrotbaum pflanzte. Er blieb bei ihm stehen, sah ihm zu und fragte: „Wann wird das Bäumchen wohl Früchte tragen?" Der Mann erwiderte: „In siebzig Jahren."

Da sprach der Weise: „Du Tor! Denkst du in siebzig Jahren noch zu leben und die Früchte deiner Arbeit zu genießen? Pflanze lieber einen Baum, der eher Früchte trägt, dass du dich ihrer erfreuest in deinem Leben."

Der Mann aber hatte sein Werk vollendet und sah freudig darauf und antwortete: „Herr, als ich zur Welt kam, da fand ich Johannisbrotbäume und aß von ihnen, ohne dass ich sie gepflanzt hatte, denn das hatten meine Väter getan. Habe ich nun genossen, wo ich nicht gearbeitet habe, so will ich einen Baum pflanzen für meine Kinder und Enkel, dass sie davon genießen. Wir Menschen mögen nur bestehen, wenn einer dem andern die Hand reicht."

△ Versucht mithilfe dieser Geschichte das Wort „gewissenhaft" zu erklären.
▼ Soziale Verantwortung bedeutet, die Zukunft im Blick zu haben. Sammelt Zeitungsbeiträge von gewissenlosen und gewissenhaften Entscheidungen.

Ein unheimlicher Zug rollt durch das Land

Beschützt von fünfzehntausend Polizisten transportiert ein Zug einen Kasten mit Strahlenschrott nach Gorleben. Tausende Kernkraftgegner protestieren. Sie erinnern an die Atomkatastrophe von Tschernobyl. Sie sagen, es sei gewissenlos, weiterhin Atom zu nutzen, wenn man nicht weiß, wohin mit den Abfällen, die ja noch über Jahrtausende gefährlich strahlen.

Ein kleiner Teil Radikaler sägt Schienen und Oberleitungen an. In ihrer sinnlosen Zerstörungswut bringen sie auch die anderen Protestierer in Misskredit. Zuschauer, denen alles gleichgültig ist, beschimpfen die Atomkraftgegner als Chaoten.

Armut
in Deutschland
Seite 133 ff.
Nicht knausern
Seite 88

Hilfe für Arme?

Etwa 1,3 Milliarden Menschen können nie sauberes Wasser trinken. 1,5 Milliarden haben keine medizinische Betreuung. Eine Milliarde hungert. Mehr als 300 Millionen Kinder können keine Schule besuchen. Fast eine Milliarde Menschen sind Analphabeten. Ein Fünftel der Weltbevölkerung besitzt 80 % der Finanzen. Ein anderes Fünftel hat gerade 1 %. Wir in Deutschland gehören zum reichen Fünftel.

▼ Diskutiert den Satz: „Wer eine gute Zukunft haben will, der muss die ganze Welt im Blick haben!" Sprecht darüber, wie „Gewissen geweckt werden kann" für die „Bewahrung der Schöpfung" und für „Gerechtigkeit". Denkt auch an Beispiele von Menschenrechtsverletzungen, Ausbeutung oder Vernichtung des Regenwaldes.

So sind wir – echt

Oliver Weiss, „Der Führer"

▼ Schreibt eine Geschichte zu der Karikatur von Oliver Weiss.

Sie beschimpfen und schlagen – und keiner greift ein

Das passierte der 11-jährigen Türkin Ayche, als sie vom Einkaufen kam: „Fünf ältere Jungs schubsten mich herum und beschimpften mich. Sie schrien: ‚Hau doch ab, dahin, woher du gekommen bist! Du türkische Sau, du dumme!' Ich fiel zu Boden und sie traten mich in den Bauch. Ich fing sofort an zu weinen und zitterte am ganzen Körper. Doch sie beschimpften mich weiter. Ich kann bis heute nicht verstehen, dass die Leute, die es sahen, mir nicht geholfen haben."

△ Kennt ihr Beispiele von Gewalt auf dem Schulweg oder dem Pausenhof?
▼ Überlegt Aktionen, wie gewalttätige Mitschülerinnen und Mitschüler auf ihre „soziale Verantwortung" angesprochen werden können, z. B. Plakataktionen in Zusammenarbeit mit dem Kunstunterricht zum Thema „Gewalt ist die falsche Wahl" oder „Wer ein Gewissen hat, verzichtet auf Gewalt". Lest dazu auch Matthäus 5,38 - 42.

Wer hat schon ein Gewissen

Ich bin allein,
und ich bin doch nicht allein.
Um mich herum sind Menschen überall.
Ich trage einen Namen,
und bin doch namenlos.
Ich bin verloren.
Kann ich gefunden werden?
Statistiken zählen die Massen,
aus Menschen werden Nummern;
ich bin ein Artikel ohne Namen.
Ich bin ein Muster ohne Wert.
Vergiss das Grab,
vergiss den namenlosen Trott -
der Mensch für andere kam,
verlieh dem Menschenleben Wert,
gab jedem Würde und Namen.
Ruf mich bei meinem Namen,
oh mein Herr!

Unterwegs sein heißt, bekannte und unbekannte Wege zu gehen. Das ganze Leben gleicht solchen Wegen. Sie führen über Höhen und Tiefen, zu bestehenden Zielen und darüber hinaus. Sie ermöglichen Einsichten und Aussichten. Oft begegnen uns andere oder wir stoßen auf Unerwartetes. Auf manchen Wegstrecken stehen uns andere zur Seite, manche müssen allein gehen. Dieses Kapitel behauptet: Es gibt ein Woher und Wozu, und wir gehen nie allein. Gott ist Ursprung, Begleitung und Ziel. Daher gibt es Wege zu ihm, mit ihm und von ihm her. Diese drei Arten, das Leben zu führen, werden in den folgenden Unterkapiteln an Beispielen entfaltet.

Wege zu Gott

- Wege zu sich selbst
- Die Mitte suchen
- Gottesbegegnung
- Beten – das Leben mit Gott teilen
- Klage und Vertrauen
- Gebetserhörung

Wege mit Gott

- Jona hat zu lernen
- Umkehr
- Jesus lernt durch eine Frau

Wege von Gott her – Paulus

- Auf der Suche
- Stationen im Leben des Paulus
- Streit unter Geschwistern
- Superapostel
- Starke und Schwache
- Freiheit?
- Der Weg in den Tod

Mit Gott unterwegs

Wege zu Gott
Wege mit Gott
Wege von Gott her – Paulus

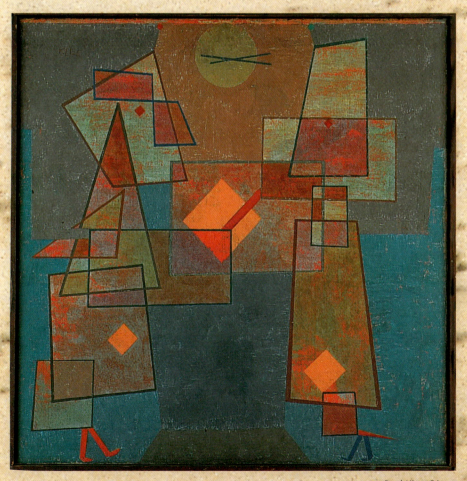

Paul Klee, Disput

Wege zu Gott

△ Nehmt einen Stift und zeichnet euren Lebensweg in einer Linie ohne abzusetzen. Mit Fäden oder Farbstiften könnt ihr Beziehungen oder Begegnungen mit anderen anzeigen. Auch Gottesbeziehungen und Gottesbegegnungen gehören dazu. Ändert sich die Lebenslinie aufgrund solcher Beziehungen?

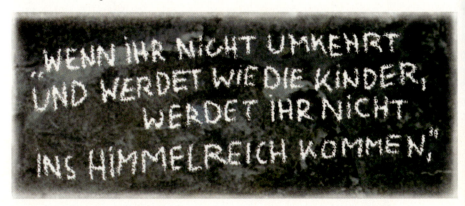

hat Jesus einmal gesagt (Matthäus 18,3). Offensichtlich gehen Kinder ihre eigenen Wege. Fällt es ihnen leichter, Gott zu finden?

Wege zu sich selbst

In die Wüste
In der Wüste ist der Mensch allein. Er kann still werden und nachdenken. Er kann ausprobieren, ob er ohne die gewohnten Dinge auskommt. Hier kann ihn nichts ablenken, hier kann er mit Gott sprechen.
Es ist nicht leicht, bei uns ein Stück Wüste für sich selbst zu finden.
Auf der Suche nach Stille hat sich Beate in ihr Zimmer zurückgezogen. Aber viele Geräusche werden ihr plötzlich bewusst: das Klavierspiel von nebenan, die Motoren der Autos, das Geplapper des kleinen Bruders mit der Mutter im Wohnzimmer …
Beate verlässt ihr Zimmer und geht durch die Straßen. Sie spürt förmlich, wie der Lärm auf sie einströmt. Selbst als sie durch den Park läuft, findet sie keine Ruhe.
„Kati", denkt sie, „meine Freundin." Sie wohnt in einem Haus mit einem großen Garten. Kati ist allein und Beate sagt: „Ich suche einen Platz, wo es still ist. Ich will mal ganz für mich allein sein. – Aber nirgends finde ich einen solchen Platz". Da antwortet ihr Kati: „Wir haben ein kleines Gartenhaus unter den Eiben. Dort stört dich niemand."
Als Beate ganz allein ist, da schließt sie die Augen. Sie hört ihren Atem. Sie spürt ihr Blut pochen. Nun hat sie das Stück Wüste gefunden, nach dem sie sich sehnte.

Geräusche der Stadt
Seite 180

▼ Setzt euch aufrecht und entspannt hin, die Hände ruhen auf den Oberschenkeln. Schließt die Augen, hört auf euren Atem. Versucht Bauch und Magen zu spüren, dann Ohren, Hals, Hände und Arme, Füße und Beine. Hört auf die Stille.

Mit Gott unterwegs

augen wir haben noch augen
braucht eure augen
und danket gott
weil ihr noch sehen könnt
ohren wir haben noch ohren
braucht eure ohren
und danket gott
weil ihr noch hören könnt
köpfe wir haben noch köpfe
braucht eure köpfe
und danket gott
weil ihr noch denken könnt
münder wir haben noch münder
braucht eure münder
und danket gott
weil ihr noch reden könnt
hände wir haben noch hände
braucht eure hände
und danket gott
weil ihr noch greifen könnt
lungen wir haben noch lungen
braucht eure lungen
und danket gott
weil ihr noch atmen könnt
beine wir haben noch beine
braucht eure beine
und danket gott
weil ihr noch gehen könnt

hier der tote geht nicht mehr

Kurt Marti

Wege zu Gott

Die Mitte suchen

Zum Meditieren
Fürwahr meine Seele ist still und ruhig geworden wie ein kleines Kind bei seiner Mutter; wie ein kleines Kind, so ist meine Seele in mir.

Meditationsbilder wie das Kreuz aus der koptischen (ägyptischen) Kirche (unten) oder die Fensterrose in der gotischen Kathedrale von Chartres zeigen Wege zur Mitte des Glaubens wie auch zum Inneren des Menschen.

Sie lösen die Frage aus, worin denn diese Mitte in uns selbst und in der Welt zu finden ist. Was hält eigentlich alles zusammen und gibt ihm eine innere Ordnung?

▼ Zeichnet selbst ein Meditationsbild und malt es mit verschiedenen Farben Stück für Stück aus. Betrachtet euer Werk. Welche Gedanken und Gefühle habt ihr dabei?

Die Mitte der Welt
Viele Religionen verehren eine Mitte, um die sich alles dreht. Für das Judentum ist Jerusalem mit dem Berg Zion das Zentrum der Welt. Auf ihn sind alle Hoffnungen bezogen. Vom Berg Zion kommt Frieden und Gerechtigkeit. Hier ist der Wohnort Gottes.

Für das Christentum sind Jerusalem und Golgatha, die Kreuzigungsstätte Jesu, der Mittelpunkt der Welt. Alte Landkarten beschreiben dies so. Alte Kirchen sind nach Jerusalem ausgerichtet. Heute wallfahren alljährlich viele Christen in der Karwoche und zu Ostern nach Jerusalem, um auf Golgatha im Kreuz Jesu ihr Zentrum zu finden.

Im christlichen Glauben ist eine geschichtliche Person, nämlich Jesus Christus, der Mittelpunkt allen Lebens. Auf ihn ist alles bezogen, das eigene Leben, die Geschichte, die ganze Welt.

Im Islam ist die Kaaba (Würfel) der Nabel und die Mitte der Welt. Die Kaaba ist ein viereckiges Gebäude in Mekka, in den der Schwarze Stein, ein Meteorit, eingebaut ist. Bei der hadsch, der Wallfahrt, pilgern Moslems zur Kaaba und umgehen ihn siebenmal. So soll Gott zum Zentrum des Lebens werden.

Alle Moscheen sind nach Mekka und der Kaaba ausgerichtet. So sollen immer Auge, Herz und Sinn nach dem Zentrum ausgerichtet werden.

Auch in unserem Alltagsleben brauchen und suchen wir eine Mitte, ein Zentrum. Städte und Stadtteile, Dörfer und Siedlungen sind um ein solches Zentrum gebaut. Für viele Menschen ist das eigene Haus die Lebensmitte.

Die Pilgerreise nach Mekka
Seite 231

Hier ist der Pol, an dem wir ausruhen und neue Kräfte schöpfen.
Es ist sicher nicht falsch, den Menschen selbst als Nabel der Welt zu betrachten; zumindest seiner eigenen. Alles, was ein Mensch erlebt, erfährt und erkennt, ist auf ihn bezogen und von ihm her bestimmt. Jeder begreift seine Welt von sich selbst her. Die großen Religionen wollen den Menschen aber von sich selbst lösen und auf eine Mitte verweisen, die alles und alle zusammenhält. Sie wollen den Menschen anleiten, in Gott seine Mitte zu finden.

▼ Gott – die Mitte der Welt und des Universums? Welche Vorstellungen kann man sich davon machen? Gott – die Mitte des Menschen. Erläutert diese Aussage.

Gottesbegegnung

 2. Mose 3,12

Jyoti Sahi, Der brennende Dornbusch

△ Ihr kennt die Geschichte vom brennenden Dornbusch (2. Mose 3). Überlegt, ob der brennende Dornbusch die Mitte der Welt des Mose genannt werden kann? Inwiefern ja, inwiefern nein?

Wege zu Gott

Die Buchstaben

G O T T

**Sie schmelzen mir
unter der Hand
im Feuer der Welt.**

**Sie brennen
auf meinen Lippen
wie feurige Kohlen.**

Gott zeigt sich dem Elia
Seite 117

Ich bin für dich da

Gott zeigt sich den Menschen, er lässt sich sehen und hören. Diese Erfahrungen werden in der Bibel durch Geschichten wiedergegeben; so wird aus inneren Erfahrungen ein äußerlich sichtbares Geschehen.

Die Menschen, denen solche Gotteserscheinungen widerfuhren, hungerten nach lebensnotwendigen Dingen. Gott zeigte sich ihnen, um Land und Nahrung auszuteilen, Nachkommenschaft und damit Zukunft anzusagen. In der Sprache der Bibel heißt das: Segen.

Wir erfahren vom ungesicherten Leben der Nomaden, von Abraham, Isaak und Jakob.
Von Gotteserscheinungen, die ihnen verheißen ein großes, starkes Volk zu werden.
Von Gottes Besuch bei dem alten, kinderlosen Ehepaar Sara und Abraham, dem dann doch noch ein Kind geschenkt wird.
Von der verzweifelten Sklavin Hagar, die aus unlösbaren Familienkonflikten heraus in die Wüste flieht und dort Gott findet.
Von Mose, einem Hirten aus dem hebräischen Sklavenvolk. Ihm verspricht Gott Befreiung und Führung in ein Land, wo Milch und Honig fließen. Von Elia, dem erfolglosen und verfolgten Propheten, an dem Gott draußen am Berg Horeb vorüberzieht.

Worum es in all diesen Gotteserscheinungen geht, das hat jene Sklavin Hagar vielleicht am deutlichsten ausgedrückt: dass Menschen in ihrer Bedürftigkeit von Gott wahrgenommen werden. „Der Gott, der nach mir geschaut hat", nennt ihn Hagar. Und den Sohn, der ihr darauf geschenkt wird, nennt sie Ismael, d. h. „Gott hört".

△ Erörtert die Geschichte von Hagar in 1. Mose 16,1-15. Vergleicht die Gotteserscheinungen des Mose (2. Mose 3,1-10) und der Hagar und arbeitet die Unterschiede heraus. Haben beide etwas gemeinsam?
▼ Vergleicht die folgenden Gotteserscheinungen: 1. Mose 18,1–15 und 25,10–22, 1. Samuel 3, 1. Könige 19,1–17.

Junge, 13 Jahre

Gottesvorstellungen von Jugendlichen

Mädchen, 15 Jahre

Gebet aus Afrika

> Glücklich bin ich, weil du mich genommen hast.
> Manchmal weiß ich nicht, wohin mit dem Glück.
> Ich schwimme in deiner Gnade wie ein Wal im Meer.
> Die See wird nie trocken, sagt ein Sprichwort.
> Und wir wissen, auch deine Gnade trocknet nie aus.

Beten – Das Leben mit Gott teilen

△ Was könnten die erlebt haben, die ein solches Gebet sprechen?
▼ Schreibt selbst ein Gebet nach dem gleichen Muster: Glücklich bin ich, ... Manchmal ... Ich bin in deiner Gnade ... Und ich weiß/wir wissen ...
Versucht euer eigenes Gebet oder das abgedruckte in Körperbewegungen umzusetzen. Ihr könnt dazu um die orffschen Instrumente der Schule bitten.

Der betende Gaukler

Es war einmal ein Gaukler, der tanzend und springend von Ort zu Ort zog, bis er des unsteten Lebens müde war. Da gab er alle seine Habe hin und trat in das Kloster zu Clairvaux ein. Aber weil er sein Leben bis dahin mit Springen, Tanzen und Radschlagen zugebracht hatte, war ihm das Leben der Mönche fremd und er wusste weder ein Gebet zu sprechen noch einen Psalter zu singen.

So ging er stumm umher, und wenn er sah, wie jedermann des Gebets kundig schien, aus frommen Büchern las und mit im Chor die Messe sang, stand er beschämt dabei: Ach, er allein, er konnte nichts. „Was tu ich hier?", sprach er zu sich, „ich weiß nicht zu beten und kann mein Wort nicht machen. Ich bin hier unnütz und der Kutte nicht wert, in die man mich kleidete."

In seinem Gram flüchtete er eines Tages, als die Glocke zum Chorgebet rief, in eine abgelegene Kapelle. „Wenn ich schon nicht mitbeten kann im Konvent der Mönche", sagte er vor sich hin, „so will ich doch tun, was ich kann."

Rasch streifte er das Mönchsgewand ab und stand da in seinem bunten Röckchen, in dem er als Gaukler umhergezogen war. Und während vom hohen Chor die Psalmgesänge herüberwehen, beginnt er mit Leib und Seele zu tanzen, vor- und rückwärts, links herum und rechts herum. Mal geht er auf seinen Händen durch die Kapelle, mal überschlägt er sich in der Luft und springt die kühnsten Tänze, um Gott zu loben. Wie lange auch das Chorgebet der Mönche dauert, er tanzt ununterbrochen, bis es ihm den Atem verschlägt und die Glieder ihren Dienst versagen.

Ein Mönch war ihm aber gefolgt und hatte durch ein Fenster seine Tanzsprünge mit angesehen und heimlich den Abt geholt. Am anderen Tag ließ dieser den Bruder zu sich rufen. Der Arme erschrak zutiefst und glaubte, er solle des verpassten Gebets wegen bestraft werden. Also fiel er vor dem Abt nieder und sprach: „Ich weiß, Herr, dass hier meines Bleibens nicht ist. So will ich aus freien Stücken ausziehen und in Geduld die Unrast der Straße ertragen."

Doch der Abt neigte sich vor ihm, küsste ihn und bat ihn, für ihn und alle Mönche bei Gott einzustehen: „In deinem Tanze hast du Gott mit Leib und Seele geehrt. Uns aber möge er alle wohlfeilen Worte verzeihen, die über die Lippen kommen, ohne dass unser Herz sie sendet."

Hubertus Halbfas

Leben im Kloster
Seite 182 ff.

Wege zu Gott

„Ich bin bange, ob mein Herz auch erbebt"

Klage und Vertrauen

 Psalm 46

Heike gähnte. Sie zog ihr Strickzeug heraus und ließ die dicken Nadeln klappern. Wenn schon sonst hier nichts herauskam, dann sollte wenigstens der Pullover fertig werden. Ein kompletter Reinfall war das und sie hatte es auch gleich geahnt. Was dachte sich dieser Mensch eigentlich? Die Klasse machte Einkehrtage im Kloster, schon schlimm genug, aber bei einer Nonnenschule nicht zu vermeiden.

Durch die Klasse ging ein Aufstöhnen. Inge, die Klassensprecherin, von allen Seiten geschubst, stand endlich auf: „Wir möchten Sie bitten, ein anderes Thema zu nehmen. Für Psalmen interessieren wir uns nicht. Wir möchten etwas machen, das mit unserem Leben zu tun hat."

Heike dachte neidvoll an Marion. Die hatte es gut, sie war nicht mitgefahren. Andererseits, Marion war die Einzige, die das hier geschätzt hätte. So ausgelassen und munter sie war, sie hatte doch tatsächlich ein Faible für das Alte Testament. Sie las freiwillig darin, nicht nur für den Religionsunterricht, sie konnte sogar ganze Passagen auswendig.

Aber Marion war nun einmal nicht da. Seit Wochen lief sie mit verschwollenen Augen herum. Die Klasse hatte sie aufgezogen: „Bist wohl gegen eine harte Faust gelaufen?" „Für Veilchen ist es aber schon zu spät im Jahr." Heike fand, dass es Zeit wurde, damit zum Arzt zu gehen. Es wurde doch eher schlimmer. Eine optische Umweltverschmutzung war das, hatte sie ihrer Freundin klargemacht. Für heute war Marion beim Augenarzt angemeldet. Wahrscheinlich kam sie morgen nach. Dann gäbe es wenigstens einen Interessenten für diesen unmöglichen Psalmenfreund.

Der junge Mann, Geißler hieß er, hatte sich inzwischen zu der Behauptung aufgeschwungen, viele der Psalmen seien wie geschaffen für Menschen in Entscheidungssituationen. Deshalb wolle er auch einen davon an den Beginn der Einkehrtage stellen.

Er ließ die Bibel austeilen. Heike legte resigniert ihren Pulli beiseite.

„Schlagen Sie bitte den Psalm 46 auf." Heike wusste nicht einmal, dass es so viele davon gab. Gab es aber. Allgemeines Blättern, die Suche nahm viel Zeit in Anspruch.

Herr Geißler las die ersten Verse vor:
„Gott ist uns Zuflucht und Kraft,
herrlich erwiesen als Helfer in der Bedrängnis.
So bangen wir nicht, ob auch die Erde bebt,
ob die Berge fallen mitten ins Meer:
Ob seine Wasser brausen und schäumen,
vor seinem Ungestüm erzittern die Berge.
Mit uns ist Jahwe, Jakobs Gott ist unsere Burg."

Mühsam quälte sich die widerspenstige Klasse durch die fremde Materie. Der junge Mann schien das nicht zu bemerken, seine Erläuterungen wurden zunehmend lebhafter, förmlich begeistert: „Es handelt sich um ein Lied aus dem 4. vorchristlichen Jahrhundert. Der Psalm beginnt mit einem Vertrauensbekenntnis.

Immer wieder erlebt Israel seine Existenz als ungesichert, bedroht von feindlichen Völkern, Kriegen, Naturkatastrophen. Aber der Psalmist weiß aus der Erfahrung seines alten weisen Volkes, dass es zwar Schaden erlitten hat, aber nicht vernichtet worden ist. Deshalb der später noch zweimal wiederholte, fast beschwörende Ruf: ‚Mit uns ist Jahwe, Jakobs Gott ist unsere Burg.'"

Heike seufzte hörbar. Herr Geißler blickte von seinem Buch auf: „Ja bitte, Sie wollten etwas dazu sagen?" „Nein, eigentlich ... ja, also ... ich verstehe nicht, was die alten Israeliten mit uns zu tun haben sollen."

„Aber das liegt doch auf der Hand. Gerade in unserem Zeitalter des Atoms und der Umweltbedrohung erfahren wir diese Ängste wieder ganz neu. Wir erleben das Gefühl, auf einem Vulkan zu tanzen, an den Abgrund gedrängt zu werden, kurz vor dem Absturz zu stehen."

Der Gong schlug zum Abendessen. Erleichterung und Unruhe auf allen Plätzen.

„Ich möchte nur den Satz noch beenden, meine Damen. Martin Luther hat nach diesem Psalm sein berühmtes Lied gedichtet ‚Eine feste Burg ist unser Gott'. Und nun wünsche ich Ihnen einen guten Appetit."

Nach dem Abendbrot ging Heike zur Pforte. Eine Nonne war anwesend, so eine gemütliche, runde. „Kann ich mal telefonieren, Schwester?" „Sicher, Kindchen. Der Apparat steht da drüben." Heike wählte. Es knackte in der Leitung. „Hier bei Schreiber." Eine fremde Stimme war das. „Mein Name ist Hilger. Kann ich bitte die Marion sprechen?" Pause. „Hallo!", rief Heike ungeduldig. War die Verbindung unterbrochen? Sie wollte schon auflegen. Dann kam die Stimme wieder, irgendwie erstickt: „Sind Sie eine Bekannte?" „Ich bin Marions beste Freundin, die Heike. Was ist denn? Ist sie nicht zu Hause?"

„Nein, sie ist im Krankenhaus. Ich bin eine Nachbarin und passe auf die beiden Kleinen auf. Schreibers sind bei Marion. Sie werden es ja doch erfahren. Marion hat Krebs, sie wird heute noch operiert, aber der Arzt fürchtet, dass sie keine Chance mehr hat. Es ist zu spät. Es tut mir Leid, dass ich Ihnen diese schlimme Nachricht überbringen muss. Fräulein! Fräulein Heike! Sind Sie noch am Apparat?"

Gut, dass die Schwester aufgepasst hatte. Sie zog gerade noch rechtzeitig einen Stuhl heran…

Heike schrieb einen Brief an ihre Freundin. Er machte Mühe, die früheren Flachsereien passten nicht mehr. Aber ihre eigene Mutlosigkeit sollte auch nicht durchscheinen. So versuchte sie den falschen, munteren Stil der Krankenhaus-Gespräche. Fast wider Willen setzte sie den ersten Vers des Psalms darunter, den sie von den Einkehrtagen kannte:

„Gott ist uns Zuflucht und Kraft, herrlich erwiesen als Helfer in Bedrängnis."

Die Tage im Kloster waren längst vorbei, als die Klasse den blassen Herrn Geißler wieder sah. Er kam zu Marions Beerdigung, obwohl er sie doch gar nicht gekannt hatte. Vor dem Friedhofstor holte Heike ihn ein: „Es ist schön, dass Sie gekommen sind. Ich möchte Ihnen etwas zeigen. Marion hat es mir kurz vor ihrem Tod aufgeschrieben."

Sie gab ihm einen Zettel:

> "Ich bange nicht,
> ob auch mein Herz erbebt,
> ob ich zu fallen meine
> mitten ins Meer.
> Mit mir ist Jahwe,
> Gott ist meine Burg."

„Erkennen Sie es wieder?"

Renate und Ulrich Günzel

Oh Herr, …
Seite 131

△ Lest Psalm 46 und überlegt, wer ihn in welchen Situationen beten könnte.
▼ Vergleicht das Lied Martin Luthers „Ein feste Burg ist unser Gott" mit diesem Psalm und arbeitet heraus, welche Bedrohungen Luther vor Augen hatte.
Lest Psalm 23. Seine wichtigsten Aussagen sind in der Zeichnung auf der nächsten Seite angegeben. Entwerft eine eigene Zeichnung, schreibt die Aussagen aus Psalm 23 hinein und ergänzt sie durch eigene Erfahrungen.

Wege zu Gott

Gebetserhörung

Als Rita sich endlich von ihrer Freundin verabschiedete, war es schon nach zwölf. Der Platz vor der Kirche lag wie ausgestorben. „Höchste Zeit, nach Hause zu gehen!", dachte das Mädchen und bog im Sturmschritt um die Ecke in den Lindenweg ein.

Hier wurde gerade eine Leitung erneuert. Die schmale Straße bestand links nur noch aus einem tiefen Graben, der zu beiden Seiten von Haufen ausgeschachteter Erde eingefasst wurde. Jetzt um die Mittagszeit war niemand unterwegs und Rita machte es nicht viel aus, von einem Hügel zum anderen zu hüpfen.

Da wurde sie plötzlich aufgehalten. In den Erdmassen hinter der dritten Laterne krabbelten fünf Kinder herum, die ihr bekannt vorkamen. Da lief auch schon der dicke Peter auf sie zu und rief: „Gut, dass de kommst! Hilfste mit suchen?"

„Suchen?", fragte Rita. „Was in aller Welt wollt ihr denn hier ausbuddeln?"

„Mickys Hausschlüssel!", erklärte Peter und deutete vom einen Ende der Straße zum anderen: „Irgendwo hier muss er sein."

Rita guckte auf die vielen Erdhaufen und auf die Kinder, die den Sand bei jedem Schritt halbzentnerweise ins Rutschen brachten. „Na, denn Prost Mahlzeit!", wollte sie gerade sagen. Da sah sie Mickys tränenverschmiertes Gesicht und verstand jetzt, warum sogar der freche Peter sich auf eine so nutzlose Suche eingelassen hatte …

„Warum betste nu nich?", fragte Peter. „Inner Kirche, wenn de die Geschichten erzählst, denn redste vom Beten und dass das immer hilft und so. Und nu? Was machste nu? Nix machste. Und wir dachten, das is wahr, was du sagst. Wir wollten's schon selbst probier'n; aber wir können bloß ‚ich bin klein …' beten un das passt doch hier nich, oder?"

„Habt ihr gedacht, ich meine Verse, wenn ich beten sage?", fragte Rita verwundert. „Wenn ich bete, red ich einfach so, wie ich immer rede." Aber dann guckte sie auf die Erdhaufen und dachte an letzten Dienstag, wo sie vor der Mathematikarbeit schnell noch: „Lieber Gott, hilf mir!" gesagt und dann doch eine Fünf geschrieben hatte. Da blieben ihr alle weiteren Worte im Hals stecken.

„Siehste", brummte Peter. „Was de immer sagst von Gott und so, das stimmt gar nich. Oder?"

Viele kluge Antworten auf diese Frage hatte Rita schon gehört. Aber jetzt fiel ihr keine einzige ein und sie wusste nichts anderes zu sagen als: „Und doch stimmt es, das mit Gott! Ich weiß es ganz genau."

Da machte Micky auf der Stelle die Augen zu, faltete die Hände, als sei sie in der Kirche, murmelte hastig: „Lieber Gott, mach, dass ich den Schlüssel find!", und rannte zurück zu den Erdbergen, die anderen hinterher. Rita stand allein und hatte wieder die Fünf in ihrem „Mathe"-Arbeitsheft vor Augen.

Gerade dachte sie, wie erklär ich Micky bloß, dass Gott ihr auch auf andere Weise helfen kann? Da schrie jemand: „Mann, da is der Schlüssel!" Micky wischte die Tränen vom Gesicht und strahlte: „Is grad noch Zeit, bis Mama kommt!" Dann raste sie davon, dass der Staub nur so wirbelte.

Friderun Krautwurm

△ Zufall oder Gottes Hilfe? Nehmt an, der Schlüssel wird nicht gefunden. Wie kann Rita dann Micky helfen?

△ Überprüft in Gruppen die folgenden vier Gebete und entscheidet, ob man sie verändern sollte. Begründet eure Meinung.

> Herr, unsere Mutter ist immer noch krank. Du weißt, wie sehr wir sie entbehren. Wir flehen zu dir: Gib sie uns bald zurück … Hilf du uns, unser Familienleben in der Zwischenzeit zu bewältigen. Schließ du uns durch die Sorge als Familie fester zusammen. Wir warten auf deine Hilfe und vertrauen dir.

> Herr, du darfst mich nicht sterben lassen. Ich habe noch so viel vor in meinem Leben. Die Kinder sind noch nicht groß. Das Haus ist noch nicht fertig gebaut. Wie steht meine Familie da ohne mich? Wenn du mir nicht hilfst, dann kann ich nicht mehr an dich glauben.

> Lieber Gott, ich habe diese Nacht gut geschlafen und bin gesund aufgewacht. Dafür danke ich dir! Mach bitte, dass ich heute eine gute Geschichtsarbeit schreibe, wenn ich gestern auch nicht richtig geübt habe. Es war ja so schön im Freibad.

> Lieber Gott, ich danke dir, dass du gabst zu essen mir. Mach doch den Armen satt, der vielleicht noch Hunger hat.

Wege zu Gott

Gott erhört auf seine Weise

Franz von Assisi
Seite 124 ff.

Dem 10-jährigen Waisenjungen Pepino in Assisi haben die armen Eltern nur ein Erbe hinterlassen: die Eselin Violetta. Sie bedeutet für Pepino tägliches Brot und Liebe zugleich. Als sie erkrankt und der Tierarzt nicht helfen kann, will er sie in das Grabgewölbe des Heiligen Franziskus führen und bei diesem Hilfe erflehen. Aber die Mönche wollen dies nicht erlauben. So macht er sich verzweifelt auf den Weg nach Rom, wo es ihm tatsächlich gelingt, bis zum Papst vorzudringen, der in seinem Arbeitszimmer am Schreibtisch saß. Dicht neben ihm thronte Pepino nun auf der Kante eines hohen Stuhls und erzählte ihm die ganze Geschichte von Violetta, seinem glühenden Wunsch, sie in die Gruft zum Grab des Heiligen Franziskus mitzunehmen, von dem Guardian, der ihn daran hinderte, und auch vom Pater Damico und dem zweiten Eingang zur Krypta, von Violettas Liebe zu ihm – kurz alles, was er auf dem Herzen hatte und was er nun ohne Scheu dem sympathischen Mann am Schreibtisch anvertraute, der ihn so freundlich anhörte. Und als man ihn nach einer halben Stunde aus dem Zimmer führte, hielt er sich für den glücklichsten Jungen in der ganzen Welt, denn er hatte nicht nur den Segen des Papstes, sondern trug, unter seiner Jacke, auch zwei Briefe bei sich. Der eine war an den Guardian und Vorsteher der Laienbrüder des Mönchsklosters von Assisi gerichtet und der andere an Pater Damico.
Er hatte das Gefühl, als könne er mit einem einzigen Sprung zu seiner Violetta zurückfliegen.
Nachdem er sich zunächst vergewissert hatte, dass Violetta inzwischen wohl versorgt worden war und es ihr wenigstens nicht schlechter ging als vor seiner Abreise, eilte Pepino voller Stolz zu Pater Damico und übergab ihm die beiden Briefe, wie man es ihm aufgetragen hatte.

Der Pater betastete erst den an den Guardian adressierten Umschlag und dann las er, von einem warmen Glücksgefühl durchflutet, den an ihn selbst gerichteten Brief.
„Morgen", sagte er zu Pepino, „werden wir dem Guardian beide zusammen seinen Brief bringen. Dann wirst du deine Violetta in die Gruft führen und dort für ihre Genesung beten können. Der Heilige Vater in Rom hat es persönlich genehmigt."
Die Briefe hatte der Papst natürlich nicht selbst geschrieben. Sie waren, gestützt auf die päpstliche Autorität, mit großem Vergnügen und merklicher Befriedigung von dem Kardinalsekretär verfasst worden, der in seiner Botschaft an Pater Damico schrieb: Der Guardian wisse doch sicherlich, dass der segensreiche Heilige Franziskus sich während seiner Lebenszeit auch in die Kirche von einem kleinen Lamm begleiten ließ, das ihm in Assisi überallhin folgte. Und ist denn ein *asinus,* nur weil er ein raueres Fell und längere Ohren hat, ein geringeres Geschöpf Gottes?
Und er kam in dem Brief auch noch auf etwas anderes zu sprechen, was Pater Damico Pepino auf seine eigene Weise mitteilte.
„Pepino", sagte er, „es gibt da etwas, was du begreifen musst, bevor wir den Guardian aufsuchen. Du hoffst, dass der Heilige Franziskus dir, weil du an ihn glaubst, helfen und deine Eselin wieder gesund machen wird.

Bei welchen Anlässen betest du?

- Wenn ich den Wunsch habe — 58%
- Wenn ich Angst habe — 57%
- Wenn ich dankbar bin — 49%
- Wenn ich mich schlecht fühle — 40%
- Wenn ich mich freue — 22%

Aber hast du schon einmal daran gedacht, dass er, der sich aller Geschöpfe Gottes so liebevoll angenommen hat, Violetta vielleicht so lieb gewinnen wird, dass er sie in der Ewigkeit an seiner Seite haben möchte?"

Pepino wurde ganz angst bei diesen Worten. Er brachte es nur fertig zu sagen: „Nein, Pater, daran habe ich noch nie gedacht…"

„Willst du nur deshalb in die Krypta gehen, Pepino", fuhr der Pater fort, „weil du etwas haben willst, oder wirst du, wenn es nötig ist, auch dazu bereit sein, etwas herzugeben?"

Alles in Pepino lehnte sich gegen die Möglichkeit auf, Violetta zu verlieren, selbst an jemanden, den er so liebte und verehrte wie den Heiligen Franziskus. Doch als er den Kopf hob und mit seinem angstverzerrten Gesicht in die leuchtenden Augen Pater Damicos blickte, sah er in ihrer Tiefe etwas schimmern, was ihm den Mut gab zu sagen: „Ja, ich werde sie hergeben – wenn ich muss, aber, oh, ich hoffe, er wird sie wenigstens noch ein kleines Weilchen bei mir lassen."

Paul Gallico

1. Manch-mal ken-nen wir Got-tes Wil-len, manch-mal ken-nen wir nichts. Er-leuch-te uns, Herr, wenn die Fra-gen kom-men.

2. Manchmal sehen wir Gottes Zukunft,
manchmal sehen wir nichts.
Bewahre uns, Herr,
wenn die Zweifel kommen.

3. Manchmal spüren wir Gottes Liebe,
manchmal spüren wir nichts.
Begleite uns, Herr,
wenn die Ängste kommen.

4. Manchmal wirken wir Gottes Frieden,
manchmal wirken wir nichts.
Erwecke uns, Herr,
dass dein Friede kommt.

△ Berichtet von Erfahrungen, nach denen Gott Gebete erhört hat, aber anders als erwartet.

▼ Menschen beten aus Angst (z. B. vor einer Operation, bei schwerer Krankheit, Verlust von Freund oder Freundin, vor Versagen), aus Freude (z. B. bei unerwarteten Erfolgen, nach einer Krankheit, weil sie mit anderen zusammen sein können, einfach weil sie leben).
Versucht einzeln oder in Gruppen zu einem dieser Anlässe ein Gebet zu formulieren. Hilfen findet ihr in den Psalmen (z. B. Psalm 18, 23, 25, 30, 37 u. a.). Ihr findet diese Psalmen auch im Gesangbuch. Wählt die Eingangsverse der Psalmen aus und dichtet selbst weiter. Ein Beispiel (Psalm 30): Ich danke dir, Herr, du hast mich aus der Tiefe gezogen. Herr, mein Gott, als ich zu dir schrie, da …

Wege zu Gott

Wege mit Gott

Jona hat zu lernen

Auftrag und Flucht

Es geschah das Wort des Herrn zu Jona, dem Sohn Amittais: Mache dich auf und geh in die große Stadt Ninive und predige wider sie; denn ihre Bosheit ist vor mich gekommen.
Aber Jona machte sich auf und wollte vor dem Herrn nach Tarsis fliehen und kam hinab nach Jafo. Und als er ein Schiff fand, das nach Tarsis fahren wollte, gab er Fährgeld und trat hinein, um mit ihnen nach Tarsis zu fahren und dem Herrn aus den Augen zu kommen.
Jona 1,1-3

Die Erzählung schildert nicht einfach ein geschichtliches Ereignis, sondern ist eine belehrende Geschichte. Jona wird als national eingestellter Prophet dargestellt. Er folgt dem Auftrag Gottes nicht, weil er befürchtet, Gott werde auch den Heiden gegenüber barmherzig sein (vgl. 4,2).
Ninive, die bereits 612 v. Chr. untergegangene Hauptstadt des assyrischen Reiches, gilt als typische Vertreterin des gottlosen Heidentums.

△ Jonas Wahlspruch hätte lauten können: „Israel den Israeliten, Gott ist nur mit uns."
▼ Sprecht über Parolen wie: Deutschland den Deutschen!, Gott mit uns!

Walter Habdank, Jona im Fischleib

Seenot und Gottes Urteil

Da ließ der Herr einen großen Wind aufs Meer kommen und es erhob sich ein großes Ungewitter auf dem Meer, dass man meinte, das Schiff würde zerbrechen.
Und die Schiffsleute fürchteten sich und schrien, ein jeder zu seinem Gott, und warfen die Ladung, die im Schiff war, ins Meer, dass es leichter würde. Aber Jona war hinunter in das Schiff gestiegen, lag und schlief.
Da trat zu ihm der Schiffsherr und sprach zu ihm: Was schläfst du? Steh auf, rufe deinen Gott an! Ob vielleicht dieser Gott an uns gedenken will, dass wir nicht verderben.
Und einer sprach zum andern: Kommt, wir wollen losen, dass wir erfahren, um wessentwillen es uns so übel geht. Und als sie losten, traf's Jona.
Jona 1, 4-7

Der Losentscheid gilt bei vielen alten Völkern als untrügliches Zeichen Gottes. Die Schiffsleute machen also durch ein Gottesurteil den Schuldigen ausfindig. Der ertappte Jona bittet Gott nicht um Verzeihung, weil er ihm dann ja hätte gehorchen müssen. Mit seinem Vorschlag glaubt er, sich Gottes Willen endgültig entziehen zu können. Nur zögernd folgen die Schiffsleute Jonas Vorschlag. Angesichts des Wunders – das Meer wird sofort ruhig – bringen die heidnischen Schiffsleute die zur Versorgung mitgeführten Tiere als Opfer dar und erkennen damit den Gott Israels als ihren Gott an. Jona hat also gerade das Gegenteil von dem erreicht, was er wollte.

Da sprachen sie zu ihm: Sage uns, warum geht es uns so übel? Was ist dein Gewerbe, wo kommst du her? Aus welchem Lande bist du und von welchem Volk bist du?
Er sprach zu ihnen: Ich bin ein Hebräer und fürchte den Herrn, den Gott des Himmels, der das Meer und das Trockene gemacht hat.
Da fürchteten sich die Leute sehr und sprachen zu ihm: Warum hast du das getan? Denn sie wussten, dass er vor dem Herrn floh; denn er hatte es ihnen gesagt.
Da sprachen sie zu ihm: Was sollen wir denn mit dir tun, dass das Meer stille werde und von uns ablasse? Denn das Meer ging immer ungestümer.
Er sprach zu ihnen: Nehmt mich und werft mich ins Meer, so wird das Meer still werden und von euch ablassen. Denn ich weiß, dass um meinetwillen dies große Ungewitter über euch gekommen ist.
Und sie nahmen Jona und warfen ihn ins Meer. Da wurde das Meer still und ließ ab von seinem Wüten.
Und die Leute fürchteten den Herrn sehr und brachten dem Herrn Opfer dar und taten Gelübde.
Jona 1,8 - 12.15

Im Bauch des Fisches

Aber der Herr ließ einen großen Fisch kommen, Jona zu verschlingen. Und Jona war im Leibe des Fisches drei Tage und drei Nächte.
Und Jona betete zu dem Herrn, seinem Gott, im Leibe des Fisches.
Und der Herr sprach zu dem Fisch und er spie Jona aus ans Land.
Jona 2,1 - 2.11

Drei Tage und drei Nächte bedeutet nach hebräischem Sprachgebrauch nicht 72 Stunden, sondern eine Zeitdauer, die 24 Stunden nach vorwärts und rückwärts überschreitet. Der Erzähler stellt sich vor, dass der von Gott geordnete Fisch einen Menschen unbeschädigt verschlingen und nach einiger Zeit wohlbehalten ausspucken konnte. Also ist auch der Fisch ein „Wunder".

Azaria Mbatha, Jona

△ Der große Fisch ist ein Bild (= Symbol), was kann es bedeuten? Denkt auch daran, wie lange Jona im Leib des Fisches war.
▼ Lest Psalm 139,1 - 12 und überlegt, welche Verse besonders gut zu diesem wunderhaften Ereignis passen.

Wege mit Gott

Umkehr

Detlef Willand, Jona

Schuld und Vergebung
Seite 38

Verkündigung und Erbarmen Gottes

Und es geschah das Wort des Herrn zum zweiten Mal zu Jona:
Mach dich auf, geh in die große Stadt Ninive und predige ihr, was ich dir sage. Da machte sich Jona auf und ging hin nach Ninive, wie der Herr gesagt hatte. Ninive aber war eine große Stadt vor Gott, drei Tagesreisen groß.
Und als Jona anfing, in die Stadt hineinzugehen, und eine Tagereise weit gekommen war, predigte er und sprach: Es sind noch vierzig Tage, so wird Ninive untergehen.
Da glaubten die Leute von Ninive an Gott und ließen ein Fasten ausrufen und zogen alle, Groß und Klein, den Sack zur Buße an.
Und als das vor den König von Ninive kam, stand er auf von seinem Thron und legte seinen Purpur ab und hüllte sich in den Sack und setzte sich in die Asche und ließ ausrufen und sagen in Ninive als Befehl des Königs und seiner Gewaltigen: Es sollen weder Mensch noch Vieh, weder Rinder noch Schafe Nahrung zu sich nehmen und man soll sie nicht weiden noch Wasser trinken lassen.
Wer weiß? Vielleicht lässt Gott es sich gereuen und wendet sich ab von seinem grimmigen Zorn, dass wir nicht verderben.
Als aber Gott ihr Tun sah, wie sie sich bekehrten von ihrem bösen Wege, reute ihn das Übel, das er ihnen angekündigt hatte, und tat's nicht.
Jona 3,1-7+9

Eine Flucht vor Gott ist nicht möglich. Jona führt daher seinen Auftrag unwillig aus. Er verkündet das Urteil in der denkbar kürzesten Form, sagt kein Wort zur Begründung und unterlässt es, zur Umkehr aufzufordern. Dennoch ist die Wirkung durchschlagend. König und Volk unterwerfen sich einer harten Fasten- und Bußzeit. Die vierzig Tage verstreichen, ohne dass das Urteil hereingebrochen wäre. Gott hat Mitleid mit den Leuten. So unterbleibt das Strafgericht.

Mit Gott unterwegs

Zorn Jonas

Das aber verdross Jona sehr und er ward zornig und betete zum Herrn und sprach: Ach, Herr, das ist's ja, was ich dachte, als ich noch in meinem Lande war, weshalb ich auch eilends nach Tarsis fliehen wollte, denn ich wusste, dass du gnädig, barmherzig, langmütig und von großer Güte bist und lässt dich des Übels gereuen.
Jona 4,1-2

▼ Teilt die Klasse in zwei Gruppen und führt ein Streitgespräch über die Behauptungen: Langmut, Barmherzigkeit und Gutmütigkeit werden meist zum Schlechten hin ausgenützt. Angesichts von Leid, Ungerechtigkeit, Gewalt und Fanatismus müsste Gott härter durchgreifen.

Die Antwort Gottes

Und Jona ging zur Stadt hinaus und ließ sich östlich der Stadt nieder und machte sich dort eine Hütte; darunter setzte er sich in den Schatten, bis er sähe, was der Stadt widerfahren würde.
Gott der Herr aber ließ eine Staude wachsen; die wuchs über Jona, dass sie Schatten gäbe seinem Haupt und ihm hülfe von seinem Unmut. Und Jona freute sich sehr über die Staude. Aber am Morgen, als die Morgenröte anbrach, ließ Gott einen Wurm kommen, der stach die Staude, dass sie verdorrte.
Als aber die Sonne aufgegangen war, ließ Gott einen heißen Ostwind kommen und die Sonne stach Jona auf den Kopf, dass er matt wurde. Da wünschte er sich den Tod und sprach: Ich möchte lieber tot sein als leben.
Da sprach Gott zu Jona: Meinst du, dass du mit Recht zürnst um der Staude willen? Und er sprach: Mit Recht zürne ich bis an den Tod.
Und der Herr sprach: Dich jammert die Staude, um die du dich nicht gemüht hast, hast sie auch nicht aufgezogen, die in einer Nacht ward und in einer Nacht verdarb.
Und mich sollte nicht jammern Ninive, eine so große Stadt, in der mehr als hundertzwanzigtausend Menschen sind, die nicht wissen, was rechts oder links ist, dazu auch viele Tiere?
Jona 4,5-11

▼ Denkt euch moderne „Jonageschichten" aus. Zum Beispiel: Gott schickt Jona in den Bundestag ... – Gott schickt Jona in eine Tierversuchsanstalt ... – Gott schickt Jona in eure Schule.

Detlef Willand, Jona

Wege mit Gott

Die kanaanäische Frau

Jesus lernt durch eine Frau

Was sich für eine Frau gehört
Seite 80

Jesus ging weg von dort und zog sich zurück in die Gegend von Tyrus und Sidon.
Und siehe, eine kanaanäische Frau kam aus diesem Gebiet und schrie: Ach Herr, du Sohn Davids, erbarme dich meiner! Meine Tochter wird von einem bösen Geist übel geplagt.
Und er antwortete ihr kein Wort. Da traten seine Jünger zu ihm, baten ihn und sprachen: Stell sie zufrieden, denn sie schreit uns nach.
Er antwortete aber und sprach: Ich bin nur gesandt zu den verlorenen Schafen des Hauses Israel.
Sie kam und fiel vor ihm nieder und sprach: Herr, hilf mir!

Die Frau ist Syrophönizierin, d.h., sie kommt aus der römischen Provinz Syrien, die nördlich des jüdischen Königreiches liegt. Der Erzähler nennt sie Kanaanäerin und spielt damit auf das heidnische Land an, in das Israel eingewandert ist. Die Frau kommt allein, ohne männlichen Familienangehörigen als Schutz, was im Land Israel der damaligen Zeit ungewöhnlich ist. Ihre Verzweiflung muss sehr gross sein. Jesus und seine Männergruppe weisen sie ab. Er vergleicht sogar die heidnische Frau mit verachteten streunenden Hunden. Die Frau aber greift dieses Bild auf und hält es Jesus wieder entgegen. Ihr Glaube an die Güte Gottes überwindet die Grenzen. Der Glaube der Frau hilft auch Jesus, Grenzen seiner Zeit zu öffnen.

Aber er antwortete und sprach: Es ist nicht recht, dass man den Kindern ihr Brot nehme und werfe es vor die Hunde.
Sie sprach: Ja, Herr; aber doch fressen die Hunde von den Brosamen, die vom Tisch ihrer Herren fallen.
Da antwortete Jesus und sprach zu ihr: Frau, dein Glaube ist gross. Dir geschehe, wie du willst! Und ihre Tochter wurde gesund zu derselben Stunde.
Matthäus 15, 21-22

Silvia Magnin, Die verkrümmte Frau

△ Vergleicht das Verhalten Jesu und der Frau in den Geschichten Matthäus 15, 21-28 und Lukas 13, 10-17 (hier als Bild dargestellt).
▼ Gottes Zuwendung kennt keine Grenzen. Schon im Buch Ruth wird von diesem Glauben erzählt. Die Moabiterin (Heidin) Ruth ist die Urgrossmutter von David. Lest 1, 1-7 und 4, 13-17.
▼ Glaube heisst, auf Gottes Barmherzigkeit vertrauen. Lest Psalm 145, 8-9.13-18.

Mit Gott unterwegs

Wege von Gott her – Paulus

„Als ich ein Kind war, redete ich wie ein Kind und dachte wie ein Kind und war klug wie ein Kind" (1. Korinther 13,11), schrieb Paulus einmal, als er schon lange ein bekannter und umstrittener Apostel war. Als erwachsener Mann habe er dann, so fuhr er fort, das Kindliche abgetan. Was war für ihn kindlich? Wie lebte er als Kind?

Wenig hat Paulus über seine Kindheit geschrieben. Er sei in Tarsus/Kilikien geboren, eine kleinasiatische Hafenstadt am Mittelmeer, berichtete Lukas. Die Stadt war für das Römische Reich als Handels- und Verwaltungszentrum so wichtig, dass seine Einwohner von Geburt an als Bürger des Römischen Reiches den Einwohnern der Hauptstadt Rom rechtlich gleichgestellt waren. Seine Eltern hat Paulus nicht erwähnt. Dem Stamm Benjamin gehöre er an, ein Hebräer unter Hebräern, schrieb er später. Also muss mindestens die Mutter Jüdin gewesen sein. Sein Name Saulus erinnert an den ersten König Israels, Saul, der ebenfalls Benjaminit war. Den ähnlich klingenden Namen Paulus trug er wohl auch von Anfang an: Jude und Bürger des Römischen Weltreichs, schon als Kind lebte er in zwei Welten, zwischen denen es immer wieder Konflikte gab.

Als *jüdisches Kind* liebte Saulus die Weisung und das Gesetz Gottes, die Tora. Sie umgab ihn wie eine Mutter, lenkte seine Gedanken und zeigte ihm, wie er sich verhalten sollte. Mit anderen Kindern sah er am Fest der Freude an der Tora (Simchat), wie die heiligen Rollen im Tanz durch die Stadt getragen wurden und die Menschen in Liedern Gott für das Leben dankten, das ihnen die Tora ermöglichte. Aber andere, die Nichtjuden, lebten nicht nach der Tora. War ihnen Gottes Wille unbekannt oder hatte Gott kein Interesse an ihnen?

Simchat Tora
Seite 211

Als *römisches Kind* sah Paulus Menschen verschiedenster Rassen und Religionen, die in der Hafenstadt des östlichen Mittelmeers zusammenlebten oder nur durchreisten.

Viele Gottheiten beteten sie an, baten die eine um Fruchtbarkeit, die andere um Reichtum oder um Hilfe bei Krankheit und in Not. Sterne, Bilder, Kriegshelden waren Götter. Auch der Kaiser in Rom sollte als Gott verehrt werden, damit Friede und Wohlstand erhalten blieben. Wie passte das zum Gebot der Tora: „Ihn, deinen einzigen Gott sollst du lieben von ganzem Herzen, von ganzer Seele und mit all deiner Kraft"? Hatte jedes Volk seinen eigenen Gott oder gab es nur einen wahren und viele falsche Götter? Und warum sollte der Kaiser ein Gott sein?

△ Welche einzelnen Gebote bzw. Weisungen der Tora kennt ihr? Überlegt, wie sie sich im alltäglichen Leben auswirken und wie die nichtjüdischen Bewohner von Tarsus das Verhalten der Juden bewertet haben könnten.
▼ Skizziert einen möglichen Plan einer Hafenstadt im römisch besetzten Kleinasien. Zeichnet Wohngebiete, Verwaltungsgebäude, Tempel, Synagogen, sonstige Heiligtümer ein. In Geschichtsbüchern und Lexika lassen sich eventuell ähnliche Pläne finden.
▼ Sabbat in Tarsus. Denkt euch Szenen auf dem Markt und im Hafen aus.

Auf der Suche

Jüdin, Jude sein
Seite 206 ff.

„Gott, der mich vom Mutterleib an ausgesondert und durch seine Gnade berufen hat", schrieb Paulus später (Galater 1,15), als er verstanden hatte wozu. Als Kind und Jugendlicher wusste er das noch nicht. Als Jude gehörte er zu Gottes erwähltem Volk, so hatte er es gelernt. Aber da war noch mehr. Was hatte Gott mit ihm vor?

In Tarsus konnte er es nicht finden. Hier blieb er ein jüdisches Kind. So machte er sich auf in die Stadt Gottes, zum Tempel. Zu denen, die Gottes Willen auslegten.

Dort musste zu finden sein, was er suchte. Seinen Lebensunterhalt verdiente er sich als Lederarbeiter oder Zeltmacher. Was Gott von ihm wollte, lernte er bei den Pharisäern.

Eiferer für die Tora

Er lebte und lernte im Haus des berühmten Rabbi Gamaliel. Die Tora war sein Halt und seine Hoffnung. Die Auslegung der Pharisäer hat viele Alltagsregeln festgelegt, die ihn davor bewahrten, dem Willen Gottes zuwider zu handeln. Paulus war mit sich zufrieden. Er wusste nun um seine Aufgabe, ein vorbildliches Leben zu führen und dafür Gottes Anerkennung zu erlangen. Er dankte Gott, dass er ihm diesen Weg gewiesen hatte. Seine Gegner waren die, die das eine oder andere Gebot übertraten; sie können Wiedergutmachung leisten. Es gab da aber eine Gruppe unter den Anhängern des gekreuzigten Rabbi Jesus, die sich nicht streng an die Tora hielten. Es waren auch keine Juden, sondern „Hellenisten". Einer ihrer Anführer hieß Stephanus. Sie behaupteten, dass Gott sie erwählt hätte wie die Juden, aber ohne Tora.

△ Informiert euch in Apostelgeschichte 6+7 über die Tätigkeit des Stephanus und seiner Anhänger. Welches Schicksal musste Stephanus erleiden? Welche Rolle könnte Saulus/Paulus dabei gespielt haben?
△ Beschreibt die Lebensauffassung der Pharisäer. Lest dazu das Schma Israel (5. Mose 6,4-9).
▼ Ermittelt die Bedeutung des Wortes „pharisäisch" in unserer Alltagssprache und sucht nach Beispielen, die dieser Bedeutung entsprechen. Vergleicht diese Bedeutung mit den Absichten der Pharisäer und überlegt, warum das Wort „pharisäisch" in der Alltagssprache einen so schlechten Klang hat.

Der Weg zu Gott – das alte Denken des Paulus

Mit Gott unterwegs

Vom Verfolger der judenchristlichen Gemeinde zum Apostel der Heiden

Paulus berichtet über die entscheidende Wende seines Lebens folgendermaßen:
Denn ihr habt ja gehört von meinem Leben früher im Judentum, wie ich über die Maßen die Gemeinde Gottes verfolgte und sie zu zerstören suchte und übertraf im Judentum viele meiner Altersgenossen in meinem Volk weit und eiferte über die Maßen für die Satzungen der Väter.
Als es aber Gott wohlgefiel, dass er seinen Sohn offenbarte in mir, damit ich ihn durchs Evangelium verkündigen sollte unter den Heiden, da besprach ich mich nicht erst mit Fleisch und Blut.
Ging auch nicht hinauf nach Jerusalem zu denen, die vor mir Apostel waren, sondern zog nach Arabien und kehrte wieder zurück nach Damaskus.
Galater 1,13-17 (gekürzt)

Christenverfolgungen
Seite 170 ff.

Verfolgung von „Heiden"
Seite 177

△ Vergleicht mit diesem Eigenbericht die Erzählung von der „Bekehrung des Paulus" in der Apostelgeschichte (19,1-19), die Lukas etwa 50 Jahre später aufgeschrieben hat. Wie verhalten sich der Eigenbericht und die Erzählung zueinander?
▼ Es gibt in der Bibel mehrere Geschichten, die eine „Berufung" von Menschen für einen besonderen Auftrag erzählen, z. B. 2. Mose 3, Jesaja 6, Jeremia 1, Hesekiel 1-3, Matthäus 4,18-22. Lest (in Gruppen) eine dieser Geschichten und zeigt Gemeinsamkeiten und Unterschiede zum Eigenbericht des Paulus.

Alles ist anders für Paulus. Sein Ziel ist nicht mehr, sich durch eigene Leistung die Anerkennung Gottes und seiner Mitmenschen zu sichern. Christus hat ihm gezeigt: Menschen können sich Gottes Liebe nicht erwerben, sondern Gott wendet sich allen Menschen zu – ohne Rücksicht auf ihre Leistungen oder Fehlleistungen: „Nicht mehr ich lebe, sondern Christus lebt in mir" (Galater 2,20). Von jetzt an will er die Erfahrung allen Menschen zugänglich machen.

Der Weg zum Menschen

Gott: Der Vater Jesu

Gal 2,16: Niemand kann vor Gott mit seinen Taten bestehen.

Mensch: Kind Gottes

Gal 5,13: Gott hat euch zur Freiheit berufen. Aber missbraucht sie nicht als Freibrief für Selbstsucht und Lieblosigkeit.

Gal 4,4+5: Gott sandte seinen Sohn. Der wurde als Mensch geboren und unter das Gesetz gestellt, um alle zu befreien.

Gal 2,16: Nur der findet bei Gott Anerkennung, der Gottes Gnadenangebot annimmt und auf Jesus Christus vertraut.

Gal 6,2: Einer soll dem anderen helfen, seine Lasten zu tragen. So erfüllt ihr das Gesetz Christi.

Gal 3,26: Ihr seid also Gottes Kinder, weil ihr durch das Vertrauen mit Jesus Christus verbunden seit.

Der Weg zum Menschen – das neue Denken des Paulus

△ Vergleicht dieses Schaubild mit dem auf Seite 62, worin unterscheiden sie sich? Was hat Paulus durch die Begegnung mit Christus gelernt?
▼ Lest im Brief des Paulus an die Philipper 3,5-9 und Galater 4,4+5. Paulus spricht auch dort über die große Veränderung seines Lebens.

Wege von Gott her

Stationen im Leben des Paulus

Tarsus in Zilizien/Kleinasien	Geboren als Jude mit römischem Bürgerrecht; Kindheit in der Diaspora
Jerusalem	Torastudium bei Rabbi Gamaliel; Verfolgung von „Heidenchristen"; Paulus, ein Pharisäer
Damaskus 32/33 n. Chr.	Berufung zum Apostel der Völker
Arabien um 33/34 Syrien und Kilikien um 35-48	Beginn der missionarischen Tätigkeit; Missionsarbeit unter den „Heiden" in Syrien und im südlichen Kleinasien
Jerusalem 48	Treffen mit der Gemeinde in Jerusalem (Petrus und Jakobus), Absprache über Missionsgebiete
Griechenland Korinth 49-52	Missionsreise über Kleinasien nach Griechenland Aufenthalt in Korinth
Kleinasien Ephesus 52-55	Schwierigkeiten und Erfolge in Kleinasien und Griechenland; Haft und Verfolgung; längerer Aufenthalt in Ephesus; mehrere Briefe
Griechenland Rundreise 55	Erneute Missionsreise, Geldsammlung für Jerusalemer Gemeinde, Brief an die Römer (geschrieben in Korinth)
Jerusalem um 55/56	Nach Rückreise über Kleinasien Verhaftung in Jerusalem
Über Cäsarea nach Rom 56-58	Gefangenschaft, Verhöre in Cäsarea, Schiffsreise nach Rom, dort leichte Haft
Rom um 64	Märtyrertod während der Verfolgung durch Nero (nicht gesichert)

Paulus hat nahezu 30 Jahre missioniert. Dabei hatte er eine Reihe zuverlässiger Mitarbeiter (z. B. Timotheus, Titus, Barnabas). Paulus versuchte in den wichtigsten Städten Gemeinden aufzubauen. Ein zentraler Ort für Paulus war Antiochien in Syrien. Von da aus unternahm er verschiedene Reisen.
Er pflegte immer wieder die Kontakte zu den schon gegründeten Gemeinden durch wiederholte Reisen, Sendung von Mitarbeitern und Briefen.
Aus den Briefen kann man viel über die Situation und die Probleme der ersten christlichen Gemeinden erfahren.

△ Verfolgt die Paulusreisen auf den Karten eurer Bibel.
▼ Sucht aus dem Inhaltsverzeichnis der Bibel die Empfänger der Paulusbriefe heraus.

Mit Gott unterwegs

Harte Missionsarbeit

Viele Jahre lang zog der Apostel in der östlichen Hälfte des Römischen Reiches umher. Seinen Lebensunterhalt verdiente er als Zeltmacher und mit Gelegenheitsarbeiten. Nur in größter Not nahm er Spenden aus den Gemeinden an.

Straßen gab es nur wenige. Oft waren Brücken zerstört, riesige Umwege führten durch unwegsames Gelände und gefährliche Sumpfgebiete. Mit Überfällen von Menschen und wilden Tieren hatte man zu rechnen. Die Schiffe fuhren nur unregelmäßig. Wer wenig Geld hatte, musste mit kaum seetüchtigen Fischerbooten vorlieb nehmen. In schwer angeschlagenen Fahrzeugen trieb Paulus mehrmals hilflos auf dem Meer.

Bald bekamen Paulus und seine Mitarbeiter auch den Unmut der Juden gegen ihre Mission zu spüren. Man denunzierte sie bei den römischen Behörden und veranlasste so ihre Verhaftung oder Vertreibung. Selbst in den jungen Gemeinden gab es manchen Ärger. Paulus war kein guter Redner. Seine Gegner hielten dies ihm als Schwäche vor. Es kam zum Streit um den rechten Glauben und das richtige Verhalten.

Apostelgeschichte 17,16ff. zeigt, dass Paulus es schwer hatte zu überzeugen.

Paulus schrieb über sein Leben: „Ich bin im Gefängnis und in Todesgefahr gewesen. Fünfmal habe ich von den Juden die neununddreißig Schläge bekommen. Dreimal wurde ich ausgepeitscht, einmal bin ich gesteinigt worden. Ich habe drei Schiffbrüche erlebt; das eine Mal trieb ich eine Nacht und einen Tag auf dem Meer. Auf meinen vielen Reisen haben mich Hochwasser und Räuber bedroht. Juden und Nichtjuden haben mir nachgestellt. Es gab Gefahren in den Städten und in der Wüste. Gefahren auf hoher See und Gefahren bei falschen Brüdern. Ich habe Mühe und Not durchgestanden. Ich habe oft schlaflose Nächte gehabt; ich bin hungrig und durstig gewesen. Oft habe ich überhaupt nichts zu essen gehabt oder ich habe gefroren, weil ich nicht genug anzuziehen hatte."
(nach 2. Korinther 11,23-27)

△ Warum nahm Paulus das alles auf sich? Lest 2. Korinther 4,7-12.

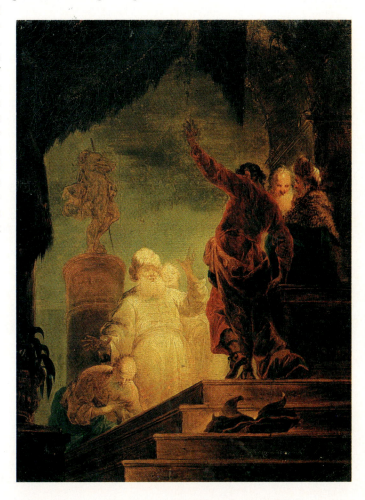

Januarius Zick, Die Predigt des hl. Paulus in Athen

Wege von Gott her

Streit unter Geschwistern

Fünfzehn Jahre waren vergangen, seit Paulus von Damaskus aus seine Missionsreisen begonnen hatte. Er war in Arabien, Syrien und im südlichen Kleinasien gewesen. In Antiochien war ein neues christliches Zentrum entstanden, zu dem hauptsächlich Heidenchristen gehörten. Sie kannten die Tora nicht und ließen deshalb ihre Kinder nicht beschneiden. Die Judenchristen in Jerusalem, die Heidenchristen in Antiochien: zwei getrennte, feindliche Kirchen? Es gab Judenchristen, die sagten, mit den Unbeschnittenen in Antiochien wollen sie nichts zu tun haben. Um den drohenden Streit zu schlichten, zogen Paulus, Barnabas und Titus nach Jerusalem. Sie trafen dort mit den „Säulen" der Jerusalemer Gemeinde zusammen, den Aposteln Jakobus, Petrus und Johannes. Paulus berichtet von diesem Apostelkonvent:

Der Streit

„Aber nicht einmal mein Begleiter Titus, der ein Grieche ist, wurde gezwungen, sich beschneiden zu lassen. Es gab allerdings einige falsche Brüder, die das verlangten. Sie hatten sich eingeschlichen, um herauszufinden, wie weit die Freiheit geht, die wir als Christen haben. Sie hätten uns gerne wieder unter das Gesetz gezwungen."
Paulus: Aber ich habe ihnen nicht einen Augenblick nachgegeben. Das Evangelium sollte euch unverfälscht erhalten bleiben!

Die Lösung

Die Männer, die als maßgebend gelten, machten mir keinerlei Vorschriften. Sie erkannten, dass Gott mich beauftragt hat, das Evangelium den nichtjüdischen Völkern zu bringen, so wie er Petrus beauftragt hat, sie den Juden zu bringen. Denn Gott wirkte durch Petrus bei seiner Arbeit unter den Juden und hat ihn so als Apostel für die Juden bestätigt. Ebenso hat er mich als Apostel für die anderen Völker bestätigt. Die Männer, die als Säulen gelten, Jakobus, Petrus und Johannes, sahen daran, dass Gott mir einen besonderen Auftrag gegeben hat. So gaben sie mir und Barnabas die Hand zum Zeichen der Gemeinschaft. Wir einigten uns, dass Barnabas und ich bei den anderen Völkern arbeiten sollten und sie bei den Juden. Sie baten nur, dass wir die verarmte Gemeinde in Jerusalem unterstützen sollten. Darum habe ich mich auch wirklich bemüht.
(nach Galater 2,1-5)

1. Korinther 12,13 und Kolosser 3,11

Paulus – Jude und Heide

△ Warum spielt die Beschneidung bei diesem Streit eine so große Rolle?
Welche Ergebnisse und Vereinbarungen wurden erzielt? Durch welche Verabredungen wurde die Zusammengehörigkeit der Gemeinden bekräftigt?
▼ Paulus deutet nur an, welche Argumente er den „falschen Brüdern" entgegengehalten hat. Überlegt mithilfe der vorangegangenen Texte, was Paulus gesagt haben könnte. Entwerft ein Streitgespräch zwischen einem der falschen Brüder und Paulus.

Am Rande des Apostelkonvents

Ein erdachtes Gespräch zwischen Titus, Begleiter des Paulus, sowie zwei Judenchristen, Andreas und Samuel:

Titus: Eine harte Runde – schon glaubte ich, wir würden keinen gemeinsamen Nenner mehr finden können. Aber Gott sei Dank war niemand gereizt.

Andreas: Ja schon, wir verstehen Paulus nicht. Er kämpft wie ein Löwe und tut so, als wäre die Tora vollkommener Unsinn, und im nächsten Satz behauptet er das Gegenteil. Dann sagt er: Die Tora sei heilig, gut und gerecht. Wer kann so etwas verstehen?

Titus: Paulus schätzt die Tora doch auch! Jahrelang hat er – strenger als ihr alle zusammen – danach gelebt. Aber es geht ihm nicht um die Juden, um euch, sondern um uns Heiden. Wir Heiden haben unseren alten Glauben abgelegt, wir verehren unsere Götter nicht mehr, weil wir Jesus Christus begegnet sind. Warum sollen wir erst die jüdischen Gesetze einhalten und uns zu Juden machen lassen und dann erst Christen sein dürfen? Darum ging es ihm doch!

Samuel: Weshalb spielt ihr das so hoch? Wenn ihr doch gar nichts gegen unsere Tora habt, dann könntet ihr sie doch auch einhalten! Der ganze Ärger wäre vorbei!

Titus: Aber wir haben uns für Christus entschieden und nicht für die Tora. Christus hat uns frei gemacht, sodass wir jetzt ohne Angst vor unseren alten Göttern leben können. Der Tora verdanken wir nichts. Sie mag euch viel bedeuten, uns bedeutet sie nichts!

Andreas: Wenn du so redest, ist mir nicht wohl. Jesus hat zu seinen Lebzeiten viel von der Tora gehalten. Er hat manche Bestimmung herausgegriffen und sogar noch verschärft. Fast mehr als die Pharisäer. Haltet ihr euch nicht an einen Fantasie-Jesus? Der, den wir kennen, der mit uns herumzog, scheint es nicht zu sein!

Titus: Paulus hat uns das anders erzählt. Als er uns noch verfolgte, da, vor Damaskus, ist ihm Christus erschienen und hat zu ihm gesprochen. Er sandte ihn zu uns Heiden, um uns zu sagen: Gott liebt alle Menschen. Wir brauchen keine besonderen Leistungen zu vollbringen. Allein auf das Vertrauen kommt es an.

Samuel: Das ist bei uns anders. Wir sind mit der Tora aufgewachsen. Sie ist uns vertraut. Jesus hat sie auch gekannt und gehalten. Wir merken es nicht mehr, uns ist die Tora in Fleisch und Blut übergegangen. Aber natürlich ist auch uns Christus viel wichtiger als die Tora!

Titus: Genau darum geht's uns. Für uns Heidenchristen ist die Tora doch fremd! Über sie wird uns auch Jesus fremd. Für uns wäre sie eine Mauer vor Jesus. Euch hilft sie eher, an Jesus zu denken.

Andreas: Ich kann da nicht so einfach zustimmen. Ich liebe die Tora! Sie hat mir in vielen schweren Stunden geholfen. Ich kann nicht sagen, dass sie den Glauben zerstört. Ich bin Jude und ich bin Christ – ich sehe da keinen Widerspruch.

△ Warum fällt es den Judenchristen schwer, den Standpunkt der Heidenchristen zu verstehen, und umgekehrt?
▼ Führt das Gespräch in Gruppen weiter und seht, ob ihr zu einer Einigung kommt.

Wege von Gott her

Streit mit Petrus

Nicht lange nach dem Apostelkonvent kam Petrus nach Antiochia zur christlichen Gemeinde. Was sich dort abgespielt haben könnte, schildert eine zeitgenössische Schriftstellerin in einem Paulusroman wie folgt:

„Was immer den Kephas (jüdischer Name für Petrus) in das nördliche Nachbarland geführt hatte – anfangs blieb alles, wie es war. Man unterhielt sich mehr schlecht als recht auf griechisch, aß und brach gemeinsam das Brot, das den Herrn darstellte, und wurde unter dem Einfluss des humorvollen Alten zu einer lustigen Gesellschaft, die selbst beim Gottesdienst viel Spaß hatte. Eine Zeit lang erwog der alte Mann, im kühleren Norden ansässig zu werden und unter all den freundlichen Menschen sein reiches, erlebnisschweres Leben zu beenden.

Aber er kam nicht dazu, sich in Antiochia niederzulassen. Weil plötzlich weitere Besucher aus Jerusalem dort eintrafen, ebenso unerwartet wie vorher Petrus, aber mit ziemlich eindeutigen Absichten. Es waren Kontrolleure, und zwar Kontrolleure ihres ehrwürdigen Chefs. Mit grimmigen Gesichtern marschierten sie in Antiochia auf: Torarollen im Handkarren zogen sie hinter sich her, was komisch aussah und beschwerlich war. Sie beobachteten argwöhnisch seinen bedenkenlosen Umgang mit den gesetzlosen Hellenisten und, Graus, auch Ungetauften, die sich in der verlotterten Gemeinde herumtrieben. Bis Petrus der Bissen im Halse stecken blieb, den seine Gastgeber ihm vom Schweinebraten abgeschnitten hatten. Bis er sich erst bei einer, dann auch bei der nächsten und schließlich bei jeder folgenden Einladung entschuldigen ließ und, schlimmer, auch den liturgischen Mahlfeiern der Antiochener fern blieb, aus Angst vor den Vorhaltungen der gesetzestreuen Jerusalemer Delegation.

Die Apostel Petrus und Paulus

Da hat sich Paulus empört. Das brachte ihm das Blut zum Kochen und die Galle zum Überlaufen. Ins Angesicht widerstand er dem Kephas, in die lederne Gesichtshaut des plötzlich wieder als Konkurrent auftretenden Judenapostels hinein. Alle Leidenschaft seines Apostolats setzte er gegen den heuchlerischen Wandel des Erst- und Ehrenapostels ein, den Kephas, der aus der Bahn der Wahrhaftigkeit gerollt war und zum Überfluss auch noch Barnabas verleitet hatte, zu den jüdischen Gebräuchen zurück- und von den Heiden sich wegzukehren. Als sei man selbst etwas Besseres."

Susanne Krahe

- △ Vergleicht diesen Text mit dem Bericht, den Paulus selbst von diesem Ereignis gegeben hat in Galater 2,11-21. Was hat die Schriftstellerin hinzugefügt bzw. besonders ausgemalt? Hat sie das Ereignis verfälscht?
- ▼ Formuliert die Rede des Paulus in Galater 2,14-21 so um, wie ihr denkt, dass es die Schriftstellerin Susanne Krahe gemacht hat!

Im Folgenden schildert Neil Postman, Professor für Medienökologie in New York, wie im US-amerikanischen Fernsehen vielfach Mission getrieben wird. Zwar treten in Deutschland solche Superapostel noch selten auf. Doch dürfte es nicht lange dauern, bis sie auch hier zum Fernsehalltag gehören.

Superapostel

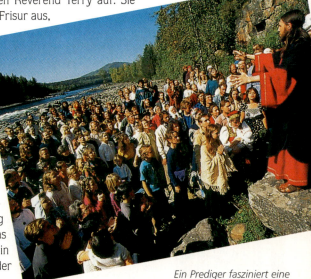

Im Fernsehen tritt eine evangelische Predigerin mit Namen Reverend Terry auf. Sie scheint Anfang fünfzig zu sein und zeichnet sich durch eine Frisur aus, von der manche sagen, sie könne nicht in Unordnung geraten, sondern nur zu Bruch gehen. Reverend Terry ist energisch, gibt sich volkstümlich. Wenn ihre Zuhörer von der Kamera gezeigt werden, dann fast immer lachend. Deshalb fällt es schwer, diese Leute etwa von den Gästen im Sands Hotel in Las Vegas zu unterscheiden, sie sehen lediglich gesitteter und gesünder aus. Reverend Terry will sie und die Zuschauer „an den Bildschirmen daheim" zu einer Änderung ihres Lebens bewegen, indem sie ihnen den Weg zu Jesus Christus zeigt. Dazu bietet sie als Unterstützung ein „Aufschwung-Programm" an, das offenbar einen doppelten Zweck erfüllen soll – es führt uns zu Jesus und liefert uns gleichzeitig Tipps, wie wir unseren Kontostand erhöhen können. Das macht ihre Anhänger ungemein zufrieden und bestärkt sie in der Annahme, dass der „Aufschwung" das eigentliche Ziel der Religion sei.

Ein Prediger fasziniert eine Menschenmenge

Pat Robertson ist der Zeremonienmeister des äußerst erfolgreichen „700 Club", einer Fernsehsendung und zugleich einer Art von Religionsgemeinschaft, der man dadurch beitreten kann, dass man 15 Dollar im Monat bezahlt.

Reverend Robertson gibt sich bei seinen Auftritten sehr viel zurückhaltender als Reverend Terry. Er ist bedächtig, intelligent und besitzt jenen Charme, der die Fernsehzuschauer vielleicht an den besonnenen Gastgeber einer Talkshow erinnert. Sein Appell an die Gottesfurcht ist erheblich anspruchsvoller als der von Reverend Terry, zumindest aus der Sicht des Fernsehens. Anscheinend hat er sich „Entertainment Tonight" zum Vorbild für seine Sendung genommen. Sie umfasst Interviews, Gesangseinlagen und Filmstreifen mit Unterhaltungskünstlern, die eine christliche Wiedergeburt erlebt haben. So sind zum Beispiel alle Chorusgirls von Don Ho's Hawaii-Vorstellung wieder geboren und in einem kurzen Film werden sie uns beim Gebet und auf der Bühne vorgeführt. Dann erscheint eine Frau, die unter heftigen Angstzuständen leidet. Sie kann sich nicht auf ihre Pflichten konzentrieren. Die Fernsehsendungen und Filme, die sie sieht, flößen ihr Angst vor der Außenwelt ein. Verfolgungswahn überwältigt sie. Ihre eigenen Kinder wollte sie umbringen. Eines Tages schaltet sie im Fernsehen zufällig „700 Club" ein. Dessen Botschaft beginnt sie zu interessieren. Sie öffnet Jesus ihr Herz. Sie ist gerettet. Am Schluss des Stücks sehen wir, wie sie ihrer Arbeit nachgeht, gelassen und heiter, die Augen von innerem Frieden strahlend."

△ Mit welchen Mitteln versuchen diese Fernsehevangelisten, ihre Zuschauer zu überzeugen? Unterscheidet zwischen ihren vorgeblichen und wirklichen Absichten.
▼ Vergleicht religiöse Fernsehsendungen hierzulande mit diesen Schilderungen aus USA. Lassen sich andere Absichten vermuten?

Wege von Gott her

Superapostel in Korinth

In der griechischen Hafenstadt Korinth hat sich Paulus etwa 18 Monate aufgehalten und mit Erfolg missioniert. Die Stadt war nach ihrer Zerstörung durch die Römer ab 44 v. Chr. wieder aufgebaut worden und zur Provinzhauptstadt aufgestiegen. Handel und Gewerbe blühten. Viele kamen aus aller Welt in die Stadt und brachten ihre Religionen und Heilslehren mit. Reichtum und Lebensgenuss lockten aber auch arme Menschen an, die sich mit Kleinhandel und Gelegenheitsarbeiten über Wasser halten mussten. Nach der Abreise des Paulus kommt es zu Streitigkeiten in der Gemeinde. Es bilden sich Parteien, die sich auf ihre eigenen Apostel berufen. Sie hätten eine höhere Weisheit, die himmlische Weisheit gebracht. Sie konnten mitreißend von ihren Himmelsreisen erzählen, sodass alle, die sie hörten, in Begeisterung verfielen. Sie brachten Empfehlungsschreiben aus anderen Gemeinden, die ihre überirdischen Fähigkeiten bezeugten. Sie konnten Kranke heilen und Traurigkeit vertreiben. Und sie scheuten sich nicht, sich von ihren Anhängern großzügig bezahlen zu lassen. Über Paulus ließen sie verbreiten, er sei ein schwächlicher und törichter Narr.

Die Narrenrede des Paulus

Ihr ertragt es, wenn euch jemand knechtet, wenn euch jemand ausnützt, wenn euch jemand gefangen nimmt, wenn euch jemand erniedrigt, wenn euch jemand ins Gesicht schlägt.
Sie sind Hebräer – ich auch! Sie sind Israeliten – ich auch! Sie sind Abrahams Kinder – ich auch!
Sie sind Diener Christi – Ich rede töricht: Ich bin's weit mehr! Ich habe mehr gearbeitet, ich bin öfter gefangen gewesen, ich habe mehr Schläge erlitten, ich bin oft in Todesnöten gewesen.
Von den Juden habe ich fünfmal erhalten vierzig Geißelhiebe weniger einen, ich bin dreimal mit Stöcken geschlagen, einmal gesteinigt worden, dreimal habe ich Schiffbruch erlitten, einen Tag und eine Nacht trieb ich auf dem tiefen Meer.
Ich bin oft gereist, ich bin in Gefahr gewesen durch Flüsse, in Gefahr unter Räubern, in Gefahr unter Juden, in Gefahr unter Heiden, in Gefahr in Wüsten, in Gefahr auf dem Meer, in Gefahr unter falschen Brüdern; in Mühe und Arbeit, in viel Wachen, in Hunger und Durst, in viel Fasten, in Frost und Blöße und außer all dem noch das, was täglich auf mich einstürmt, und die Sorge für alle Gemeinden.
Wer ist schwach und ich werde nicht schwach? Wer wird zu Fall gebracht und ich brenne nicht?
Wenn ich mich denn rühmen soll, will ich mich meiner Schwäche rühmen.
2. Korinther 11,17.20, 22 – 30

Georg Meistermann, Apostel Paulus

△ Womit „rühmt" sich Paulus? Was wirft er damit den Superaposteln vor? Vergleicht die Superapostel mit den TV-Evangelisten der vorigen Seite.
▼ Superapostel gibt es heute auch im Showbusiness, in der Politik und der Werbung. Stellt entsprechende Bilder und Berichte zusammen und entwerft gegen sie eine „Narrenrede".

Konflikte

Während der Auseinandersetzungen in Korinth befindet sich Paulus in Ephesus (Kleinasien), wo er längere Zeit gefangen gehalten wird. Dort erhält er Briefe und Anfragen, auf die er brieflich antwortet. Folgendes war in Korinth unklar:

1. Auch unter Christen kann einmal ein Streit ausbrechen, ja sogar Unrecht geschehen. Darf dann der Geschädigte vor ein heidnisches Gericht gehen, um Recht zu bekommen? Auch heidnische Richter sind ja dazu da, Recht zu sprechen!

2. Ein Heide ist durch die Taufe Christ geworden und hat sich der Gemeinde angeschlossen. Seine heidnische Frau will jedoch vom christlichen Glauben nichts wissen. Sie macht nicht mit. Soll er sich deshalb scheiden lassen?

3. Niemand weiß, wann Jesus wiederkommt. Es kann ganz plötzlich geschehen. Soll ein junger Christ oder eine junge Christin dennoch etwas ganz „Weltliches" tun und heiraten? Ist heiraten in diesem Fall etwas Gutes oder vielleicht etwas Unsinniges?

4. Von dem Fleisch, das auf dem Markt verkauft wird, weiß man nie, ob es nicht von Tieren stammt, die vorher in heidnischen Tempeln den Götzen geopfert worden sind. In den allermeisten Fällen ist es so. Darf ein Christ solches Götzenopferfleisch kaufen und essen? Manchmal wird er ja auch von heidnischen Verwandten zu Familienfeiern eingeladen, wo beim Festessen solches Fleisch serviert wird. Was soll er tun? Die einen sagen: Er darf essen, denn diese Götzen gibt es ja gar nicht. Die anderen sagen: An Jesus Christus glauben und heidnisches Opferfleisch essen – das verträgt sich unter gar keinen Umständen.

Starke und Schwache

Willy Fries, Das große Gastmahl

△ Bildet vier Gruppen. Schreibt Antworten mit Begründungen. Vergleicht diese mit den folgenden Bibelstellen: 1. Korinther 6,5+7+11 (zu 1.); 1. Korinther 7,12+15+16 (zu 2.); 1. Korinther 7,22-25 (zu 3.); 1. Korinther 8,9-13 (zu 4.).

Wege von Gott her

Protzen mit dem Power-Geist

Die Ereignisse in Korinth haben Paulus in tiefes Nachdenken versetzt. Im Gottesdienst standen Menschen auf, die behaupteten, der Geist Gottes spreche direkt aus ihnen. Sie gerieten in Ekstase, schrien und stammelten, wie um ihre Geistbegabung zu beweisen. Man nannte dies damals Zungenreden. Als „Geistbegabte", so behaupteten sie, seien sie wertvollere Glieder der Gemeinde. Man müsse ihnen Privilegien einräumen und ihren Anweisungen folgen. Die Schriftstellerin Susanne Krahe in ihrem Roman „Paulus" über die Ansichten des Paulus:

„Die Korinther benahmen sich wie Auferstandene, weil sie die Predigt ihres Apostels missverstanden hatten. Für sie war die Taufe eine Auferstehung gewesen, geistliche Auferstehung, Erlösung der Seele wie ihre Philosophen sie sich vorstellten. Der wertvolle Teil ihrer zweigeteilten Existenzen hatte sich in den Himmel verabschiedet, ohne ihren Atem mitzunehmen, ohne Energie abzuschneiden. Im Gegenteil, der erlöste Zustand beflügelte sie. Sie lebten in ihren verlassenen Körpern nur noch provisorisch, dafür aber umso heftiger. Da es ihrer Seele nicht mehr schaden konnte, war Essen und Trinken so unwichtig geworden, dass Fressen und Saufen daraus werden durfte. Auch das Zungenreden passte zu dieser Gesellschaft der Erlösten, denn darin konnten sie den Geist der Auferstehung plappern hören, wie er sich momentweise zu ihnen herabließ. Man musste sich gegenseitig beweisen, dass man am nachhaltigsten auferstanden, am höchsten aufgestiegen war. Und jetzt das Herrenmahl: Jedes Mal feierten sie ein Auferstehungsfest. Erlöste Seelen freuten sich der deftigen Pflege des blödsinnigen Gefängnisses, in dem seit der Taufe alles erlaubt war."

Die Reaktion des Paulus fasst Susanne Krahe wie folgt zusammen:

„An Korinth: Ihr irrt euch. Wenn ihr glaubt, mit eurer Taufe sei alles Wesentliche passiert, verschätzt ihr euch. Die Auferstehung liegt nicht hinter, sondern vor euch. Auf die Auferstehung müsst ihr warten und hoffen. An euch Griechen, die viel von Erlösung der Seelen, aber nichts von der Auferstehung des Leibes verstehen: Es ist die Erlösung des Menschen mit Haut und Haar, auf die wir hoffen. Gott macht alles, alles neu.
Das gibt es nicht, sagt ihr? Wir sind schon erlöst, sagt ihr, weil unsere Seelen die Last abgeschüttelt haben? Doch, es gibt die Auferstehung der Gestorbenen. Denn wenn es eine Totenerweckung nicht gäbe, wäre auch Christus nicht auferweckt worden. Ist aber Christus nicht auferweckt worden, dann ist meine Predigt leer und mein Glaube nichts wert.
Das alles ist logisch. Ihr versteht euch auf Logik, darum zieht nun auch die richtigen Schlüsse. Wenn durch Christus die Auferstehung der Toten auf die Welt kam, bedeutet das nicht, dass die Welt an Gewicht verloren hat. Die Auferweckung ist möglich, welch eine Neuheit – aber leben müssen wir alle noch, wie auch Christus gelebt hat, sterben müssen wir, ihr und wir und alle, wie auch Christus gestorben ist. Seht mich an: Bei allem Ruhm der vor uns hereist – ich sterbe täglich. Immer wieder greift mir die eiskalte Hand an den Hals. Wenn ich hier in Ephesus nur nach Menschenart mit wilden Tieren gekämpft habe – was nützt es mir? Wenn Tote nicht auferweckt werden in ihren neuen, unverderblichen, schadlosen Körpern, haben wir allenfalls unsere Sehnsucht, unsere Hoffnung und unser Glaube aber sind dahin. Dann gibt es überhaupt keine Rettung für uns."

△ Welche Vorstellung von Auferstehung hatten die griechischen Geistbesitzer? Was waren die Folgen? Wie kam es nach diesem Text zu Zungenrede, Ekstase und Überheblichkeit in der korinthischen Gemeinde?

▼ Lest 1. Korinther 15,20-49 und überprüft, ob Susanne Krahe die Gedanken des Paulus richtig dargestellt hat. Welche Vorstellung setzt Paulus der griechischen Vorstellung einer Trennung von Leib und Seele entgegen? Wie verhalten sich irdischer und himmlischer Leib zueinander?

Mit Gott unterwegs

Ein Geist, viele Gaben – ein Leib, viele Glieder

Paulus bestreitet nicht, dass der Geist Gottes in der christlichen Gemeinde wirksam ist. Aber dieser Geist gehört nicht einigen, sondern wirkt in allen auf je verschiedene Weise. Er schreibt: „Es sind verschiedene Gaben, aber es ist ein Geist. Es sind verschiedene Ämter, aber es ist ein Herr. Es sind verschiedene Kräfte, aber es ist ein Gott, der da wirkt alles in allem. In einem jeden offenbart sich der Geist zum Nutzen aller" (1. Korinther 12,4-6). Wie sollen die verschiedenen Begabungen, Kräfte und Ämter zusammenwirken? Um dies zu erklären, gebraucht Paulus das Bild vom Leib:

„Denn wie der Leib einer ist und doch viele Glieder hat, alle Glieder des Leibes aber, obwohl sie viele sind, doch ein Leib sind, so auch Christus. Denn wir sind durch einen Geist alle zu einem Leib getauft, wir seien Juden oder Griechen, Sklaven oder Freie, und sind alle mit seinem Geist getränkt." (1. Korinther 12,12f.)

Aus dem Bild vom Leib können freilich unterschiedliche Folgen für die Ordnungsverhältnisse der Glieder gezogen werden. Zwei Beispiele:

1. Kein Teil des Leibes darf seine Dienste verweigern. Man erzählt, der Mund, die Hände und Füße seien empört gewesen und hätten sich geweigert, dem Magen Nahrung zu liefern, weil er Tag für Tag ohne irgendwelche Bemühung angefüllt werde. Er selbst sitze untätig dabei. Als der Magen aber hungerte, erhob er ein Geschrei. Doch wollten sie ihm einige Tage lang nichts geben. Da nun der Magen nichts bekam, erschlafften alle Glieder. Als sie ihm dann wieder Nahrung geben wollten, weigerte sich der Magen, weil er die Wege schon zugemacht hatte. So gingen Glieder und Magen vor Erschöpfung zugleich zugrunde. Diese Fabel mahnt die Diener zur Treue, weil sie nur dadurch stark sind und Bestand haben.

2. Das Auge kann nicht zu der Hand sagen oder auch das Haupt zu den Füßen: Ich brauche euch nicht. Vielmehr sind die Glieder des Leibes, die uns die schwächsten zu sein scheinen, die nötigsten, und die uns am wenigsten ehrbar zu sein scheinen, die umkleiden wir mit besonderer Ehre; und bei den unanständigen achten wir besonders auf Anstand; denn die anständigen brauchen's nicht. Aber Gott hat den Leib zusammengefügt und dem geringeren Glied höhere Ehre gegeben, damit im Leib keine Spaltung sei, sondern die Glieder in gleicher Weise füreinander sorgen. Und wenn ein Glied leidet, so leiden alle Glieder mit, und wenn ein Glied geehrt wird, so freuen sich alle Glieder mit.

Griechische Vasenmalerei – Paulus benutzt das Bild von Läufern in der Arena

△ Welcher Text stammt von Paulus (1. Korinther 12,21-26)? Der andere soll von Menenius Agrippa, einem Römer stammen, der ca. 200 Jahre vor Paulus mit dieser „Fabel" das einfache Volk (= Plebs) von Rom überredete, wieder in die Stadt zurückzukehren, die sie aus Protest gegen die Vorrechte der vornehmen Familien (= Patrizier) verlassen hatten.

▼ Paulus will den Korinthern einen „noch besseren Weg" des Zusammenlebens zeigen und schreibt ihnen deshalb das so genannte Hohelied der Liebe. Lest dieses in 1. Korinther 13. Was sagt dieser Text über das Zusammenleben?

 1. Korinther 9,24-27

Wege von Gott her

Freiheit?

Walter Habdank, Paulus im Gefängnis

Paulus hilft einem entflohenen Sklaven

Als Paulus in Ephesus gefangen gehalten wird und um sein Leben bangt, kommt unerwarteter Besuch zu ihm, ein Mann namens Onesimus. Im Gespräch gibt er sich als Sklave eines gewissen Philemon aus Kolossae zu erkennen. Dieser, seine Schwester und einige Bekannte der Familie gehören zu der dortigen christlichen Hausgemeinde. Offenbar enttäuscht von der Haltung seines Herrn ihm gegenüber, flieht Onesimus nach einem Diebstahl zu Paulus nach Ephesus. Von ihm erhofft er sich Hilfe. Nach dem damaligen Recht muss Onesimus mit einer strengen Bestrafung rechnen, falls er auf seiner Flucht aufgegriffen wird.

Folgendes Gespräch könnte zwischen Paulus und Onesimus stattgefunden haben:

Onesimus: Dein letzter Aufenthalt in Kolossae! Die Christen blieben nach deiner Predigt bei Archippus zusammen. Appia deckte den Tisch. Die Reichen packten ihre Taschen aus. Sie hatten köstliches Essen mitgebracht. Alle setzten sich und aßen miteinander. Auch die Armen, die nichts mitgebracht hatten.
Paulus: Du hättest wohl gerne mitgegessen?
Onesimus: Sicher – ich stand hinter einer Säule und hatte Hunger. Aber das war nicht so wichtig. Ich erlebte Liebe, nicht nur in Worten! Ich sah es mit meinen Augen! Ein reicher Wollhändler füllte einem dreckigen Lastenträger den Teller! Kein Unterschied mehr! Gottes Liebe machte alle am Tisch gleich. Da stieg es irgendwie heiß in mir hoch.
Paulus: Was?
Onesimus: Das mit der Liebe und der Gleichheit. Wenn mein Herr wirklich ein Christ ist, dachte ich, kann er mich nicht länger als Sklave haben. Dann muss er mich freilassen!
Paulus: Aber das hat er nicht getan?
Onesimus: Nein – ich musste mich selbst befreien – ich habe mir Reisegeld besorgt
Paulus: Du meinst wohl: gestohlen?
Onesimus: – und bin zu dir geflohen! Ich wusste, du bist in Ephesus. Aber erst hier erfuhr ich, dass du gefangen bist. Ich möchte mich von dir taufen lassen und auch Christ werden. Ich will bei dir bleiben und nicht mehr zurück zu Philemon.

Paulus schrieb einen Brief an Philemon:

> *Ich bitte dich für Onesimus. Er kam zu mir. Er wurde ein Christ, während er bei mir war … Du konntest ihn bisher nicht gebrauchen. Er war ein Nichtsnutz, jetzt ist er dir und mir ein nützlicher Helfer geworden. Nun sende ich ihn dir zurück, ihn – d. h. mein eigenes Herz … Wenn du nun in mir deinen Freund siehst, dann nimm ihn auf, als wäre ich es selbst. Hat er dich aber geschädigt, so schreibe die Schuld auf meine Rechnung.*

△ Paulus gibt Philemon nicht den Rat, Onesimus freizulassen. Worum bittet er Philemon? Hätte sich Paulus nicht für die Freiheit von Onesimus einsetzen müssen?

Im Bemühen um die Einheit der Christen

Der große Streit in Antiochien und Jerusalem hat Paulus sein ganzes Leben lang nicht zur Ruhe kommen lassen. Damals hatte er eine Spende aller Gemeinden der Welt für die Armen in Jerusalem versprochen. Sie sollte das äußere Zeichen der inneren Zusammengehörigkeit der christlichen Gemeinde sein. Unablässig hat Paulus auf vielen seiner Reisen und in seinen Briefen um dieses Geld gebeten. Bei seinem letzten Aufenthalt in Korinth ist die Sammlung endlich abgeschlossen worden. Jetzt will er die Spende persönlich nach Jerusalem bringen. Er weiß, dass sein Jerusalembesuch ein waghalsiges Unternehmen ist. Viele Juden in Jerusalem kennen ihn und lehnen seine Arbeit ab. Sie werfen ihm vor, er sei vom Glauben der Väter abgefallen und habe das Judentum verraten.

Aber die Jerusalemer Judenchristen machen ihm auch Sorgen. Er ist überzeugt, dass er ihr Misstrauen ihm und seiner Mission gegenüber überwinden kann, wenn er sie selbst in Jerusalem besucht. Damit will er auch zum Ausdruck bringen: Alle Christen der Welt gehören zusammen.

Die Verhaftung

Tatsächlich freut man sich in Jerusalem nicht sehr über die Ankunft des Paulus. Die judenchristliche Gemeinde befürchtet, dass sich die Spannungen mit den jüdischen Behörden verschärfen könnten. Deshalb bitten sie Paulus um ein Zeichen, dass er die Tora anerkennt. Daraufhin geht er in den Tempel, um ein Opfergebot der Tora zu erfüllen. Gerade das wird ihm zum Verhängnis.

Einige Juden behaupten, Paulus sei mit einem Nichtjuden im Tempel gewesen – ein schwerer Verstoß gegen die Tora. Ein Tumult entsteht. Die römische Besatzungsmacht greift ein. Sie kann von der Burg Antonia aus genau beobachten, was im Tempel geschieht. Da sich Paulus als römischer Bürger ausweisen kann, wird er in Schutzhaft genommen und nach einem Attentatsversuch nach Cäsara, dem Sitz des römischen Statthalters, gebracht. Von dort aus tritt er seine Romreise an. Vor einem kaiserlichen Gericht will er sein Recht verteidigen.

Tod

Über den Tod des Paulus weiß man nichts Genaues. Ein Brief der römischen Gemeinde (um 100 n. Chr.) berichtet, er sei als Märtyrer gestorben. Vermutlich wurde er bei den Christenverfolgungen unter Nero (64 n. Chr.) enthauptet. Er hat sein Schicksal immer als Nachfolge Christi verstanden.

Der Weg in den Tod

Johannes Calvin
Seite 201

Enthauptung des Paulus. Nach einer frühchristlichen Überlieferung wurde Paulus in Rom hingerichtet.

△ Von den Rechten des „römischen Bürgers" Paulus berichten Apostelgeschichte 22,22-29 und 25,1-11. Warum beruft sich Paulus auf diese Rechte?

△ Lest Philipper 2,5-11. Inwiefern ist Paulus dem Beispiel Christi gefolgt? Welche Hoffnung dürfte ihn bis in den Tod hinein nicht verlassen haben?

Wege von Gott her

Wenn alle Wunder vergangen sind, Gott, dann schenke mir Glauben, der dies übersteht.

Hans-Werner Bartsch

Die Frauen flohen nicht, als Jesus verhaftet wurde. Sie begleiteten ihn auf dem Weg nach Golgatha. Sie blieben, bis er starb, waren beim Begräbnis und wurden zu Zeugen der Auferstehung Jesu.

Otto Dix, „Der Größte im Himmelreich" (Lithographie 1960).
„Wer nun sich selbst erniedrigt wie dieses Kind, der ist der Größte im Reich der Himmel." (Matthäus 18,4)

© Sieger Köder, Maria von Magdala am Grab.
„Jesus sagte zu ihr: Maria." (Johannes 20)

Menschen begegnen Jesus

Nachfolge – Freunde und Freundinnen Jesu
Gottes Reich im Kommen
Hoffnungsgeschichten – die Wunder Jesu
Durch Leiden und Tod

K.-H. Seemann, Kruzifix

Kinderfragen

Es gibt viel angst mein jüngstes
die ich dir nicht nehmen kann
großmutter ist gestorben
und panzer brauchen sie für den krieg

Es gibt viel ich kann nicht
wenn du mich fragst mein jüngstes
großmutter schälte kartoffelschlangen
der friede ist ein hirsekorn klitzeklein

Die großen jungs in den panzern
fürchten sich auch und wollen lieber nicht rein
das reich gottes ist noch winziger
als du warst und wird ein baum sein

Darunter zu wohnen

Dorothee Sölle

Nachfolge – Freunde und Freundinnen Jesu

Unruhige Zeiten

Galiläa-Nachrichten

(ppa) Viele Kleinbauern und Händler können ihrer drückenden Steuerpflicht nicht nachkommen. Sie verlassen ihren geringen Besitz und ihre Familie, um sich als Bettler, Herumtreiber und Räuber durchs Leben zu schlagen. Aber dadurch, dass gewisse Räuberbanden gelegentlich gezielt gegen römische Einrichtungen vorgehen, hat sich das politische Klima in Palästina deutlich verschlechtert, die römische Staatsgewalt greift schon bei kleinsten Unruhen hart durch.
In letzter Zeit macht besonders eine Gruppe um einen Wanderprediger namens Jesus v. N. von sich reden. Eine größere Zahl Männer und sogar Frauen hat sich diesem Mann angeschlossen. Von Betrügereien und Raubzügen scheint sich die Gruppe fernzuhalten. Die Leute ziehen durch die Städte und Dörfer und treffen immer wieder auf gastfreundliche Häuser, in denen sie aufgenommen und bewirtet werden. Zudem handelt es sich bei den so genannten Jüngern nicht nur um gescheiterte Existenzen, sondern auch wohlhabende Leute finden Gefallen an diesem Rabbi und unterstützen die Gruppe, sodass diese eine Weile davon leben kann. Die Gruppe fühlt sich als eine große Familie, die um Gottes willen alle Sicherungen aufgegeben hat, umherzieht und ihre Botschaft vom Reich Gottes verkündigt. Dadurch erregen Jesus und seine Anhänger Aufsehen und sorgen für unruhige Stimmung in der Bevölkerung, zumal die Gruppe zahlenmäßig wächst. Bisher gaben sie den Römern jedoch nicht den geringsten Anlass, etwas gegen sie zu unternehmen.

(aus: „Galiläa-Nachrichten", eine erdachte Zeitung aus der Zeit Jesu)

△ Der „Zeitungsartikel" beschreibt verschiedene Gruppen im Land Israel. Stellt die Gruppen einander gegenüber und vergleicht sie.
▼ Informiert euch im Kursbuch 5/6 und in eurem Geschichtsbuch, wie die Römer ihre Herrschaft ausübten.

Petrus – ein Freund

Es begab sich aber, als sich die Menge zu ihm drängte, um das Wort Gottes zu hören, da stand er am See Genezareth und sah zwei Boote am Ufer liegen; die Fischer aber waren ausgestiegen und wuschen ihre Netze. Da stieg er in eines der Boote, das Simon (= Petrus) gehörte, und bat ihn, ein wenig vom Land wegzufahren. Und er setzte sich und lehrte die Menge vom Boot aus. Und als er aufgehört hatte zu reden, sprach er zu Simon: Fahrt hinaus, wo es tief ist, und werft eure Netze zum Fang aus. Und Simon antwortete und sprach: Meister, wir haben die ganze Nacht gearbeitet und nichts gefangen; aber auf dein Wort will ich die Netze auswerfen. Und als sie das taten, fingen sie eine große Menge Fische und ihre Netze begannen zu reißen. Und sie winkten ihren Gefährten, die im andern Boot waren, sie sollten kommen und mit ihnen ziehen. Und sie kamen und füllten beide Boote voll, sodass sie fast sanken. Als Simon Petrus das sah, fiel er Jesus zu Füßen und sprach: Herr, geh weg von mir! Ich bin ein sündiger Mensch. Denn ein Schrecken hatte ihn erfasst und alle, die bei ihm waren, über diesen Fang, den sie miteinander getan hatten, ebenso auch Jakobus und Johannes, die Söhne des Zebedäus, Simons Gefährten. Und Jesus sprach zu Simon: Fürchte dich nicht! Von nun an wirst du Menschen fangen. Und sie brachten die Boote ans Land und verließen alles und folgten ihm nach. Lukas 5,1-11

△ Vergleicht den Text mit der Darstellung derselben Geschichte in Matthäus 4,18-22. Achtet dabei besonders auf die Rolle des Petrus in beiden Texten.
▼ Die berufenen Jünger folgen Jesus ohne nachzudenken. Überlegt euch Gründe, die sie bewogen haben könnten, mit dem Wanderprediger Jesus mitzugehen.

Menschen begegnen Jesus

Ein Interview in den Galiläa-Nachrichten

Rembrandt, Petrus

Reporter: Simon Petrus, du bist am längsten von allen in der Jesus-Gruppe. Wie ist dein Verhältnis zu eurem Anführer und Lehrer?
Petrus: Ich denke, dass ich einer seiner besten Freunde, vielleicht sogar der beste bin.
Reporter: Selbst unter guten Freunden kommt es mal zu Streit und Konflikten. Gibt es Auseinandersetzungen zwischen euch oder seid ihr immer einer Meinung?
Petrus: Ehrlich gesagt, zweimal habe ich mich ziemlich dumm verhalten, obwohl ich Jesus beweisen wollte, dass ich in allem auf seiner Seite bin.
Reporter: Erzähl doch bitte etwas mehr.
Petrus: Also, die Blamage auf See behalte ich lieber für mich. Aber von dem Krach damals in Caesarea Philippi, davon will ich dir kurz berichten.
Reporter: Das klingt ja ziemlich spannend.
Petrus: Also, damals hat Jesus gesagt, er müsse in Jerusalem leiden und sterben für seine und unsere Sache des Reiches Gottes. Das hat mich so geschockt, dass ich ihn auf der Stelle zur Flucht überreden wollte. Da hat Jesus mich angeschrien und beschimpft, sodass mir angst und bange wurde.
Reporter: Und du bist trotzdem bei der Gruppe geblieben, auch wenn ihr in Gefahr seid?
Petrus: Ja, das ist es mir wert. Es fällt mir nur manchmal so schwer, ihn zu verstehen. Ich will, dass wir alle in Sicherheit leben und predigen, aber Jesus denkt ganz anders. Er ist stark und hat keine Angst. Ich wäre gern wie er, aber das schaffe ich einfach nicht.

- △ Findet Substantive und Adjektive, die die Person des Petrus beschreiben. Gestaltet daraus ein Petrus-Bild.
- ▼ Lest in Matthäus 14,2-33 die Geschichte, die Petrus als „Blamage auf See" bezeichnet. Findet andere Titel für diese Geschichte.
Petrus gilt vielen als der vorbildliche Jünger Jesu. Nehmt Stellung zu dieser Meinung.

Freunde und Freundinnen Jesu

Maria Magdalena – eine Freundin Jesu

Die Menschen zur Zeit Jesu machten böse Geister oder Dämonen für Krankheiten und Leiden der Menschen verantwortlich. Das Neue Testament nennt daher manche Krankheiten „dämonische Besessenheit". Es berichtet, wie Jesus Menschen von ihrer Krankheit und Besessenheit befreit und geheilt hat.

* Mirjam ist der hebräische Name für Maria

Was sich für eine Frau gehört

Jesus zog durch Städte und Dörfer und predigte und verkündigte das Evangelium vom Reich Gottes; und die Zwölf waren mit ihm, dazu einige Frauen, die er gesund gemacht hatte von bösen Geistern und Krankheiten, nämlich Maria, genannt Magdalena, von der sieben böse Geister ausgefahren waren, und Johanna, die Frau des Chuzas, eines Verwalters des Herodes, und Susanna und viele andere, die ihnen dienten mit ihrer Habe.
Lukas 8,1-3

△ Beschreibt die Rolle der Frauen in der Jesusbewegung nach der Darstellung des Lukas. Schaut in der Bibel in Markus, 1,34ff.; Lukas 6,18ff.; 7,21ff. nach, worin sich Besessenheit geäußert hat.

▼ Diskutiert in Gruppen darüber, welche Leiden und Probleme man heute als Dämon oder Besessenheit bezeichnen könnte.
Denkt euch eine Szene aus, wie Maria Magdalena und Jesus sich zum ersten Mal begegnen. Lest dazu Lukas 13,10-17 als Beispielgeschichte, wie die Heilung der Maria Magdalena geschehen sein könnte.

Gespräch zwischen der 60-jährigen Mirjam* und ihrer 14-jährigen Enkelin Salome:
Salome: Großmutter, erzähl mir doch, wie das damals war, als du so ein junges Mädchen warst wie ich.
Mirjam: Ach, das war eigentlich genauso wie heute bei den meisten jungen Mädchen. Ich lernte bei meiner Mutter alle Hausarbeiten, die eine Frau können muss, z. B. Waschen, Spinnen, Weben, Nähen, Mehl mahlen, Kochen usw.
Salome: Wie ich auch. Fiel dir das Weben auch so schwer wie mir?
Mirjam: Nein, mein wunder Punkt war das Kochen, das habe ich erst während meiner Ehe richtig gelernt. Zum Glück legte mein Vater Wert darauf, dass ich Lesen und Schreiben lernte wie meine beiden Brüder. So hatte ich die Möglichkeit, selber die Tora zu studieren.
Salome: Hast du oft in der Heiligen Schrift gelesen?
Mirjam: Dazu fehlte mir leider die Zeit. Als ich zwölf Jahre alt geworden war, trat mein Vater in Verhandlungen mit einer verwandten Familie, um mich mit einem Vetter zu verheiraten. Zum Glück waren dein Großvater und ich uns auf Anhieb sehr sympathisch, sodass ich gern in die Entscheidung meines Vaters einwilligte und mich verlobt habe.
Salome: Und wann hast du dann geheiratet?
Mirjam: Als ich 15 war, führte dein Großvater mich zu sich heim. Es war ein rauschendes Fest mit Tanz, Musik, gutem Essen. Sieben Tage lang haben wir gefeiert. Nach zwei Jahren kam unsere erste Tochter zur Welt, deine Mutter. Von den vier weiteren Kindern starben drei schon früh, sodass mir nur deine Mutter und dein Onkel Andreas blieben.
Salome: Und wie war das, als Großvater starb? Seither hast du allein gelebt, nicht wahr?
Mirjam: Die meisten Witwen verheiraten sich nach der Trauerzeit wieder, wie du weißt. Einmal, weil sie oftmals nicht gut genug versorgt sind, um allein über die Runden zu kommen, zum anderen, weil eine verheiratete Frau besser angesehen ist als eine Witwe. Ich wollte und brauchte nicht wieder zu heiraten.
Salome: Ja, ich weiß. Du hattest genug Landbesitz und Geld, um unabhängig zu leben.
Mirjam: Nicht nur das. Dein Großvater und ich hatten eine gute Ehe geführt. Er war für das Auftreten unserer Familie in der Öffentlichkeit zuständig. Ich war die uneingeschränkte Herrin im Haus. Nach seinem Tod wollte ich mich nicht mit einem anderen Mann verbinden. Das habe ich bis heute nicht bereut.
Salome: Großmutter, ich bewundere dich. Du hast dein Leben gut hingekriegt.
Mirjam: Ach, Salome, das wirst du auch schaffen. Du weißt, was sich für eine Frau gehört. Und jetzt haben wir genug geschwatzt. Setz deine Kopfbedeckung auf und zieh deinen Mantel an. Wir wollen zum Tempel gehen und ein Opfer ausrichten lassen, weil deine Mutter sich von ihrer schweren Krankheit so gut erholt hat.
Salome: Ja, ich beeile mich.

△ Stellt in Gruppenarbeit eine Liste der Rechte und Pflichten einer Frau zur Zeit Jesu zusammen. Diskutiert in der Klasse darüber.

Menschen begegnen Jesus

Maria Magdalena im Kreise der Jünger Jesu

Giorgio de Chirico, Jesus und Magdalena

Die Schriftstellerin Luise Rinser lässt Maria Magdalena Folgendes sagen:

„Ich kam. Ich blieb. Bis unters Kreuz folgte ich ihm. Bis heute bin ich die Seine. Die Männer aber, seine Jünger, schauten bestürzt. Eine Frau unter ihnen? Eine Frau an der Seite des Rabbi und nicht die Ehefrau? Das ging doch nicht an. Das würde ein schönes Gerede geben. Doch wagten sie nicht aufzubegehren. Sie nahmen mich hin, in der Hoffnung (so sagten sie mir später), ich würde bald der Mühe des Umherziehens überdrüssig. Sie taten, als sei ich nicht da, und ich tat, als sei das Ganze selbstverständlich. Und Jeschua (= Jesus) behandelte mich, als kennte er mich von eh und je. In seiner Nähe war ich geborgen. Ein für alle Male. Mühsame Geborgenheit, das wohl, aber eine andre gibt es nicht. (...) Es wurde Abend und keine Herberge kam in Sicht. Die Männer machten sich keine Sorge. Es schien, als überließen sie einfach alles ihrem Rabbi. Er fand schließlich ein leeres Bauernhaus, eines von denen, deren Besitzer man enteignet und vertrieben hatte.
Kannst du kochen?, fragte Schimon (= Petrus) hoffnungsvoll. Er wollte sagen: Kannst du wenigstens das, wenn du schon sonst nichts als Störung bist?
Nein, kochen, das kann ich nicht. Ich komme aus einem Haus, in dem es dafür Mägde gab.
Alle lachten.
Jeschua sagte: Warum soll sie für uns kochen? Haben wir das nicht immer selbst getan? Ist sie zu uns gekommen, um uns zu bedienen?
Schimon murrte: Etwas muss sie doch auch tun, oder? Wozu ist sie sonst bei uns?
Wozu bist du bei mir, Schimon?
Ja, schon. Aber eine Frau...
Ja, eine Frau. Und jetzt geh und hol..."

△ Was stört die (männlichen) Jünger Jesu an der Frau in ihrer Gruppe?
▼ Findet in Gruppenarbeit noch weitere Argumente gegen und für die Anwesenheit Marias und von Frauen überhaupt in der Jesus-Bewegung.
Die Erzählung deutet einen besonderen Konflikt zwischen Petrus und Maria Magdalena an. Schreibt eine Streitgeschichte zwischen den beiden, die folgendermaßen beginnt: „Petrus: Wenn einer Jesus wirklich versteht, dann ich. Schließlich bin ich ..."

Freunde und Freundinnen Jesu

Jesus und Maria Magdalena – ein Liebespaar?

In dem Musical „Jesus Christ Superstar" singt Maria Magdalena:

> Wie soll ich ihn lieben?
> Womit kann ich ihn beeindrucken?
> Ich bin anders geworden, ja, wirklich anders.
> In den letzten Tagen – wann immer ich mich so ansah,
> schien ich eine andere geworden zu sein.
> Ich weiß nicht, was ich davon halten soll.
> Warum zieht er mich nur so an?
> Er ist doch einfach nur ein Mann ...
> Oder soll ich es als Liebe verstehen,
> meinen Gefühlen freien Lauf lassen? ...
> Gerade ich war doch immer
> so ruhig, so gelassen –
> habe mich nie von Liebe verrückt machen lassen.
> Hatte alles im Griff.
> Er bringt mich völlig in Panik ...
> Doch wenn er sagen sollte, dass er mich liebt,
> wäre ich verloren, hätte ich gar Angst.
> Ich könnte es tatsächlich nicht ertragen ...
> Er bringt mich völlig in Panik.
> Ich mag ihn so sehr.
> Ich lieb ihn so sehr.

△ Beschreibt die Gefühle, die Maria Magdalena in diesem Musical Jesus entgegenbringt. Schreibt eine Seite in Marias Tagebuch darüber.

▼ Diskutiert die Frage, ob Jesus und Maria Magdalena wohl ein Liebespaar waren. Vergleicht dazu folgenden Text:

Manche Leute glauben, dass die enge Bindung zwischen Jesus und Maria Magdalena eine richtige Liebesbeziehung war. Das Neue Testament berichtet uns nichts darüber. Nach dem, was wir über die Jesus-Bewegung wissen, ist es schwer vorstellbar. Jesus, seine Jüngerinnen und Jünger erwarten für die ganz nahe Zukunft, dass Gottes Herrschaft über die Welt hereinbrechen würde. Bis dahin wollten sie die Botschaft davon zu möglichst vielen Menschen bringen und sie für die Sache Gottes gewinnen. Weil in der zukünftigen Welt alles anders und besser als im gegenwärtigen Leben sein würde, war der Jesus-Bewegung vieles unwichtig, was für Menschen damals wie heute von Bedeutung ist, z. B. Besitz und Reichtum, aber auch Bindungen an Familie, Verwandte, Ehepartner. Der gemeinsame Glaube an Gottes neue Welt verband die Mitglieder der Jesus-Bewegung. Sie verkündigten gemeinsam das Reich Gottes.

▼ Informiert euch darüber, wie sich Jesus über Besitz und Verwandtschaft äußert. Schlagt dazu in der Bibel folgende Stellen nach: Matthäus 10,37f.; Lukas 14,26 und Markus 3,31-35.

Menschen begegnen Jesus

Es standen aber bei dem Kreuz Jesu seine Mutter und seiner Mutter Schwester, Maria, die Frau des Klopas, und Maria von Magdala.
Johannes 19,25

Es waren auch Frauen da, die von ferne zuschauten, unter ihnen Maria von Magdala und Maria, die Mutter Jakobus' des Kleinen und des Joses, und Salome, die ihm nachgefolgt waren, als er in Galiläa war, und ihm gedient hatten, und viele andere Frauen, die mit ihm hinauf nach Jerusalem gegangen waren.
Markus 15,40f.

Liebe und Treue hören nicht auf

△ Die Evangelisten vermitteln den Menschen ihrer Zeit die Botschaft Jesu in unterschiedlicher Weise. Lest die Kreuzigung Jesu Markus 15,20-37 und vergleicht damit Johannes 19,17-27. Bedenkt vor allem Nähe und Abstand der Freundinnen und Freunde Jesu unter dem Kreuz.

△ Auch Albrecht Altdorfer (1480-1530) hat die Passionsgeschichte in seine Zeit gedeutet. Betrachtet das Bild.
Woran könnt ihr erkennen, dass der Maler dabei an seine Zeitgenossen gedacht hat? Beschreibt, wie Altdorfer die Freundinnen und Freunde Jesu darstellt, und findet dabei heraus, welche Evangelisten er zugrunde gelegt hat.
▼ Wie würdet ihr die Bedeutung Jesu für unsere Zeit zum Ausdruck bringen? Schreibt eine Geschichte, malt ein Bild oder gestaltet eine Collage.

Albrecht Altdorfer, Kreuzigung Christi

Freunde und Freundinnen Jesu

Du wirst mich wieder sehen

Die Beziehung Jesu zu seinen Jüngerinnen und Jüngern endet nicht mit seinem Tod. Die Evangelisten berichten uns, dass einige Frauen, unter ihnen auch Maria Magdalena, das Grab Jesu aufsuchen, um den Leichnam zu salben. Sie wollen ihren toten Herrn damit ehren und ihm ihre Treue beweisen. Die Erinnerung an Jesus und den letzten kleinen Dienst an ihm lassen die Frauen vergessen, dass sie gar nicht in das Grab gelangen können, denn es ist durch einen Felsblock verschlossen. Doch als sie dort ankommen, stellen sie fest, dass der Fels weggewälzt und das Grab leer ist.

Was dann passiert sein könnte, beschreibt die Schriftstellerin Luise Rinser:

„Da sah ich im Olivenhain, in dem das Grab lag, zwischen den Bäumen einen Mann. ... Als er noch etwas näher kam, hielt ich ihn für einen Arbeiter, einen Gärtner. Doch zu so früher Stunde?
Ich wurde unsicher. Hatte ich Angst? Mein Herz schlug heftig. Der Mann kam noch näher.
Mirjam (= Maria)!
Das war seine Stimme.
Da erkannte ich ihn. Rabbi!
Ich fiel ihm zu Füßen und lachte und weinte in einem und war außer mir vor Freude.
Aber als ich seine Knie umfassen wollte, wich er zurück. Nicht so, Mirjam, so nicht mehr und noch nicht. Bleib stehen, wo du stehst. Höre: Ich gebe dir einen Auftrag. Hör genau zu!
Ich höre, Rabbi. Sprich!
Geh du zu den anderen. Sag ihnen, dass du mich gesehen hast. Sag ihnen, ich gehe ihnen voran in den Galil (= Galiläa). Du wirst mich wieder sehen, Mirjam.
Dann war die Stelle, an der er gestanden hatte, leer. Aber in mir brannte es. Ich lief ein paar Schritte. Vielleicht war er zwischen den Bäumen verborgen. Aber da war nichts. Und keine Spur im feuchten Gras. Kein Geräusch von Schritten, die sich entfernten.
Rabbi! Rabbi!
Nichts mehr."

Maria Magdalena überbringt die Botschaft von der Auferstehung

△ Vergleicht die Erzählung mit Johannes, 20,11-18.
▼ Spielt eine Szene, wie Maria Magdalena nach der Erscheinung des Auferstandenen bei den anderen Jüngern und Jüngerinnen ankommt und ihren Auftrag ausführt.

Apostel

Die Jünger Jesu bekommen nach seinem Tod den Titel „Apostel". Das Wort kommt aus dem Griechischen und bedeutet, dass sie von Jesus Christus ausgesandt sind, seine Botschaft in alle Welt weiterzutragen. Die Erste, die vom Auferstandenen beauftragt wurde, war Maria Magdalena. Demnach ist sie als erste „Apostola" zu bezeichnen.

Menschen begegnen Jesus

1992 erhielt die 33-jährige Indianerin Rigoberta Menchú den Friedensnobelpreis. Seit ihre Familie von den Militärs getötet worden ist, kämpft Rigoberta für Menschenrechte, gegen Unterdrückung und Ausbeutung ihrer Landsleute. Sie selbst sagt über ihre Tätigkeit: „Weil ich mich immer viel mit dem Christentum beschäftigt hatte, habe ich mich mit den Revolutionären Christen zusammengetan. Wir protestieren gegen ungerechte Maßnahmen. Und ich bringe wichtige Dokumente aufs Land und in die Hauptstadt. Auf den Versammlungen lese ich den Leuten aus dem Evangelium vor und erläutere es. Das ist ein Risiko: Unsere Welt hier ist so verbrecherisch, dass mein Leben immer in Gefahr ist. Doch was mir bleibt, ist der Kampf für unsere gerechte Sache. Das habe ich gelernt. So steht es in der Bibel. Meinen christlichen Glauben kann mir niemand wegnehmen."

Nachfolge heute

△ Klärt im Gruppengespräch, wie für Rigoberta Evangelium und Engagement für ihre unterdrückten Landsleute zusammengehören.
▼ Zeigt Gemeinsamkeiten zwischen ihr und Maria Magdalena. Erkundigt euch nach Projekten, an denen ihr euch beteiligen könnt, oder plant eine eigene Aktion.

„Jesus nachfolgen"

Guy Billout

△ Deutet die Karikatur.
▼ Entwerft eigene Plakate, Bilder, Collagen etc. zum Thema „Nachfolgen".

Freunde und Freundinnen Jesu

Gottes Reich im Kommen

Hoffnungen – Erwartungen

© Sieger Köder, Das Mahl mit den Sündern

Die Gesellschaft der Zukunft
soll ich beschreiben –
oh dann werden wir
werden wir …
wir werden alles haben
was wir wollen
wir werden lange leben
und glücklich sein.
Vorher wird man uns allerdings erledigen
auf die zivilisierte Art
durch Herztod Krebs und Verkehrsunfälle.
Danach werden alle glücklich sein
der Himmel wird wieder blau werden
denn die Industrie verdaut alle ihre Abfälle
und baut daraus bunte Kunststoffstädte
und der Verkehr saust auf unterirdischen Fließbändern
　durch Kunststofftunnel
und überall haben wir das gesunde Kunstklima.

Lauter Künstler Philosophen und Gammler
lauter Dichter lauter Musiker
lauter Tänzer lauter Angler
lauter Feinschmecker
die sich gegenseitig unterrichten
dort in ihren Solarien an ihren Swimmingpools.

Und natürlich lachen sie über unsere Trauerspiele
über unsere Schwierigkeiten unsere Widersprüche
denn sie haben die Auslagerung der Probleme
in die problemlösenden Maschinen
sie haben diese kybernetische Wissenschaft
sie sind Embryos nach Wahl
mit den verbesserten Erbinformationen
sie haben die echte Verjüngung
die echte künstliche Intelligenz
die lebenslängliche Impfung
die biochemische Balance
und das Programm der Unsterblichkeit.
Wir aber werden gestorben sein
auf die alte Art –
nicht blind vor Glück.

Dieter Wellershoff

△ Menschen aller Zeiten sehnten sich nach einem glücklichen und leidfreien Leben. Der Dichter Wellershoff deutet Gefahren eines solchen Glücksstrebens an. Sieht er zu schwarz oder schaut er durch eine rosarote Brille?
▼ Vergleicht die Vision vom neuen Jerusalem im letzten Buch der Bibel (Offenbarung 21, 1-2+9-27) mit dem Bild von Sieger Köder und mit den Erwartungen, von denen im Gedicht die Rede ist.

Menschen begegnen Jesus

Die Menschen, die im Land Israel zur Zeit Jesu lebten, wurden hart unterdrückt. Die römischen Statthalter saugten das Land aus. Es gab viele Arme und wenige Begüterte, die hohe Steuern zahlen mussten. Viele hofften auf den Messias und König, den die Propheten verheißen hatten. Er sollte die Fremdherrschaft beseitigen und das Reich Gottes in Israel errichten. Es gab jedoch unterschiedliche Vorstellungen vom Kommen des Reiches Gottes.

Das Zorngericht Gottes

Johannes der Täufer predigte in der Wüste Judäas am Jordan: „Tut Buße, denn das Himmelreich ist nahe herbeigekommen … Es ist schon die Axt den Bäumen an die Wurzel gelegt. Darum: Jeder Baum, der nicht gute Frucht bringt, wird abgehauen und ins Feuer geworfen."
Lukas 3,6-9

Ich taufe euch mit Wasser zur Buße; der aber nach mir kommt, ist stärker als ich, und ich bin nicht wert, ihm die Schuhe zu tragen; der wird euch mit dem heiligen Geist und mit Feuer taufen.
Er hat seine Worfschaufel in der Hand; er wird seine Tenne fegen und seinen Weizen in die Scheune sammeln; aber die Spreu wird er verbrennen mit unauslöschlichem Feuer.
Matthäus 3,11-12

Er aber, Johannes, hatte ein Gewand aus Kamelhaaren an und einen ledernen Gürtel um seine Lenden, seine Speise aber waren Heuschrecken und wilder Honig.
Matthäus 3,4

Verborgen gegenwärtig

Jesus hatte Johannes am Jordan gehört und sich von ihm taufen lassen. Auch er predigte vom Anbruch des Reichs Gottes, doch anders:
Mit dem Reich Gottes ist es so, wie wenn ein Mensch Samen aufs Land wirft und schläft und aufsteht, Nacht und Tag; und der Same geht auf und wächst – er weiß nicht, wie. Denn von selbst bringt die Erde Frucht, zuerst den Halm, danach die Ähre, danach den vollen Weizen in der Ähre. Wenn sie aber die Frucht gebracht hat, so schickt er alsbald die Sichel hin; denn die Ernte ist da.
Markus 4,26-29

Es ist wie ein Senfkorn: Wenn das gesät wird aufs Land, so ist's das kleinste unter allen Samenkörnern auf Erden; und wenn es gesät ist, so geht es auf und wird größer als alle Kräuter und treibt große Zweige, sodass die Vögel unter dem Himmel unter seinem Schatten wohnen können.
Markus 4,31f.

△ Vergleicht die Predigt des Johannes mit der von Jesus. Beide gebrauchen Bilder von der Zukunft. Beschreibt sie und überlegt, welche Vorstellungen und Gefühle sie bei den Hörern auslösen sollen.
Die Sprachbilder, die Jesus und Johannes gebrauchen, nennt man Gleichnisse. Erklärt diese Bezeichnung mithilfe der abgedruckten Texte.

▼ Der Erfolg der Predigten von Johannes und Jesus hatte die jüdischen und römischen Behörden misstrauisch gemacht. Sie ließen die beiden von Spitzeln beobachten. Ihr könnt Berichte solcher Spitzel an ihre Auftraggeber anfertigen oder eine Geschichte zu beiden Personen anlegen, die ihr später noch ergänzen könnt.

Gottes Reich im Kommen

Was man ändern kann

Einschluss statt Ausschluss

Es begab sich, als er zu Tisch saß im Hause, siehe, da kamen viele Zöllner und Sünder und saßen zu Tisch mit Jesus und seinen Jüngern.
Als das die Pharisäer sahen, sprachen sie zu seinen Jüngern: Warum isst euer Meister mit den Zöllnern und Sündern? Als das Jesus hörte, sprach er: „Ich habe Wohlgefallen an Barmherzigkeit und nicht am Opfer. Ich bin gekommen, die Sünder zu rufen und nicht die Gerechten."
Matthäus 9,10-13

△ Erklärt die Gleichsetzung von Zöllnern und Sündern durch die Pharisäer (vgl. Kursbuch 5/6, Seiten 148-151 und 163). Wer könnte mit Starken und Schwachen, mit Sündern und Gerechten noch gemeint sein?
▼ Vergleicht mit dieser Erzählung die Gleichnisse vom „Verlorenen" (Schaf, Groschen und Sohn) in Lukas 15. Arbeitet Gemeinsamkeiten und Unterschiede heraus.

Nicht Knausern mit dem Anvertrauten

Es ist wie mit einem Menschen, der außer Landes ging: Er rief seine Knechte und vertraute ihnen sein Vermögen an; dem einen gab er fünf Zentner Silber, dem anderen zwei, dem dritten einen, jedem nach seiner Tüchtigkeit, und zog fort.
Sogleich ging der hin, der fünf Zentner empfangen hatte, und handelte mit ihnen und gewann weitere fünf dazu. Ebenso gewann der, der zwei Zentner empfangen hatte, zwei weitere dazu. Der aber einen empfangen hatte, ging hin, grub ein Loch in die Erde und verbarg das Geld seines Herrn.
Nach langer Zeit kam der Herr dieser Knechte und forderte Rechenschaft von ihnen. Da trat herzu, der fünf Zentner empfangen hatte, und legte weitere fünf Zentner dazu und sprach: Herr, du hast mir fünf Zentner anvertraut; siehe da, ich habe damit weitere fünf Zentner gewonnen. Da sprach sein Herr zu ihm: Recht so, du tüchtiger und treuer Knecht, du bist über wenigem treu gewesen, ich will dich über viel setzen; geh hinein zu deines Herrn Freude!
Da trat auch herzu, der zwei Zentner empfangen hatte, und sprach: Herr, du hast mir zwei Zentner anvertraut, siehe da, ich habe damit zwei weitere gewonnen.
Sein Herr sprach zu ihm: Recht so, du tüchtiger und treuer Knecht, du bist über wenigem treu gewesen, ich will dich über viel setzen; geh hinein zu deines Herrn Freude!
Da trat auch herzu, der einen Zentner empfangen hatte, und sprach: Herr, ich wusste, dass du ein harter Mann bist; du erntest, wo du nicht gesät hast, und sammelst ein, wo du nicht ausgestreut hast, und ich fürchtete mich, ging hin und verbarg deinen Zentner in der Erde. Siehe, da hast du das Deine.
Sein Herr aber antwortete und sprach zu ihm: Du böser und fauler Knecht! Wusstest du, dass ich ernte, wo ich nicht gesät habe, und einsammle, wo ich nicht ausgestreut habe? Dann hättest du mein Geld zu den Wechslern bringen sollen und bei meiner Rückkehr hätte ich das Meine wiederbekommen mit Zinsen.
Matthäus 25,14-27

Wie gut dürfen Kinder sein? Seite 35

△ Das Gleichnis zwingt seine Hörer/innen zu überlegen, was mit den „anvertrauten Pfunden" gemeint sein könnte. Es handelt sich um Güter und Gaben, mit denen Menschen im Sinne Gottes „wuchern" können.
▼ Denkt euch Beispiele aus zum Thema: Gewinnen durch Verschenken.

Menschen begegnen Jesus

Bergpredigt – Einladung zum Reich Gottes

Eine Sammlung von Jesus-Worten

Jesus hat unermüdlich für das Reich Gottes geworben – mit Gleichnissen, durch sein Verhalten und mit einzelnen Worten und Reden. Das Reich Gottes sollte kein Traumbild bleiben, sondern im Alltag der Menschen beginnen. Der Evangelist Matthäus hat einzelne Worte Jesu und ihm bereits vorliegende Redeteile zu einer großen Rede zusammengefasst, die er Jesus auf einem Berg halten ließ. Deshalb heißt diese Rede Bergpredigt. Sie beginnt mit den so genannten Seligpreisungen:

> Selig sind, die da geistlich arm sind, denn ihrer ist das Himmelreich.
> Selig sind, die das Leid tragen, denn sie sollen getröstet werden.
> Selig sind die Sanftmütigen, denn sie werden das Erdreich besitzen.
> Selig sind, die reinen Herzens sind, denn sie werden Gott schauen.
> Selig sind die „Friedfertigen", denn sie werden Kinder Gottes heißen.
> Selig sind, die um der Gerechtigkeit verfolgt werden, denn ihrer ist das Himmelreich.
>
> Matthäus 5,3-10

Was heißt „selig"?

Wenn Jesus von den Seligen spricht, dann spricht er weder von den Schönen noch von den Wohlhabenden, weder von den Gebildeten noch von den Erfolgreichen, sondern von den Barmherzigen, den Wehrlosen, den Leidenden, den Geduldigen, den nach Gerechtigkeit Hungernden, den Friedensstiftern, den Verleumdeten und den Verfolgten. Seligkeit ist die Sorglosigkeit derer, die ihre Sorge Gott anheim geben, die Gelassenheit, die dort einkehrt, wo der Wille Gottes an die Stelle getreten ist, an der sonst der Wille des Menschen selbst am Werk war. Sie ist das Vertrauen derer, die sich gehalten wissen.

Jörg Zink

Nimmzwei
Seite 30

Wer sind die „geistlich Armen"?

Wer arm ist, hat weder Zeit noch Kraft, Gesetze zu studieren und sie genau einzuhalten, wie man es zur Zeit Jesu forderte. Das Charakteristische an den Armen ist, dass sie nicht für sich selbst eintreten können. Sie sind darauf angewiesen, dass es Menschen gibt, die sie gelten lassen oder die ihnen geben, was sie brauchen. Arme können nur als Empfangende leben und glücklich werden. In den Armen kommt ans Licht, wie es um den Menschen überhaupt steht.

△ Diskutiert, ob das Wort „selig" durch „glücklich" ersetzt werden kann. Zeigt den Unterschied zwischen „geistlich arm" und „materiell arm" und überlegt, wie beides zusammenhängen könnte.
Versucht zu jeder der Seligpreisungen das genaue Gegenteil zu formulieren und überlegt, warum solche Menschen nicht selig sind, d. h. nicht zum Reich Gottes gehören können.
▼ Zur Bergpredigt gehört auch die Rede Jesu zum Thema „Sorget nicht" (Matthäus 6,25-34). Diskutiert, ob oder wie man danach leben kann. Versucht das „Sorget nicht" als Seligpreisung zu formulieren.

Gottes Reich im Kommen

Neue Regeln: die so genannten Antithesen

In der Bergpredigt finden sich Teile, die anscheinend Unmögliches fordern, z. B.: „Ihr habt gehört, dass gesagt ist: Auge um Auge, Zahn um Zahn! Ich aber sage euch: Ihr sollt dem Bösen nicht widerstehen. Sondern wenn immer dich einer auf die rechte Backe schlägt, dem halte auch die andere hin" (Matthäus 5,38f.). Meint Jesus, man sollte jedes Unrecht widerstandslos hinnehmen oder sich von jedem beschämen lassen? Gewiss nicht, auch Jesus hat sich zu wehren gewusst. Aber er hat provokativ auf jede Gewalt verzichtet. Denn Gewalt ruft Gewalt hervor. Er fordert deshalb: Schlagt nicht zurück! Christen sollen sich nach neuen Regeln verhalten, nach Regeln, die Gerechtigkeit und Frieden fördern und die Hoffnung auf Gott nicht zerstören.

Muslim und Christin – Brücken bauen

Muslime unter uns
Seite 220

„Mit Gastarbeitern" – ein Appell
Ihr habt gehört, dass die Alten sagten: „Ihr sollt euch mit Gastarbeitern nicht abgeben: Wer aber mit Gastarbeitern Kontakt aufnimmt, verfällt ebenso der Diskriminierung wie sie." Ich aber sage euch: „Wer Gastarbeiter abschreibt, wie man ein wertloses Stück Möbel abschreibt, der kommt vor den Rat der Menschenrechte."
Ihr habt gehört, dass zu den Alten gesagt ist: „Wie du mir, so ich dir." Ich aber sage euch: „Vergeltet nicht Gleiches mit Gleichem, sondern die Ungerechtigkeit mit eurem Dienst. Wenn euch einer um einen Wohnraum bittet und ihr habt zwei Zimmer, dann gebt eines ab. Wenn euch einer in einer harten Diskussion fordert, dann weicht nicht aus, sondern stellt euch den unbequemen Problemen. Wenn euch einer um euren Einsatz bittet, für den setzt euch ganz ein". Ihr habt gehört, dass den Alten geboten wurde: „Du sollst deinen Nächsten lieben wie dich selbst und deine Feinde sollst du hassen."
Ich aber sage euch: „Liebt die Menschen, die euch unbequem sind, die eine andere Sprache sprechen, die andere Gewohnheiten und einen anderen Glauben haben und euch darum verunsichern. Setzt euch ein für die, die euch unbequem sind. Dann seid ihr Christen."

Aktionskreis Gastarbeiter Düsseldorf

△ Lest den ganzen Text über den Verzicht auf Vergeltung und die Feindesliebe in Matthäus 5,38-45 und sucht aus dem Appell „Mit Gastarbeitern" die Teile heraus, die dem Bibeltext entsprechen. Stellt auch die Teile zusammen, die weggelassen wurden. Sammelt Argumente für und gegen die Forderung, auf Vergeltung zu verzichten und die unbequemen Menschen zu lieben.
Schreibt eine Meditation: Brücken bauen – z. B. Muslime und Christen.

Der jüdische Geschichtsschreiber Flavius Josephus, ein Zeitgenosse Jesu, berichtet von einer gewaltfreien Aktion der Bürger Jerusalems. Der römische Statthalter Pontius Pilatus ließ die römischen Feldzeichen mit dem Bildnis des Caesar in die Tempelstadt bringen – eine bewusste Provokation der jüdischen Bevölkerung, die das Bildverbot der Tora ernst nahm. Darauf zogen die Juden zum Amtssitz des Statthalters nach Caesarea und drängten auf den Abtransport der Kaiserbilder. Nach siebentägigen Demonstrationen gab Pilatus Befehl zur Bewaffnung eines Truppenkommandos, das er hinter einer Tribüne in der Rennbahn versteckte. „Da nun die Juden ihn abermals bestürmten, gab er den Soldaten ein Zeichen, dieselben zu umzingeln, und drohte ihnen mit augenblicklicher Niedermetzelung, wenn sie sich nicht ruhig nach Hause begäben. Die Juden aber warfen sich zu Boden, entblößten ihren Hals und erklärten, sie wollten lieber sterben, als etwas geschehen zu lassen, was der Vorschrift ihrer Gesetze zuwider laufe. Einer solchen Standhaftigkeit bei Beobachtung des Gesetzes konnte Pilatus seine Bewunderung nicht versagen und befahl daher, die Bilder sogleich aus Jerusalem nach Caesarea zurückzubringen." Der Verzicht auf Gewalt, der risikoreiche Versuch, die eigene Schutzlosigkeit in die Waagschale zu werfen, ist keine Sache für Feiglinge. (...) Es gibt auch keine Erfolgsgarantie für solche Feindesliebe in Aktion. Nicht der Erfolg, sondern die Hoffnung, die mit dem Feind als Menschen rechnet, speist den Mut dieser intensiven Liebe.

Ingrid Weng

Gewaltverzicht – Risiko und Chance

Washington 1967

△ Ist die Art von Widerstand, die auf dem Foto sichtbar wird, sinnvoll?
▼ Berühmt sind die gewaltlosen Kämpfe von Mahatma Gandhi und Martin Luther King. Informiert euch über sie und über die Umstände ihres Engagements.

Gottes Reich im Kommen

Praxis des Reiches Gottes – ein Wunder

Matthäus 20,1-16

△ Die folgende Erzählung ist euch in ihrer biblischen Form bekannt. Es handelt sich um das Gleichnis von den Arbeitern im Weinberg. Vor euch liegt eine Neufassung. Vergleicht die beiden Fassungen. Beurteilt die Gedanken und die Gefühle, die der Autor der Neufassung „seinen Arbeitern" in den Mund legt.

Da ist für mich ein Wunder passiert.
Also wir haben heute etwas erlebt – was heißt etwas – ein Wunder haben wir erlebt, anders kann ich das gar nicht sagen.
Angefangen hat's wie alle Tage vorher. Wir haben uns morgens getroffen und sind losgezogen. Vielleicht nimmt uns heut einer, haben wir gedacht, irgendwer muss uns doch brauchen, irgendwer muss doch noch Arbeit für uns haben ...
Ich hab schon genug Leute, hat der Erste gesagt und das Hoftor zugeschlagen.
Der Zweite hat uns erst gar nicht aufgemacht. Was könnt ihr?, hat er uns durch das Tor gefragt. „Alles", haben wir vorsichtshalber gesagt.
Also Ungelernte, sagte er – ganz kalt – Faulenzer kann ich nicht gebrauchen. Lernt was und kommt dann wieder, hat er noch gehöhnt.
Der Dritte war ganz freundlich, es war ja auch schon Mittag und ihr könnt euch vorstellen, wie wir ausgesehen haben bei der Hitze und bei dem Staub. Kommt rein, Leute!, hat er gesagt.
Da war dann wenigstens ein bisschen Schatten. Und Wein und Brot hat er uns auch gegeben. Da haben wir natürlich gleich wieder ein bisschen Hoffnung gehabt.
Jetzt – endlich! Da ist endlich ein Mensch, haben wir gedacht, der weiß, was wir nötig haben!
Also, Leute, hat er dann aber gesagt, ich kann's euch nachfühlen. Ich muss es aber sagen: Mehr kann ich nicht für euch tun. Ich hab meinen Hof verkauft, vielleicht kommt ihr in ein paar Tagen wieder, vielleicht kann euch der Neue brauchen!
Und so sind wir einer nach dem anderen aufgestanden und haben uns davongemacht. Keiner hat mehr was gesagt.
Das war dann tatsächlich anders als sonst. Nichts war's mit: Komm, versuchen wir's nochmal, oder: Ich hab noch eine Adresse, kommt ihr mit?
Ich kann euch sagen, wie ich da so allein vor mich hingegangen bin, hab ich gedacht: Unnütz – nichts als unnütz bist du. Jetzt ist es wirklich aus und vorbei. – Was soll's doch! – Zum Glück – muss ich jetzt gleich hinterher sagen – sind mir da meine Frau und meine zwei Kinder eingefallen. Denen geht's ja mit mir schon dreckig, aber ohne mich sicher ja nicht besser.
Und so bin ich – wie von selbst – zum Marktplatz gekommen. Da ist dann einer gekommen, der hat gesagt, was faulenzt ihr da so rum und schlagt dem Herrgott die Zeit tot? Kommt lieber mit und schafft was.
Ich muss sagen: Ich hab mich ganz schön geärgert. Hat der eine Ahnung, wie's unsereinem geht, der mit seinen feinen Kleidern.
Und uns dann noch auf den Arm nehmen, mit Arbeit, nachmittags um fünf! Aber mit der Zeit haben wir dann doch gemerkt, dass er es ernst meinte, und sind mitgegangen.
Na ja, haben wir gedacht, eine Stunde Arbeit und Verdienst in drei Tagen ist immerhin besser als nichts, auch wenn davon keiner satt wird!
Und so haben wir in seinem Weinberg gearbeitet! Es waren viele andere da, die waren schon ganz schön abgeschafft. Wären wir doch heut früh gekommen, haben wir gedacht, dann hätte es sich wenigstens gelohnt.

Menschen begegnen Jesus

Kaum hatten wir angefangen, war auch schon Schluss. Der Boss hat uns dann den Lohn ausbezahlt. Viel kann's ja nicht sein, hab ich gedacht.
Aber dann habe ich die Tüte aufgemacht. Was ich da gesehen hab, war für mich vielleicht ein Schlag! Ein ganzer Tageslohn! Mensch, der kann sich nur geirrt haben! – Ich bin dann zu den anderen gelaufen. Und was denkt ihr? Bei denen war's genauso!
Da haben wir gewusst: So viel irren auf einmal kann sich einer gar nicht. Wir haben gewusst: Das ist Absicht! Wir haben gewusst: Der hat zwar feine Kleider an, aber er weiß, wo uns der Schuh drückt!
Ich hab an meine Frau und meine zwei Kinder gedacht und hab dabei ein Gefühl gehabt wie Weihnachten, Ostern und Geburtstag auf einmal.

Paul Klee, Ad Parnassum

Jetzt nichts wie heim!, hab ich gedacht, und ich glaube, jedem von uns ging es genauso. Die andern, die die ganze Zeit da waren, haben das natürlich mitgekriegt und rumgemotzt – wegen Gerechtigkeit – und so. Ihr habt gut reden, haben wir gesagt. Ihr habt einen sicheren Platz.
Von wegen Gerechtigkeit!
Leute, da ist für mich ein Wunder passiert, müsst ihr wissen! Und wo für mich ein Wunder passiert, da pfeif ich auf „Gerechtigkeit"!
Jedenfalls geh ich da morgen früh wieder hin.

Hans Heller

△ „Das Reich Gottes beginnt sich zu zeigen". Bezieht diesen Satz auf Taten und Worte Jesu, von denen ihr in diesem Kapitel gehört habt.

Gottes Reich im Kommen

Hoffnungsgeschichten – die Wunder Jesu

Wunder erleben

Hephata

Ich bin taub –
die Leere in meinem Ohr
ist schwarz wie eine verfaulende Frucht.

Ich bin stumm –
ein schwerer Stein meine Zunge im Mund.
Nie kann ich dich rufen.

Ich verstehe aber die Sprache der Haut.
Wenn einer mich anfasst,
unterscheide ich:
warm und kalt,
zart und fest,
gut und böse.

Der, zu dem sie mich brachten,
war gut.
In meinen toten Ohren
griff er mit den Händen der Liebe.
Wie ein Kuss
war mir sein Speichel am Mund
und ich sah,
wie er seufzte.

Da löste sich das Band meiner Zunge
und die Ohren,
die tauben Ohren, vernahmen.

Er befahl mir zu schweigen davon.
Aber sag selbst, Herr:
Wie soll ich nicht singen von dir,
dass du meine Lippen befreist.

Friederike Nestler

Wunderheiler

36 000 Leute gleichzeitig „kuriert".
Der polnische Wunderheiler Stanislaw Nardelli hat am Wochenende dreimal jeweils über 12 000 Menschen gleichzeitig „bio-energetisch aufgeladen" und von ihren Leiden zu heilen versucht. Die Zeitung „Kurier Polski" in Warschau berichtete, Nardellis Therapie habe in der größten Sporthalle von Polen in Kattowitz jeweils knapp über drei Minuten gedauert. In einzelnen Fällen sei bei den Kranken Besserung eingetreten.
Der Andrang zu der ungefähr 13 000 Menschen fassenden Halle war so stark, dass Nardelli die „Behandlung" dreimal durchführen musste. Das Treffen mit insgesamt etwa 36 000 „Patienten" war der zahlenmäßig bisher größte Therapie-Versuch des in Polen bekannten Wunderheilers. Seine Praktiken sind zwar unter polnischen Ärzten sehr umstritten, aber Teilnehmer wollen eine eindeutige Verbesserung ihres Gesundheitszustandes bemerkt haben.
Während eines solchen Treffens fassen sich alle „Patienten" bei den Händen und bilden zusammen eine sogenannte „bio-energetische Kette". Der Heiler selbst schließt den Kreis und übermittelt seine übernatürlichen Bio-Ströme.

△ Vergleicht dieses Gedicht mit der Wundererzählung in Markus 7,32 - 37. Was ist die Ursache des Wunders in der biblischen Erzählung, was im Gedicht?
△ Zeigt Unterschiede zwischen Jesu Handeln und dem des polnischen Wunderheilers Nardelli.

Menschen begegnen Jesus

Das wunderbare Kätzchen

Es war einmal eine alte Frau, die lebte mit ihren Enkelkindern in einer kleinen Hütte am Waldesrand. Sie hatte eine Ziege und ein paar Hühner. Weil die Kinder noch klein waren, musste die alte Großmutter die meiste Arbeit alleine tun. An einem Wintertag ging sie in den Wald und sammelte Reisig. Es schneite und es war bitterkalt. Der Großmutter fror es den Atem vor dem Mund. Da sah sie plötzlich neben einem Baumstumpf ein schneeweißes Kätzchen sitzen, das vor Kälte zitterte.

Die Großmutter hob das Kätzchen auf, wickelte es in ihr Umhängetuch und trug es heim. „Wir haben selber nicht viel", sagte sie zu dem Kätzchen, „aber ein Schluck Milch wird immer für dich da sein. Mäuse im Stall kannst du dir selber fangen und am Herd ist es warm. Dort kannst du schlafen."

Als die Großmutter mit dem schneeweißen Kätzchen heimkam, freuten sich die Kinder sehr; sie streichelten es und spielten mit ihm. Die Großmutter ging in den Stall und molk den Kindern und der Katze jedem ein Schüsselchen voll Milch. Von diesem Tag an waren die Kinder und das Kätzchen immerzu beieinander.

Eines Tages war das Kätzchen fort. Die Kinder suchten und suchten, aber sie fanden es nicht.

Am Herd jedoch, wo das Kätzchen immer geschlafen hatte, lag ein Knäuel feiner Wolle. Daraus könnte ich warme Mützen für die Kinder stricken, dachte die Großmutter.

Sie strickte warme Mützen und dann strickte sie noch Fäustlinge und Schals und Jäckchen. Und der Wollknäuel des Kätzchens wurde nie kleiner, so viel die Großmutter auch strickte.

Wunder was ist das?

△ Erklärt, worin in diesem Märchen das Wunder besteht. Erzählt euch gegenseitig Märchen, die von Wundern handeln.

▼ Sucht in Tageszeitungen und Illustrierten Schlagzeilen und Berichte, in denen von Wundern die Rede ist. Sammelt Sprüche und Songtexte, in denen es um Wunder geht. Stellt daraus in Gruppen Collagen her und sprecht darüber.
Macht eine Liste, was alles mit Wunder gemeint sein kann.

Wunder Jesu

Dionysos verwandelt Piraten in Delphine

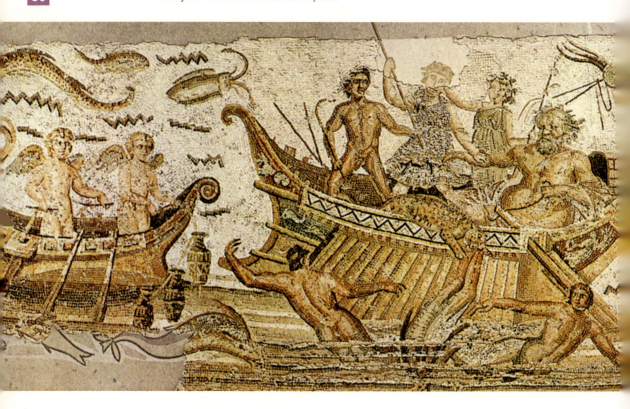

Wunder in der Antike

Die Menschen zur Zeit Jesu glaubten nicht alles natürlich erklären zu können. Außergewöhnliche Ereignisse hielten sie nicht für Zufälle, sondern für Taten von Göttern, Dämonen oder Geistern. In aussichtslosen Situationen (z. B. Krankheit, Sterben, Armut) hofften viele auf die Hilfe von Wundertätern, die über göttliche Mächte zu verfügen schienen. Als Wunder bezeichneten sie Ereignisse, in denen göttliches Wirken besonders auffällig erscheinen musste, wie z. B. eine wunderbare Heilung. Ein Beispiel findet sich bei dem Schriftsteller Philostratus, der von einem Apollonius berichtete:

Ein Mädchen war in der Stunde der Hochzeit gestorben und der Bräutigam war untröstlich. Apollonius begegnete dem Trauerzug auf dem Weg aus der Stadt und befahl, die Bahre abzusetzen. Er fragte nach dem Namen des Mädchens, sodass fast alle dachten, er wolle eine Leichenrede halten. Aber er berührte sie und sagte leise etwas zu ihr. Dadurch erweckte er das Mädchen vom Tod. Das Mädchen stand auf und ging in das Haus seines Vaters zurück. Die Verwandten des Mädchens wollten Apollonius zum Dank Geld geben, doch dieser lehnte ab, dem Mädchen das Geld als Mitgift zu geben.

△ Erzählt die Geschichte mit eigenen Worten nach und versucht eine Erklärung im Rahmen der antiken Vorstellungen.
▼ Lest in der Bibel Lukas 7, 11-17 und vergleicht die biblische Geschichte mit der über Apollonius.

Menschen begegnen Jesus

Heilung eines Besessenen

Sie fuhren weiter in die Gegend der Gerasener, die Galiläa gegenüberliegt. Und als er ans Land trat, begegnete ihm ein Mann aus der Stadt, der hatte böse Geister; er trug seit langer Zeit keine Kleider mehr und blieb in keinem Hause, sondern in den Grabhöhlen. Als er aber Jesus sah, schrie er auf und fiel vor ihm nieder und rief laut: Was willst du von mir, Jesus, du Sohn Gottes des Allerhöchsten? Ich bitte dich: Quäle mich nicht! Denn er hatte dem unreinen Geist geboten, aus dem Menschen auszufahren. Denn der hatte ihn lange Zeit geplagt; und er wurde mit Ketten und Fesseln gebunden und gefangen gehalten, doch er zerriss seine Fesseln und wurde von dem bösen Geist in die Wüste getrieben. Und Jesus fragte ihn: Wie heißt du? Er antwortete: Legion. Denn es waren viele böse Geister in ihn gefahren. Und sie baten ihn, dass er ihnen nicht gebiete, in den Abgrund zu fahren. Es war aber dort auf dem Berg eine große Herde Säue auf der Weide. Und sie baten ihn, dass er ihnen erlaube, in die Säue zu fahren. Und er erlaubte es ihnen. Da fuhren die bösen Geister von dem Menschen aus und fuhren in die Säue; und die Herde stürmte den Abhang hinunter in den See und ersoff. Als aber die Hirten sahen, was da geschah, flohen sie und verkündeten es in der Stadt und in den Dörfern. Da gingen die Leute hinaus, um zu sehen, was geschehen war, und kamen zu Jesus und fanden den Menschen, von dem die bösen Geister ausgefahren waren, sitzend zu den Füßen Jesu, bekleidet und vernünftig, und sie erschraken. Und die es gesehen hatten, verkündeten ihnen, wie der Besessene gesund geworden war. Und die ganze Menge aus dem umliegenden Land der Gerasener bat ihn, von ihnen fortzugehen; denn es hatte sie große Furcht ergriffen. Und er stieg ins Boot und kehrte zurück. Aber der Mann, von dem die bösen Geister ausgefahren waren, bat ihn, dass er bei ihm bleiben dürfe. Aber Jesus schickte ihn fort und sprach: Geh wieder heim und sage, wie große Dinge Gott an dir getan hat. Und er ging hin und verkündigte überall in der Stadt, wie große Dinge Jesus an ihm getan hatte.
Lukas 8,26-39

△ Erklärt diese Wundererzählung mithilfe dessen, was ihr über das Weltbild der Antike wisst. Lest die Randbemerkung auf Seite 80 links oben.
△ Vergleicht die Wundergeschichte mit der Heilung eines epileptischen Jungen (Lukas 9,37-43) und der Heilung in Kapernaum (Lukas 4,31-37).

▼ Auch heute suchen kranke Menschen Hilfe bei „Geistheilern", „Magiern", „Teufelsaustreibern". Sprecht über das Weltbild, das dahinter steht.

Meinungen über Wunder

Die Wundergeschichten aus der Antike und dem Neuen Testament sind erfunden.

Jesus konnte Wunder tun. Deshalb sind die biblischen Berichte darüber wahr.

Die Wundererzählungen sind vielleicht nur bildlich und symbolisch gemeint. Wir müssen ihren wirklichen Sinn herausfinden.

Auch heute passieren Dinge, die wir mit dem Verstand nicht erklären können. Deshalb glaube ich, dass es Wunder gibt.

Für die Leute damals waren die Wunder glaubhaft. Wir wissen heute besser Bescheid. Deshalb können wir diese Geschichten nicht mehr glauben.

Ich möchte ja gern glauben, dass Jesus Wunder gewirkt hat. Aber ich kann es mir einfach nicht vorstellen.

Wenn wir eine Mathearbeit schreiben, wünsche ich mir immer, dass ein Wunder geschieht und ich durchkomme. Manchmal passiert das Wunder tatsächlich...

Es gibt keine Wunder. Alles hat natürliche Ursachen.

Und was ist deine Meinung?

▼ Sammelt in eurer Gruppe weitere Meinungen über Wunder. Fragt auch Eltern, Lehrer und Freunde. Diskutiert in Kleingruppen über die verschiedenen Deutungen der Wunder. Fasst die unterschiedlichen Meinungen zu größeren Gruppen zusammen.

Die Wunder Jesu

Heilung eines Taubstummen

Und als er wieder fortging aus dem Gebiet von Tyrus, kam er durch Sidon an das Galiläische Meer, mitten in das Gebiet der Zehn Städte. Und sie brachten zu ihm einen, der taub und stumm war, und baten ihn, dass er die Hand auf ihn lege. Und er nahm ihn aus der Menge beiseite und legte ihm die Finger in die Ohren und berührte seine Zunge mit Speichel und sah auf zum Himmel und seufzte und sprach zu ihm: Hefata!, das heißt: Tu dich auf! Und sogleich taten sich seine Ohren auf und die Fessel seiner Zunge löste sich und er redete richtig. Und er gebot ihnen, sie sollten's niemandem sagen. Je mehr er's aber verbot, desto mehr breiteten sie es aus. Und sie wunderten sich über die Maßen und sprachen: Er hat alles wohl gemacht; die Tauben macht er hörend und die Sprachlosen redend.
Markus 7,31-37

△ Stellt euch vor, ihr seid Zeitungsreporter und sollt einen kurzen Bericht über diese Szene verfassen. Berichtet den Vorgang der Heilung in euren Worten und sucht eine treffende Schlagzeile dafür. Gebt dabei eine Deutung der Rolle Jesu.

Heilung des blinden Bartimäus

Und sie kamen nach Jericho. Und als er aus Jericho wegging, er und seine Jünger und eine große Menge, da saß ein blinder Bettler am Wege, Bartimäus, der Sohn des Timäus. Und als er hörte, dass es Jesus von Nazareth war, fing er an zu schreien und zu sagen: Jesus, du Sohn Davids, erbarme dich meiner! Und viele fuhren ihn an, er solle stillschweigen. Er aber schrie noch viel mehr: Du Sohn Davids, erbarme dich meiner! Und Jesus blieb stehen und sprach: Ruft ihn her! Und sie riefen den Blinden und sprachen zu ihm: Sei getrost, steh auf! Er ruft dich! Da warf er seinen Mantel von sich, sprang auf und kam zu Jesus. Und Jesus antwortete und sprach zu ihm: Was willst du, dass ich für dich tun soll? Der Blinde sprach zu ihm: Rabbuni, dass ich sehend werde. Jesus aber sprach zu ihm: Geh hin, dein Glaube hat dir geholfen. Und sogleich wurde er sehend und folgte ihm nach auf dem Wege.
Markus 10,46-52

Der Johannisbrotbaum Seite 40

△ Erarbeitet den Aufbau der Geschichte, indem ihr die verschiedenen Stufen der Erzählung nachzeichnet.
▼ Überlegt gemeinsam, was das Wichtigste an dieser Geschichte ist.
Versetzt euch in die Lage des Blinden und malt euch gegenseitig aus, wie er gelebt haben könnte. Schreibt in seiner Rolle einen Brief an einen Freund, in dem er von der Heilung durch Jesus berichtet.

Wundergeschichten sind ...

Erlösungsgeschichten. Sie zeigen uns, wie die Begegnung mit Jesus heilsam erfahren wird.
Verkündigungsgeschichten. Sie stellen Jesus Christus als Heilsbringer dar.
Protestgeschichten. Sie ermutigen uns, Leid und Not nicht schweigend hinzunehmen, sondern sich für eine bessere Welt einzusetzen.
Glaubensgeschichten. Sie zeigen Menschen, die alles von Jesus Christus erwarten und ihm ganz und gar vertrauen.
Zeichenhafte Geschichten. Sie zeigen an, dass die Gottesherrschaft angebrochen ist.
Hoffnungsgeschichten usw.

Gleichnisse Seite 87-88

▼ Überprüft diese Thesen an den behandelten Wundergeschichten.

© Sieger Köder,
Jesus heilt Kranke

△ Vergleicht die Elemente im Bild von Sieger Köder mit den vorher behandelten Wundergeschichten.
Beschreibt die Rolle Jesu und findet eine andere Überschrift für das Bild.
▼ Sucht im Neuen Testament weitere Heilungsgeschichten, die der Maler in seinem Bild verarbeitet hat.

Menschen begegnen Jesus

lied für blinde lahme taube

Wunder tun

der blinde mann
von jericho
der kann nun wieder sehn
der lahme aus jerusalem
der kann nun wieder gehn

er sah sie an
mit einem blick ...
und nahm sie bei der hand
er sprach dabei ein neues wort
wie keiner spricht im land

es fehlt der eine
der sie weckt
der hört und spricht und merkt
der eine der sich selbst vergisst
der andre heilt und stärkt

wann kommt der eine
noch einmal
vielleicht ne ganze flut
nach überall und allezeit
so einer tät uns gut

in köln und auch
in wuppertal
sind leute blind und lahm
es fehlt der eine der sie sieht
wie damals einer kam

so gehen viele
blind daher
und lahm und stumm und taub
und manche laufen tot herum
und stehen nicht mehr auf

wann kommt der eine
noch einmal
vielleicht auch zwei und drei
nach afrika amerika
zu uns in die türkei

Wilhelm Willms

△ Sucht in der Bibel Geschichten, auf die der Autor des Gedichtes anspielt.
  Der Dichter vergleicht die Situation zur Zeit Jesu mit unserer Zeit. Nennt die Gemeinsamkeiten
  und Unterschiede. Nennt die Verben, mit denen Willms die Wunder Jesu umschreibt.
  Das Gedicht enthält eine Hoffnung und Aufforderung. Erklärt diese.
▼ Verfasst eigene Gedichte oder Texte zum Thema „Wunder tun".

Beim Wunderrabbi

Von einem chassidischen* Wunderrabbi ging die Sage, dass er jeden Morgen vor dem Frühgebet zum Himmel emporsteige. Ein Mitnaged, ein Gegner des Chassidismus, lachte darüber und legte sich auf die Lauer, um selber festzustellen, was der Rabbi vor Morgengrauen trieb. Da sah er: Der Rabbi verließ, als ukrainischer Holzknecht verkleidet, sein Haus und ging zum Wald. Der Mitnaged folgte von weitem. Er sah den Rabbi ein Bäumchen umhauen und in Stücke hacken. Dann lud sich der Rabbi das Holz auf den Rücken und schleppte es zu einer armen, kranken, einsamen Jüdin. Der Mitnaged blickte durch das Fensterchen; drin kniete der Rabbi am Boden und heizte ein...
Als die Leute nachher den Mitnaged fragten: „Nun, steigt er wirklich zum Himmel?", sagte er still: „Sogar noch höher!"

* Chassidismus ist der Name für eine volkstümliche Frömmigkeitsbewegung unter den osteuropäischen Juden seit der Mitte des 18. Jahrhunderts.

△ Deutet die Wendung „in den Himmel emporsteigen" und diskutiert die verschiedenen
  Deutungsmöglichkeiten.
▼ Überlegt euch, wie ihr selber „zum Himmel emporsteigen" könnt. Schreibt ein Beispiel auf oder
  malt dazu bzw. erstellt eine Collage.

Wunder Jesu

Durch Leiden und Tod

Anmaßung und Provokation

Der Synagogendiener von Nazareth könnte gesagt haben:
„Nun haben sie den Zimmermannssohn doch umgebracht. Ich war im letzten Jahr dabei, als sie ihn hier vom Felsen stürzen wollten. So ein Mann ist tot gefährlicher als lebendig. Jetzt können seine Anhänger behaupten, er sei der Gottesknecht gewesen, von dem der Prophet sagt: ‚Er wurde gequält, aber er ertrug es und schrie nicht. Wie ein Lamm still ist, wenn es zum Schlachten gebracht wird, oder ein Schaf, wenn es geschoren wird, schwieg auch er.' (Jesaja 53,79)

Er soll sich nicht einmal verteidigt haben. Vor einem Jahr ist er ganz anders aufgetreten. Er las in der Synagoge aus dem Propheten Jesaja: ‚Der Geist des Herrn hat von mir Besitz ergriffen. Denn der Herr hat mich erwählt, den Armen die gute Nachricht zu bringen; er hat mich gesandt, den Gefangenen zu verkünden, dass sie frei sein sollen, und den Blinden, dass sie sehen werden. Den Unterdrückten soll ich die Freiheit bringen und das Jahr ansagen, in dem Gott sein Volk retten will.' Dann gab er mir die Rolle und behauptete: Der Prophet habe ihn, Jesus, gemeint. Manche hielten ihn für den Messias, die meisten aber waren empört. Sie sprangen auf und stießen Jesus aus der Stadt hinaus bis zur höchsten Stelle des Berges, auf dem unser Dorf liegt. Dort wollten sie ihn vom Felsen stürzen. Aber Jesus ging einfach weg.

Aus dem Vorfall hätte er wirklich etwas lernen können. Er hat aber weiterhin behauptet, er sei von Gott gesandt. Mit Zöllnern und Sündern hat er sich zusammengetan. Viele sind ihm nachgelaufen, weil er Kranke geheilt haben soll. Hier in Nazareth konnte er keinen gesund machen. Dafür hat er umso mehr an unseren Gesetzen herumkritisiert. Nächstenliebe sei wichtiger als Sabbathalten. Auch die Samariter und die Römer, ja, jeden Feind sollte man lieben, die rechte Backe hinhalten, wenn man mit der linken schon eine gefangen hat – und noch mehr Unsinn. Er hat es sich selbst zuzuschreiben."

△ Die Erzählung lässt erkennen, wie sich Jesus Feinde machte und was schließlich zu seiner Verhaftung führte. Ihr könnt die Beratungen von Jesu Gegnern szenisch darstellen.

Voruntersuchung und Anklage

Ein jüdischer Gelehrter:
Wir können im Prozess Jesu verschiedene Phasen unterscheiden, wobei wir alle vier Evangelisten gleichmäßig zu Rate ziehen müssen. Unmittelbar nach der Verhaftung in Gethsemane wird Jesus zuerst zu einer Voruntersuchung dem Hannas, dem Schwiegervater des amtierenden Hohenpriesters Kaiphas, vorgeführt (Johannes 18,13-15). Hannas ist bereits durch seinen Schwiegersohn auf die öffentliche Gefahr hingewiesen worden, die Jesus darstellt. Als Einzelrichter führt Hannas nun die Voruntersuchung auf breiter Grundlage durch und fragt Jesus nach seiner Lehre und seinen Jüngern. Sodann übergibt er ihn dem Synhedrion*, das unter Vorsitz des Kaiphas drei Anklagepunkte formuliert:
a) *Tempelschändung* (Markus 14,57-58). Die scharfen Worte Jesu gegen den Tempel, der in seinen Augen würdig war, niedergerissen zu werden, und an dessen Stelle er selbst in

* Oberste jüdische Behörde

drei Tagen einen wahren Tempel aufbauen wollte, wurden von der Anklage besonders ernst genommen. Man muss hier verstehen, dass die Sadduzäer, die Partei des Hohenpriesters, die die Mehrheit im Synhedrion bildeten, gegen Verunglimpfungen des Tempels allergisch geworden waren, obwohl in der scharfen Tempelrede des Propheten Jeremia (Jeremia 7,4ff.) bereits ein klassisches Vorbild da war.

b) *Steuerverweigerung* gegenüber der kaiserlichen Regierung (Lukas 23,2). Hier wurde ein Anklagepunkt gegen Jesus im Prozess konstruiert. Er wich zwar der Falle aus, die ihm gestellt worden war, aber offenbar fanden sich doch Zeugen, die Jesu ausweichende Antwort im Sinne einer Steuerverweigerung interpretierten. Hier handelt es sich bereits um ein politisches Motiv, das wichtig ist für die als nötig vorgesehene Auslieferung an Pontius Pilatus.

c) Das dritte Motiv stellt das Hauptmotiv für die innerjüdische Abwicklung des Falles dar: die angemaßte *Messianität:* „Bist du der Messias, der Sohn des Hochgelobten?" (Lukas 22,66-68). Diese Frage stellt Kaiphas selbst als die entscheidende (Markus 14,61). Nach Matthäus 26,63 und 64 wird die Szene noch deutlicher. Hier fragt Kaiphas nicht einfach, sondern beschwört den Angeklagten: „Bist du der Messias, der Sohn Gottes?"

Auf die Frage: „Bist du der König der Juden? Bist du der Messias?" antwortet Jesus ausweichend mit dem berühmten „Atha amartha" – du sagst es. Man kann diese Antwort durch verschiedene Betonung verschieden interpretieren: DU sagst es; oder: du SAGST es. Auch Pilatus gegenüber wendet Jesus diese Taktik an.

Jesus von Nazareth verteidigt sich nicht. Er weiß, dass man ihm nicht glauben wird, und er zieht es daher vor, ausschließlich darauf zu verweisen, dass er öffentlich und nicht im Geheimen gelehrt habe und daher weitere Recherchen überflüssig seien. Jesus von Nazareth hat sich während seiner Lehrtätigkeit eigentlich nicht als Messias proklamiert, wie wir mehrmals betont haben. Jetzt aber hält er es für unter seiner Würde, sich vor seinen geschworenen Feinden damit zu verteidigen. Dieselbe Haltung wird er einige Stunden später Pontius Pilatus gegenüber einnehmen.

Schalom ben Chorin

Arnulf Rainer, Christusübermalung

△ Der Text nennt Inhalte der Anklage. Überprüft sie mithilfe der genannten Bibelstellen und schreibt die Anklageschrift nieder, die Hannas dem Hohenpriester Kaiphas zugestellt haben könnte. Bedenkt das Bild: Christusübermalung.

▼ Lest den Bericht über die Verhandlung vor dem Synhedrion (= Hoher Rat) in Markus 14,53-65. Stellt euch vor, ihr wärt Anwälte Jesu und könntet diesen vor dem Prozess beraten, wie er sich besser verteidigen könnte.

Durch Leiden und Tod

Der Prozess vor Pilatus

Eine Erzählung:
Audienz bei Pilatus, dem Statthalter Roms in der Provinz Judäa. Mitglieder der jüdischen Oberbehörde, des Synhedrions, bringen ihre Anklage vor:

„Wir ließen, edler Pilatus, heute Nacht einen Aufwiegler verhaften", sagt einer der Ratsherren. „Er behauptet, dass er unser König sei."

„Das haben schon viele behauptet", sagt Pilatus abschätzig. „Barabbas ist einer von ihnen. Er wartet im Gefängnis auf seine Verurteilung. Wie heißt der neue?"

„Jesus von Nazareth."

„Und?"

„Wir schicken ihn morgen früh zu dir, damit du ihn zum Tod am Kreuz verurteilst."

„Hier bestimmt immer noch der Statthalter, wer zum Tode verurteilt wird und wer nicht", sagt Pilatus kalt. „Hat er Römer oder Zöllner umgebracht oder andere, die für uns arbeiten?"

„Nein. Aber er erhebt den Anspruch, unser König zu sein. Wir brauchen keinen König. Wir haben den Hohen Priester und anerkennen den Kaiser in Rom. Wir befürchten Unruhen am Fest. Du wünschst dir doch bestimmt keinen Volksaufstand, Pilatus? Es ist besser, einen Aufwiegler zu opfern als das ganze Volk."

Pilatus fühlt sich in die Enge getrieben.

„Was soll ich tun?", fragt er leise den Berater, der neben ihm steht.

„Du stehst gegenwärtig nicht in besonderer Gunst beim Kaiser", sagt der Adjudant. „Du darfst dir keinen Fehler erlauben. Sie sind imstande, dich beim Kaiser zu denunzieren."

Pilatus wendet sich an den Ratsherrn. „Wann schickt ihr diesen ... wie heißt er?"

„Jesus von Nazareth."

„... diesen Jesus von Nazareth zu mir?"

„Morgen, drei Stunden nach Sonnenaufgang."

Am anderen Morgen lässt sich Pilatus in seiner Sänfte vor das Tor des Palasts tragen. Dort steht das Gerüst, auf dem das Verhör stattfinden soll.

Pilatus besteigt seinen Richterstuhl. Unter ihm steht der Gefangene. Er ist gefesselt. Um das Gerüst drängen sich Neugierige. Sie werden von den Wachsoldaten zurückgehalten. Einige Mitglieder des Hohen Rates sind unter ihnen:

„Bist du der König der Juden?", fragt Pilatus.

„Ja", antwortet Jesus.

Pilatus ist überrascht. Ein so schnelles Geständnis hat er nicht erwartet.

„Wenn du der König der Juden bist", fragt er, „wo ist dein Gefolge? Wo sind deine Leibwächter? Deine Soldaten?"

Jesus schweigt ...

„Dann bist du ein König ohne Volk?"

Pilatus wendet sich wieder an die Ratsmitglieder. „Ich könnte ihn peitschen und verhören lassen."

„Wenn du ihn nicht zum Tode verurteilst", sagt einer vom Rat, „dann bist du nicht mehr der Freund des Kaisers."

Pilatus beißt sich auf die Lippen. „Sie wollen mich erpressen", denkt er. Laut sagt er: „Ihr wisst, dass ich zum Passafest jedes Jahr einen Gefangenen freilasse. Im Verlies sitzt einer, der auch gesagt hat, dass er euer König sei. Er hat römische Soldaten überfallen und Zeughäuser ausgeplündert. Soll ich diesen Barabbas freilassen oder Jesus von Nazareth?"

„Barabbas!", rufen die Ratsmitglieder.

„Und was soll ich mit Jesus machen?"

„Kreuzige ihn!", fordert der Rat.

„Sagt mir: Was hat er getan, das die Todesstrafe rechtfertigt?", ruft Pilatus.

„Kreuzige ihn!", rufen die Ratsmitglieder und einige der Neugierigen nehmen den Ruf auf „Kreuzige ihn!".

„Was geht mich das Gezänk unter Juden an?", denkt Pilatus. „Was soll ich mich andauernd ärgern und meinen Posten aufs Spiel setzen wegen eines Mannes, den ich nicht einmal kenne."

Werner Laubi

Menschen begegnen Jesus

△ Diese Erzählung folgt dem Bericht des Evangelisten Markus. Bei Matthäus finden sich noch zusätzliche Ereignisse. Lest Matthäus 27, schreibt sie heraus und erörtert ihre Bedeutung.
Der Evangelist Johannes hat eine eigenständige Darstellung des Prozesses von Pilatus gegeben.
▼ Lest Johannes 18,28 bis 19,16 und schreibt die Verse heraus, die euch besonders beeindrucken.

Die Kreuzigung

„Und als sie an den Platz kamen, den man den Schädel nannte, kreuzigten sie ihn und die beiden Verbrecher, den einen zu seiner Rechten, den anderen zu seiner Linken." (Lukas 23,33)

Man befestigte die Hände an dem Querbalken, den die Verurteilten hergetragen hatten, setzte den auf einen dastehenden Pfahl und nagelte die Füße an den Pfahl. Es war die grausamste Todesart, die die Antike kannte. Der Tod trat dadurch ein, dass nach langen Stunden Krämpfe die einzelnen Organe befielen. Die Schmerzen müssen unermesslich gewesen sein, Durst und Atemnot kamen hinzu. Am Ende brach man ihnen die Knochen, um sie unfähig zu machen sich aufzubäumen, sodass die Atmung früher aussetzte.

△ Vergleicht in der Bibel Johannes 19,1 - 5.
▼ Schreibt selbst einen Text für die Karfreitagausgabe einer Zeitung, der sich mit dem Tod Jesu beschäftigt. Ihr könnt auch eine ganze Seite gestalten.

Gestorben für die Menschen

**Ein Unschuldiger für alle Unschuldigen,
Ein Leidender für alle Leidenden,
Ein Machtloser für alle Machtlosen,
Ein Gottverlassener für alle Gottverlassenen,
Ein Gefolterter für alle Gefolterten,
Ein Hoffnungsträger für alle Hoffnungsträger,
Ein Liebender für alle (Un-)Geliebten,
Ein Mensch für …**

△ Setzt diese Reihe fort und überlegt, wer betroffen ist und warum.

Paul Klee, Agnus Dei Qui Tollis Peccata Mundi

Durch Leiden und Tod

Salvador Dalí,
Abendmahl

Menschen begegnen Jesus

Auferstehung

Das älteste schriftliche Zeugnis

Hoffnungslos blieben die Jünger nach Jesu Tod zurück. Reich Gottes, Liebe, neue Welt – waren das nicht trügerische Träume? Aber plötzlich war alle Resignation verflogen. Die Jünger traten öffentlich auf und behaupteten, dass Jesus lebt. Sie beriefen sich auf Begegnungen mit ihm, von denen der Apostel Paulus als Erster berichtete:

Also habe ich an euch weitergegeben, was ich selbst erhalten habe, nämlich als Erstes und Grundlegendes: Christus ist für unsere Sünden gestorben, wie es in den heiligen Schriften vorausgesagt war, und wurde begraben. Er ist am dritten Tag vom Tod erweckt worden, wie es in den heiligen Schriften vorausgesagt war, und hat sich Petrus gezeigt, danach dem ganzen Kreis der Jünger. Später sahen ihn über fünfhundert Brüder auf einmal: Einige sind inzwischen gestorben, aber die meisten leben noch. Dann erschien er Jakobus und schließlich allen Aposteln. Ganz zuletzt ist er auch mir erschienen, obwohl ich das am allerwenigsten verdient hatte.
1. Korinther 15,3-8

Es gibt viele Berichte von Begegnungen mit dem auferstandenen Jesus im Neuen Testament. Sie sind alle später aufgeschrieben als der Bericht des Paulus. Jede Geschichte spiegelt in besonderer Weise das rätselhafte Geschehen der Auferstehung.

Die Frauen am leeren Grab

Und als der Sabbat vergangen war, kauften Maria von Magdala und Maria, die Mutter des Jakobus, und Salome wohlriechende Öle, um hinzugehen und ihn zu salben.
Und sie kamen zum Grab am ersten Tag der Woche, sehr früh, als die Sonne aufging. Und sie sprachen untereinander: Wer wälzt uns den Stein von des Grabes Tür? Und sie sahen hin und wurden gewahr, dass der Stein weggewälzt war; denn er war sehr groß. Und sie gingen hinein in das Grab und sahen einen Jüngling zur rechten Hand sitzen, der hatte ein langes weißes Gewand an, und sie entsetzten sich. Er aber sprach zu ihnen: Entsetzt euch nicht! Ihr sucht Jesus von Nazareth, den Gekreuzigten. Er ist auferstanden, er ist nicht hier. Siehe da die Stätte, wo sie ihn hinlegten. Geht hin und sagt seinen Jüngern und Petrus, dass er vor euch hingehen wird nach Galiläa, dort werdet ihr ihn sehen, wie er euch gesagt hat. Und sie gingen hinaus und flohen von seinem Grab; denn Zittern und Entsetzen hatte sie ergriffen. Und sie sagten niemanden etwas, denn sie fürchteten sich.
Markus 16,1-8

Jesus erscheint Maria Magdalena
Seite 84

△ Versetzt euch in die Situation der Frauen, die in ihren Gefühlen hin- und hergerissen sind. Schreibt in Briefform über ihre Fragen, Ängste und Hoffnungen. Bedenkt dabei auch die Argumente des Jüngers Thomas.

Der ungläubige Thomas

Am Abend aber dieses ersten Tages der Woche, als die Jünger versammelt und die Türen verschlossen waren aus Furcht vor den Juden, kam Jesus und trat mitten unter sie und spricht zu ihnen: Friede sei mit euch! Und als er das gesagt hatte, zeigte er ihnen die Hände und seine Seite. Da wurden die Jünger froh, dass sie den Herren sahen ...
Johannes 20,19-20

Thomas aber, der Zwilling genannt wird, einer der Zwölf, war nicht bei ihnen, als Jesus kam. Da sagten die andern Jünger zu ihm: Wir haben den Herrn gesehen. Er aber sprach zu ihnen: Wenn ich nicht in seinen Händen die Nägelmale sehe und meinen Finger in die Nägelmale lege und meine Hand in seine Seite lege, kann ich's nicht glauben.
Johannes 20,24-25

Durch Leiden und Tod

Sehen – Glauben – Handeln

Und nach acht Tagen waren seine Jünger abermals drinnen versammelt und Thomas war bei ihnen. Kommt Jesus, als die Türen verschlossen waren, und tritt mitten unter sie und spricht: Friede sei mit euch! Danach spricht er zu Thomas: Reiche deinen Finger her und sieh meine Hände und reiche deine Hand her und lege sie in meine Seite und sei nicht ungläubig, sondern gläubig!
Thomas antwortete und sprach zu ihm: Mein Herr und mein Gott. Spricht Jesus zu ihm: Weil du mich gesehen hast, Thomas, darum glaubst du. Selig sind, die nicht sehen und doch glauben.
Johannes 20,26-29

Aus einer Erläuterung dieses Textes:
Der gekreuzigte und alsdann begrabene Jesus erscheint zweimal seinen Jüngern. Es scheint nicht so zu sein, dass sie ihn an seinem Gesicht oder an seiner Gestalt erkennen, die ihnen doch in Jahren vertraut geworden sind. Sondern erst, als er ihnen die Nägelwunden an seinen Händen und die Speerwunden an seiner Seite zeigt, freuen sie sich, den Herrn zu sehen. Ich stelle mir vor, dass der auferstandene Jesus auf dem Weg zu seinem Vater, also auf dem Wege in die andere Welt ist. (...)
Seinen engsten Vertrauten ist er noch gegenwärtig in den Zeichen seines Leidens und in seiner Stimme, mit der er sie bei ihrem Namen ruft. Der zeitliche Jesus aus der Epoche der Römerherrschaft über Palästina wird zum ewigen Jesus, zur Stimme des Gewissens.
Jesus erscheint zum zweiten Mal, als auch Thomas unter den Jüngern ist. Er lässt Thomas seine Wunden sehen und spüren. Thomas ist sofort und vielleicht ein bisschen übermäßig überzeugt, denn er nennt Jesus nun nicht mehr nur seinen Herrn, wie er das auch früher getan hat, sondern er nennt ihn sogleich „mein Gott". Jesus geht darauf nicht ein. Sondern spricht die berühmten Tadelsworte: „Weil du mich gesehen hast, hast du geglaubt. Selig sind die, die nicht sehen und doch glauben..."
Etwas zu glauben, was man nicht sieht, gehört doch nun wirklich zu den gewöhnlichsten Fertigkeiten des Menschen. Die geflügelten Worte werden verwendet, um jemanden zu charakterisieren, der ein naiver Dummkopf oder jedenfalls kein gerissener Geschäftsmann ist. Ernsthafter gewendet bedeuten sie, dass man an etwas glauben, sich für etwas engagieren soll, was einem beschwerlich ist. Dass den Lehren des Rabbi Jesu zu folgen beschwerlich ist, wissen wir auch. Und vielleicht ahnte das auch sein Jünger Thomas und hoffte, sich darauf verlassen zu können, dass der Begrabene nicht wiederkehren würde.

Nele Löw Beer

- Ich habe Wohlgefallen an Barmherzigkeit
- Selig sind die Sanftmütigen
- Wenn dich einer auf die rechte Backe schlägt, halte ihm auch die linke hin
- Was ihr getan habt einer meiner geringsten Schwestern und Brüder, das habt ihr mir getan
- Selig sind, die Frieden stiften

△ Die Erscheinung des Auferstandenen sei als Gewissensstimme zu verstehen. Diskutiert diese Ansicht.
Der Text gibt eine Erklärung für das Verhalten des Thomas, die sicher nicht alle überzeugt.
Welche anderen Erklärungen sind möglich?

▼ Es gibt weitere Auferstehungsgeschichten. Die Jünger auf dem Weg nach Emmaus (Lukas 24,13-35), die Erscheinung vor allen Jüngern (Lukas 24,36-49), die Erscheinung am See Tiberias (Johannes 21,1-13) und das folgende Gespräch mit Petrus (15-19). Lest diese Geschichten und arbeitet heraus, welche besondere Bedeutung jede dieser Geschichten im Unterschied zu den anderen hat.

Selbstsüchtiger Osterhase

„Wir wollen mal etwas Besonderes tun", erklärte ich der Familie am Ostersamstagmorgen gleich nach dem Frühstück. In diesem Jahr wollen wir an andere denken. Hier habe ich fünf Osterkörbchen und hier in den Tüten den dazugehörigen Inhalt. Wir wollen fünf Körbchen richten und sie an andere Menschen verschenken. Jeder schlägt jemand dafür vor."
Jürgen meldete sich als Erster zu Wort. „Mein Körbchen bekommt Uwe." Uwe war neu in Jürgens Klasse. Er hatte erzählt, dass Uwe sehr gut im Rechnen sei. Jürgen ist kein Licht im Rechnen. Ob er auf Uwes Unterstützung spekulierte? Ich sprach ihn darauf an. „Na ja", sagte er, „ich dachte nur ..."
Petra schlug ihre Freundin Mirjam vor. Mirjam besitzt eine ganz besondere Eigenschaft. Sie hat einen recht attraktiven Bruder namens Volker. Petra schwärmt für ihn.
Klaus nannte einen Jungen aus der Nachbarschaft. Ich stellte Fragen und bekam heraus, dass der Ausersehene eine tolle elektrische Eisenbahn sowie einen physikalischen Experimentierkasten sein Eigen nenne.
„Und du? Wem willst du deinen Osterkorb verehren?" Aller Augen schauten auf mich. Ich überlegte fieberhaft, wer anders in Frage kommen könne als Familie Haubensack, die uns den Schnee wegräumte, als wir im Bett lagen?
„Wir sind alle Egoisten", sagte ich.
„Am besten ist es wohl, wir legen unser Osterkörbchen zusammen und essen alles selbst auf, weil wir doch um alles in der Welt keine Egoisten sein wollen." Der Vorschlag kam von Klaus und wir anderen nickten dazu nicht sehr überzeugt. Aber wir nickten.
Und dann handelten wir doch genau entgegengesetzt. Wir stellten Körbchen zusammen und jeder schenkte das seine dem, den er zuvor vorgeschlagen hatte, Jürgen an Uwe, Petra an Mirjam, Klaus an Udo und ich an Familie Haubensack. Ein Körbchen, das fünfte, behielten wir für uns. Zugegeben, es war das größte.

nach Wieland Schmidt

Ostergeschenke – Zeichen für die Auferstehung?

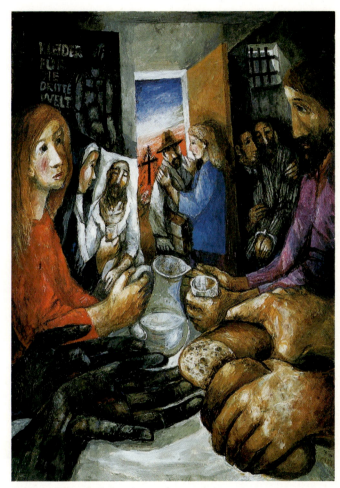

© *Sieger Köder, Ihr habt mir zu essen gegeben*

△ Vergleicht das Verhalten der Familie mit eigenen Erfahrungen, die dieses bestätigen oder widerlegen. Macht andere Vorschläge für die Familie.
▼ Erörtert weitere Möglichkeiten der Gestaltung von Ostern, die dem christlichen Sinn eher entsprechen als die üblichen Osterbräuche.

Durch Leiden und Tod

Wirklichkeit deuten

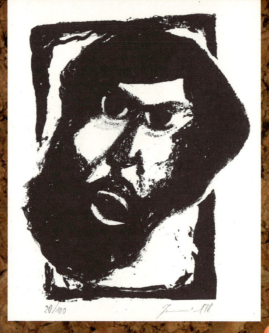

Wolfgang Janisch, Prophet

Eintreten für den einen Gott
Im Alten Testament finden wir viele Geschichten, in denen das Volk Israel von Gott abgefallen ist und sich anderen Göttern zugewandt hat. Die Auseinandersetzung um den einen Gott (= Monotheismus) wird beispielhaft an der Gestalt des Propheten Elia deutlich.

Eintreten für die Gerechtigkeit Gottes
Aus Eigennutz, Überheblichkeit und Gewinnsucht haben sich die Menschen immer wieder dazu verleiten lassen, die Gebote Gottes zu missachten. Der Prophet Amos klagt deswegen das Volk im Nordreich Israels an. Er tritt für die Gerechtigkeit Gottes ein.

Eintreten für ein Leben mit den Geringsten
Manche Menschen leben in Reichtum, viele in Armut. Was Reichtum und was Armut für den Einzelnen bedeutet, damit beschäftigt sich dieser Abschnitt. Dazu gehört auch die Frage, zu welchem Handeln das Neue Testament auffordert, um Reichtum und Armut zu überwinden.

Eintreten für einen gerechten Ausgleich zwischen Arm und Reich
Ein Grundgedanke der Bibel ist es, mit der Schöpfung und den Geschöpfen Gottes in Einklang zu leben. Wie wir uns ein solches Leben vorstellen können, wird an der Person des Franz von Assisi erfahrbar.

prophetisch handeln, Hoffnung wecken

Der eine Gott
Die Gerechtigkeit Gottes
Leben mit den Geringsten
Arm und Reich

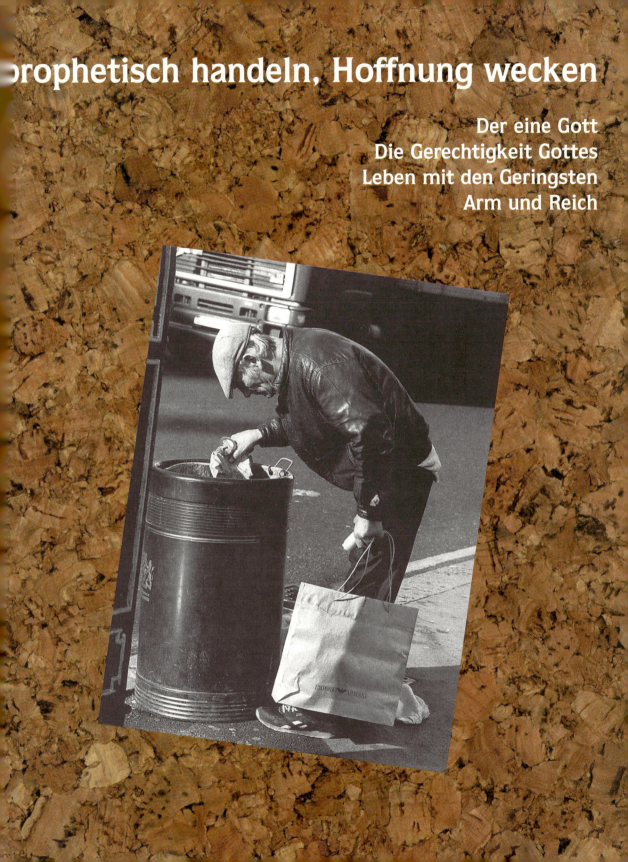

Der eine Gott

Was ist ein Prophet?

Das Wort „Prophet" kommt aus dem Griechischen und bedeutet so viel wie „Seher". Der Prophet sieht etwas, was andere Leute nicht erkennen. Es ist der Wille Gottes, an den er die Menschen seiner Zeit mit Nachdruck erinnert. Er ermahnt seine Mitmenschen zur Änderung ihres Verhaltens. Denn Gott hat mit dem Volk Israel am Berg Sinai einen Bund geschlossen und ihm Gebote gegeben. Daran soll sich das Volk erinnern und sich an die Gebote halten. Das ist der Wille Gottes. Zugleich macht der Prophet darauf aufmerksam, was folgen wird, wenn sich die Menschen nicht besinnen und dem Willen Gottes gehorchen: das kommende Gericht Gottes.

Berufspropheten und von Gott berufene Propheten

Die Könige in Israel ließen sich von Berufspropheten vor Entscheidungen, die sie zu fällen hatten, beraten. Besonders viele dieser höfischen Propheten gab es zwischen dem 9. und 6. Jahrhundert v. Chr. König Ahab (874-853) hatte 450 solcher Propheten an seinem Hof. Sie wollten ihren Herren nichts Unangenehmes sagen, deshalb redeten sie gern ihren Gönnern nach dem Mund. Im Gegensatz zu den Berufspropheten traten die wahren Propheten als Einzelpersonen auf. Sie waren von Gott dazu berufen, das Volk zu warnen und auf den rechten Weg zurückzubringen. Was sie zu sagen hatten, war keine bequeme Nachricht. Sie zwang zur Besinnung und zur Umkehr. Deshalb blieben Auseinandersetzungen zwischen den Berufspropheten und den von Gott berufenen Propheten nicht aus.

Nicht nur Männer wurden von Gott berufen, um an den Willen Gottes zu ermahnen. Es gibt in der Bibel auch viele Frauen, die die Aufgabe hatten, als Prophetinnen das Volk vor Gesetzesübertretungen zu warnen.

Propheten und Wahrsager

Im Gegensatz zu den Propheten behaupten die Wahrsager, die Zukunft voraussagen zu können. Solche Menschen hat es bereits zu biblischer Zeit gegeben. Sie meinten, die Zukunft nach erlernbaren Regeln aus dem Flug der Vögel, dem Verhalten fressender Hühner, aus den Eingeweiden der Opfertiere, aus dem Rauschen der Bäume und anderen Naturbeobachtungen ableiten zu können. Die Bibel warnt vor solchen Handlungsweisen. Im 5. Buch Mose 18,9-22 heißt es:

„Wenn du in ein Land einziehst, das der Herr, dein Gott, dir gibt, sollst du nicht lernen, die Gräuel dieser Völker nachzuahmen: Es soll bei dir keinen geben, der ... Losorakel befragt, Wolken deutet, aus dem Becher weissagt, zaubert, Gebetsbeschwörungen hersagt oder Totengeister befragt. Denn jeder, der so etwas tut, ist dem Herren ein Gräuel. Du sollst ganz und gar beim Herren, deinem Gott bleiben."

Wirklichkeit deuten...

Prophetie heute

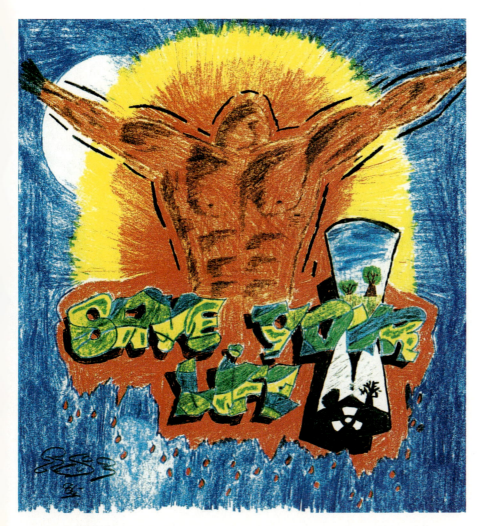

Graffito
Save your life

△ Beschreibt das Bild. Denkt darüber nach, worauf der Künstler aufmerksam machen wollte. Welche Missstände prangert er an?
Erklärt, warum dieses Bild als prophetische Aussage gedeutet werden kann.
▼ Sammelt Abbildungen aus Zeitschriften und Illustrierten, die ebenfalls als prophetische Bilder gedeutet werden können. Schreibt eure Begründungen dazu auf.

Der eine Gott

Der Kampf um den einen Gott

Der Prophet Elia

Elia ist ein Prophet. Er ist von Gott auserwählt worden, um gegen den falschen Gottesglauben im Nordreich Israels anzugehen. Wie kam es dazu? Die israelitischen Stämme zogen in das Land Kanaan. Dort fanden sie Götter vor, an die die Kanaaniter glaubten. Der wichtigste Gott war für sie Baal, den sie als Fruchtbarkeitsgott in der Gestalt eines Stieres verehrten. Viele Israeliten nahmen den Bund zwischen Jahwe und dem Volk Israel nicht mehr ernst. Sie glaubten an Jahwe und Baal. Sie versprachen sich Vorteile von der Verehrung beider Gottheiten. In der Bibel heißt es: Sie hinkten auf beiden Seiten – Jahwe und Baal. An der Vermischung des Glaubens hatte König Ahab (874-853 v. Chr.) großen Anteil. Er war mit Isebel verheiratet, die ihn dazu veranlasst hatte, 450 Baals-Propheten an den Königshof zu holen. Sie weissagten, was Isebel und Ahab gern hören wollten.

Der Baalskult breitet sich aus

Ahab hat einen Tempel für seine Frau Isebel bauen lassen. Sie ist die Priesterin der Göttin Aschera. Bei ihrer Hochzeit hat sie viele Priesterinnen und Priester aus Tyrus mitgebracht. Sie leben und opfern ebenso im Aschera-Tempel wie im Tempel des Baal.

Samaria ist durch den Handel mit Tyrus und anderen Städten reich geworden. Trotz des Reichtums leidet das Land immer wieder unter Trockenheit. Wieder einmal gibt es zu wenig Regen. Der Ertrag der Äcker ist gering. Bauern strömen in den Palast und bitten um Steuererleichterung. Sie stehen vor Ahab, Isebel und dem Minister Obadja und bringen ihre Klagen vor. Da erhebt sich Isebel: „Schaut mich an, ihr Männer aus Israel! Ich komme aus einem reichen Land! Und wisst ihr, warum die Bauern dort viel reicher sind als ihr? Weil wir den rechten Gott haben." Isebel macht eine Pause. Es ist ganz still im Thronsaal. Alle schauen wie gebannt auf die Königin.

„Euer Gott heißt Jahwe", sagt Isebel. „Und Jahwe ist ein Gott, der in der Wüste auf dem Berg Sinai wohnt. Jahwe mag ein guter Gott für die Nomaden sein. Aber für die Bauern ist er ein schlechter Gott. Wie soll denn ein Wüstengott Korn wachsen lassen können? Das gibt es in der Wüste, über die er herrscht, nicht. Aber unser Gott Baal kann das. Baal ist der Gott des Bodens. Baal ist der Gott des Regens. Baal lässt Gerste wachsen und Weizen. Und die Göttin Aschera segnet sein Werk. Sie macht die Menschen und Tiere fruchtbar."

„Die Königin Isebel hat Recht", schreit das Volk. „Baal ist unser Gott." „Der Gott Israels heißt nicht Baal, sondern Jahwe!", ruft Obadja.

Isis, eine Fruchtbarkeitsgöttin aus dem alten Orient

Wirklichkeit deuten ...

„Jahwe hat uns aus der Sklaverei in Ägypten befreit. Jahwe hat uns durch das Meer geführt. Jahwe hat uns am Sinai das Gesetz gegeben. Jahwe hat mit uns einen Bund geschlossen. Jahwe hat uns dieses Land gegeben. Jahwe ist uns treu gewesen bis heute. Es ist nicht recht, wenn wir ihn verlassen und zu anderen Göttern beten!"
„Wer hat hier zu befehlen?", fragt Isebel. „Der König oder sein Ratgeber?"
„Der König!", ruft die Menge.
„Baal!", schreit einer.
„Baal!", rufen die Männer. Und immer wieder „Baal! Baal!"

„Ihr Bauern", sagt Isebel, „wenn ihr in eure Dörfer zurückkommt, dann sagt es euern Nachbarn: Stellt in den Häusern und auf den Hügeln über euren Äckern dem Baal und der Aschera Altäre auf! Opfert ihnen! Und ihr werdet sehen: Regen wird auf eure Äcker fallen. Und eure Felder werden viel Frucht tragen!"

Wie ein Lauffeuer verbreitete sich die Nachricht von dem, was Isebel über Jahwe und Baal gesagt hat, im ganzen Land. Bald sieht man überall in Israel Altäre für den Gott Baal und die Göttin Aschera. Die Bauern opfern ihnen ihre Stiere und Böcke. Manchmal opfern sie auch Jahwe. Sie denken: „Doppelt genäht hält besser! Jahwe hat uns aus der Sklaverei Ägyptens befreit und durch die Wüste geführt. Dafür wollen wir ihm auch etwas opfern. Aber jetzt sind wir nicht mehr in der Wüste. Jetzt sind Baal und Aschera wichtiger für uns."

Oft kommt es vor, dass von einem Jahwealtar Steine abbröckeln. Dann bauen ihn die Israeliten nicht mehr auf. So gerät Jahwe immer mehr in Vergessenheit.

Bronzefigur des Wetter- und Fruchtbarkeitsgottes Baal

△ Tragt aus der Geschichte Stichwörter zusammen, die zu Jahwe und Baal passen. Nehmt dazu Stellung, ob es von den Israeliten richtig war, neben Jahwe Baal und Aschera zu verehren. Beschreibt die Position von Obadja.

Der eine Gott

Der Prophet Elia

Elia greift in das Geschehen ein

Elia wird von Jahwe beauftragt, zu Ahab zu gehen, um ihm zu verkündigen: „Es soll diese Jahre weder Tau noch Regen kommen, ich sage es denn." Für das Volk bedeutet das Trockenheit und Hungersnot. Um dem Zorn Ahabs zu entgehen, sendet Jahwe Elia nach Osten. Am Bach Krith soll er sich verstecken. Raben werden ihm das Notwendige zum Essen bringen. Als der Bach austrocknet, wird er von Jahwe aufgefordert, nach Zarpath zu gehen. Dort versorgt ihn eine Witwe mit Mehl aus einem Topf, das nie alle wird, und mit Öl aus einem Krug, der nie leer wird. Als der Sohn der Witwe krank wird und stirbt, macht ihn Elia mithilfe Jahwes wieder lebendig.

△ Diese Geschichte wird auch Legende genannt. Was erscheint euch daran „legendär"? Erläutert, was die wundersamen Geschehnisse am Bach Krith und bei der Witwe in Zarpath aussagen wollen. Beschreibt das Verhältnis zwischen Jahwe und Elia. Lest dazu 1. Könige 17,2-24.

Beide Geschichten sind Erzählungen, die nicht beschreiben, „wie es damals zuging", vielmehr wollen sie Leser und Hörer erbauen oder ihnen zu einer bestimmten Einsicht verhelfen. Dabei werden manche Aussagen stark überzeichnet, damit die Adressaten merken, worauf sie bei der Erzählung besonders zu achten haben.

Elia fordert zur Entscheidung auf

Aufgrund der anhaltenden Trockenheit entsteht im Land eine große Hungersnot. Elia wird erneut von Jahwe zu Ahab geschickt. Denn Jahwe beabsichtigt, es regnen zu lassen. Als Elia Ahab begegnet, sieht er in ihm nicht den Propheten Gottes, sondern denjenigen, der Israel ins Unglück stürzt. Auf die Vorwürfe des Ahab antwortet Elia: „Nicht ich stürze Israel ins Unglück, sondern du und deines Vaters Haus dadurch, dass ihr des Herrn Gebote verlassen habt und wandelt den Baalen nach."

Elia schlägt Ahab vor, durch eine Probe zu beweisen, wer der eigentliche Gott ist. Zwei Holzstöße sollen errichtet werden, auf denen jeweils ein junger Stier geopfert werden soll. Die Propheten Ahabs sollen Baal anrufen, damit er den ersten Holzstoß entzündet. Die 450 Priester versammeln sich. Vom Morgen bis zum Mittag rufen sie Baal an. Sie ritzen sich mit Messern die Haut auf, sie geraten in Verzückung. Nichts geschieht. Elia verspottet sie und sagt: „Ruft laut! Denn er ist ja ein Gott; er ist in Gedanken oder hat zu schaffen oder ist über Land oder schläft vielleicht, dass er aufwache!" Elia wendet sich an das Volk und ruft es herbei. Er baut den Altar des Herrn wieder auf. Er nimmt zwölf Steine – einen für jeden Stamm Israels – und baut einen Altar im Namen des Herrn. Auf den Altar schichtet er einen Holzstoß und zieht um den Altar einen Graben. Er lässt dreimal vier Eimer Wasser auf das Brandopfer gießen. Danach spricht Elia: „Herr, Gott Abrahams, Isaaks und Israels, lass heute kund werden, dass du Gott in Israel bist und ich dein Knecht und dass ich das alles nach deinem Wort getan habe! Erhöre mich, Herr, erhöre mich, damit das Volk erkennt, dass du, Herr, Gott bist und ihr Herz sich wieder zu dir kehrt!" Da fiel Feuer vom Himmel und verbrannte alles: das Brandopfer, das Holz, den Altar. Als die Menschen das sahen, fielen sie auf die Knie und sprachen: „Der Herr ist Gott, der Herr ist Gott!" Daraufhin gab ihnen Elia den Befehl, die Propheten des Baals zu ergreifen, und er tötete sie.

△ Erklärt, was der Erzähler bei der Weitergabe dieser Geschichte über das Verhältnis von Baal und Jahwe zum Ausdruck bringen wollte. Was soll dadurch bei den Hörern dieser Geschichte erreicht werden? Denkt dabei an das erste Gebot! Was würdet ihr jemandem sagen, der diese Geschichte brutal und grausam findet?

Wirklichkeit deuten ...

*Sigmunda May,
Elia, steh auf*

△ Beschreibt Elia auf dem Bild. In welcher körperlichen und seelischen Lage befindet er sich wohl? Wie wirkt der Engel im Verhältnis zu dem liegenden Elia?

Gott zeigt sich dem Elia

Als Isebel von der Ermordung der Propheten erfuhr, wollte sie ebenfalls Elia umbringen. Elia floh erneut. Er gelangte in die Wüste und bat Gott, ihn dort sterben zu lassen. Er setzte sich unter einen Wachholderstrauch und schlief ein. Zweimal kam ein Engel zu ihm und forderte ihn auf aufzustehen, zu essen und zu trinken und sich auf den Weg zu machen. Er stand auf, aß und trank die bereitgestellte Nahrung und machte sich auf den Weg. Er wanderte vierzig Tage und Nächte bis zum Berg Gottes, dem Horeb. In einer Höhle versteckte er sich. Da hörte er Gottes Stimme: „Was machst du hier, Elia?" Elia antwortete dem Herrn: „Ich habe geeifert für den Herrn, den Gott Zebaoth; denn Israel hat deinen Bund verlassen und deine Altäre zerbrochen und ich allein bin übrig geblieben und sie trachten nach meinem Leben." Der Herr sprach: „Geh heraus und tritt hin auf dem Berg vor den Herrn! Der Herr wird vorübergehen." Und ein großer, starker Wind, der die Berge zerriss und die Felsen zerbrach, kam von dem Herrn her; der Herr aber war nicht im Winde. Nach dem Wind aber kam ein Erdbeben; aber der Herr war nicht im Erdbeben. Und nach dem Erdbeben kam ein Feuer. Und nach dem Feuer kam ein stilles, sanftes Sausen. Als das Elia hörte, verhüllte er sein Antlitz mit seinem Mantel und ging hinaus und trat in den Eingang der Höhle. Und siehe, da kam die Stimme zu ihm und sprach: „Was hast du hier zu tun, Elia? Gehe nach Damaskus und salbe Hasael zum König über Aram und Jehu zum König über Israel und Elisa zum Propheten an deiner statt."

△ Findet heraus, warum sich Gott nicht in den ersten drei Naturereignissen, sondern im stillen, sanften Sausen zu erkennen gibt.
▼ Gestaltet auf einem Blatt (DIN A3) vier Bilder in Farbe, auf denen der Sturm, das Erdbeben, das Feuer und das stille, sanfte Sausen zu sehen sind.
Erzählt zu diesen Bildern. Welche Gefühle und Stimmungen lösen sie bei den Betrachtern aus?

Der eine Gott

Die Gerechtigkeit Gottes

Der Prophet Amos

Amos stammt aus Tekoa. Es liegt etwa 20 km südlich von Jerusalem im Grenzgebiet zwischen Kulturland und Steppe. Dort lebt er als Klein- und Rindviehzüchter. Außerdem befasst er sich mit der Zucht von Maulbeerfeigenbäumen. Amos ist kein armer Mann. Eines Tages vernimmt er den Auftrag Gottes: „Gehe hin und weissage meinem Volk Israel!" Obwohl er Judäer ist, verweist ihn Gott um das Jahr 760 v. Chr. in das Nordreich Israel. Seine Aufgabe ist es, den Israeliten das Gericht Gottes zu verkündigen, weil sie die Gebote Jahwes übertreten und den Bund, den Gott mit ihnen geschlossen hatte, verachten.

Nord- und Südreich

Wirklichkeit deuten ...

Eine Stadt mit zwei Gesichtern

Der Bauer Amos macht einen Besuch in der Stadt. Es ist Markttag. Die Bauern verkaufen Gemüse und Obst. Die Stände sind zum Bersten voll mit Bohnen, Linsen, Zwiebeln, Knoblauch und Oliven. Hier ruft eine Bäuerin: „Frische Eier, frische Eier!" Dort eine andere: „Süßer Honig, zuckersüßer Honig!" Eine Magd kauft einem Bauern zehn Hühner und drei Schafe ab. „Die Herrschaften feiern heute ein Fest", sagt sie. „Es gibt Hühnersuppe und Pasteten, gesottene Fische, Eierkuchen und in Honig gebackene Küchlein."

„Wie glücklich die Menschen hier sind", denkt Amos. „Und wie reich, dass sie sich solch ein Essen an einem gewöhnlichen Tag leisten können."

Mit ihren starken Armen zieht die Magd die blökenden Schafe fort. Amos folgt ihr. Die Gasse geht bergauf. Sie wird breiter. Hier, am Berghang, stehen große Häuser. So stattliche Häuser hat Amos noch nie gesehen. Sie haben zwei Stockwerke. „Platz da!", ruft plötzlich eine Stimme. „Platz da!" Vier Männer kommen die Straße bergauf. Sie tragen ein Bett. Der Schweiß läuft ihnen über die Gesichter. Neben Amos stellen sie das Bett ab. Es ist aus poliertem Zedernholz. An den Bettpfosten hat es feinste Schnitzereien aus Elfenbein: Löwen, Elefanten und Schlangen.

„Da staunst du, Bauer!", lacht einer der Träger. „So etwas siehst du nicht alle Tage!" „Wem gehört das Bett?", fragt Amos.

„Dem Bilead, einem reichen Kaufmann. Er hat es in Phönizien bestellt. Die Karawane hat es gestern Abend gebracht. Es hat eine Mine Gold gekostet. Von diesem Gold könnten wir vier und unsere Familien drei Jahre leben!" Die Träger heben das Bett hoch und eilen schwitzend und keuchend weiter.

Amos geht weiter. Im Garten einer anderen Villa sitzen drei Männer um ein Brett und würfeln. Sie tragen seidene Kleider. Neben jedem Mann liegt ein Häuflein Goldstücke. „Dreimal die Sechs", ruft einer. „Ich habe gewonnen! Jeder muss mir drei Goldstücke geben!"

Der Mann klatscht in die Hände. An seinen dicken Fingern funkeln Ringe mit Edelsteinen. „Deborah!", ruft er. „Bring uns Wein!" Aus dem Haus kommt die Magd mit drei Bechern Wein. Die Männer schütten ihn hinunter. „Bring mehr!", grölt der Mann. „Heute wollen wir wieder einmal richtig saufen!"

Die Sonne ist höher gestiegen. Amos geht in Gedanken versunken weiter. Die Gärten mit den schönen Häusern liegen hinter ihm. Er kommt an ein Tor auf der anderen Seite der Stadt. „Was stinkt hier so entsetzlich?" Amos geht durch das Tor. Nun sieht er es: Hier ist der Abfallhaufen der Stadt. Aller Unrat sammelt sich hier an. Amos hört Stimmen. Auf dem Abfallhaufen stehen zwei Frauen. Sie wühlen mit ihren Händen im Dreck.

„Ich habe etwas!", kreischt die eine und zerrt am stinkenden Kopf einer geschlachteten Kuh. Da stürzt sich die andere Frau auf sie. Sie reißt ihr den Kuhkopf aus den Händen.

„Ich habe den Kopf zuerst gesehen!", schreit sie. „Er gehört mir! Meine Kinder haben auch Hunger."

Jetzt wälzen sich die beiden Frauen im Schmutz. Sie reißen sich an den Haaren und hauen aufeinander ein.

Erschreckt geht Amos davon. Er kommt an elenden Hütten vorbei. Schmutzige Kinder spielen mit Steinen vor den dunklen Eingängen. Eine Frau schlägt auf ein mageres, bleiches Mädchen ein und schreit: „Du hast das Stück Brot gestohlen! Gib's zu, du verkommene Diebin, du!"

„Ich hatte Hunger!", jammert das Mädchen.

In einer dunklen Schenke grölen Männer. Sie vertrinken ihr Geld, um ihre Armut und ihr Elend zu vergessen.

Die Kinder haben Amos entdeckt. Sie springen ihm nach, strecken die mageren Arme aus und rufen: „Gib uns etwas zu essen!"

Amos eilt zurück in die Stadt. Am Markt spricht er mit Bauern. Sie sagen: „Die Armen vor der Stadt, das waren früher Bauern. Die Reichen haben ihnen alles weggenommen."

nach Werner Laubi

△ Beschreibt die beiden Gesichter der Stadt.
   Was mag in Amos vorgegangen sein, als er die Zustände in Samaria sah?
▼ Denkt darüber nach, wie es zu den krassen Gegensätzen von Armut und Reichtum gekommen sein mag. Im folgenden Text findet ihr Gründe dafür.

Die Gerechtigkeit Gottes

Amos klagt an im Namen Gottes

Soziale Probleme zur Zeit Amos

Wie ist es zu den sozialen Problemen zur Zeit des Amos gekommen? Von 783-743 v. Chr. regiert in Samaria König Jerobeam II. Er hat innen- und außenpolitische Erfolge. Durch militärische Aktionen gelingt es ihm, einige unter seinen Vorgängern im Ostjordanland verlorene Gebiete zurückzuerobern. Danach herrscht Friede. Handel und Schifffahrt blühen auf. Von den Karawanen, die auf einer großen Handelsstraße durch das Ostjordanland ins Zweistromland ziehen und Gold und Weihrauch aus Arabien mitbringen, kann der König von Samaria Zölle erheben. So ist er am Handel beteiligt. Der Wohlstand wächst. Die wirtschaftliche Hochkonjunktur bringt freilich nur der Oberschicht Gewinne. Sie lebt in Luxus und Verschwendung, während die Kleinbauern nach und nach ihre gesicherte Existenz verlieren.

Johanna Kopp

Amos ist von dem Unrecht, das ihm in der Stadt begegnet ist, betroffen. Er weiß, dass das Gottesrecht dadurch tief verletzt wird. Im Namen Gottes sieht er sich gezwungen, die Ungerechtigkeiten anzuprangern:

Ihr schlaft auf elfenbeingeschmückten Lagern und streckt euch auf euren Ruhebetten. Ihr esst Lämmer aus der Herde und die gemästeten Kälber und spielt auf der Harfe und erdichtet euch Lieder wie David und trinkt Wein aus Schalen und salbt euch mit dem besten Öl, aber bekümmert euch nicht um den Schaden Josephs.
Amos 6,4-6

Höret dies, die ihr Arme unterdrückt und die Elenden im Lande zugrunde richtet, und sprecht: Wann will denn der Neumond ein Ende haben, dass wir Getreide verkaufen, und der Sabbat, dass wir Korn feilhalten können und das Maß verringern und den Preis steigern und die Waage fälschen, damit wir die Armen um Geld und die Geringen um ein paar Schuhe in unsere Gewalt bringen und Spreu für Korn verkaufen.
Amos 8,4-6

Ich bin euren Feiertagen gram und verachte sie und mag eure Versammlungen nicht riechen. Und wenn ihr mir auch Brandopfer und Speiseopfer opfert, so habe ich keinen Gefallen daran und mag auch eure fetten Dankopfer nicht ansehen. Tu weg von mir das Geplärr deiner Lieder; denn ich mag dein Harfenspiel nicht hören.
Amos 5,21-23

Ihr bestecht die Gerechten und verurteilt die Armen zu Unrecht.
Amos 5,12

Hört dies Wort, ihr fetten Kühe, die ihr auf dem Berge Samarias seid und den Geringen Gewalt antut und schindet die Armen und sprecht zu euren Herren: Bringt her, lasst uns saufen!
Amos 4,1

△ Gestaltet zu diesen Anklagen des Amos Protestplakate.
  Welche Anklagen könnte Amos heute vorbringen?
△ Gegen welche Gebote Gottes verstoßen die Menschen im Nordreich?
  Lest dazu 2. Mose 20,1-21. Schreibt auf die Rückseite eurer Plakate das entsprechende Gebot.

Die Zehn Gebote
Seite 36 f.

Wirklichkeit deuten ...

Gott lässt Amos das Gericht über Israel schauen

Eine Schülerzeichnung: Amos sieht in Visionen, wie das Volk bestraft werden soll. Amos tritt für das Volk ein, damit das Gericht von Gott abgewendet wird.

Die Gerechtigkeit Gottes

Amos predigt das drohende Gericht

Die Visionen des Amos

Gott der Herr ließ mich schauen und seht, da war einer, der machte Heuschrecken zur Zeit, als das Grummet aufging; und seht das Grummet war gewachsen, nachdem der König hatte mähen lassen. Als sie nun alles Gras im Lande abfressen wollten, sprach ich: Ach Herr, HERR, sei gnädig! Wer soll Jakob wieder aufhelfen? Er ist ja so schwach. Da reute es den Herren und er sprach: Wohlan, es soll nicht geschehen. Amos 7,1-3

Gott der Herr ließ mich schauen und siehe, Gott der Herr rief das Feuer, um damit zu strafen. Das verzehrte die große Tiefe und fraß das Ackerland. Da sprach ich: Ach Herr, HERR, lass ab! Wer soll Jakob wieder aufhelfen? Er ist ja so schwach. Da reute den Herrn das auch und Gott der Herr sprach: Es soll auch nicht geschehen. Amos 7,4-6

Amos predigt dem Volk das drohende Gericht Gottes. Er ruft sie zur Umkehr auf: Suchet den Herrn, so werdet ihr leben. Suchet das Gute und nicht das Böse, damit ihr leben könnt. Keiner will jedoch auf Amos hören. Er wird vom Priester Amazja als Störenfried und Aufrührer angesehen. Amazja rät ihm dringend, nach Juda zu fliehen. Weil die Warnungen Gottes nicht gehört werden, lässt Jahwe Amos erneut schauen, was er mit dem Volk vorhat:

Er ließ mich abermals schauen und siehe, der Herr stand auf der Mauer, die mit einem Bleilot gerichtet war, und er hatte ein Bleilot in seiner Hand. Und der Herr sprach zu mir: Was siehst du, Amos? Ich sprach: Ein Bleilot. Da sprach der Herr zu mir: Siehe, ich will das Bleilot legen an mein Volk Israel und ihm nichts mehr übersehen. Sondern die Höhen Israels sollen verwüstet und die Heiligtümer zerstört werden und ich will mich mit dem Schwert über das Haus Jerobeam hermachen. Amos 7,7-9

Gott der Herr ließ mich schauen und siehe, da stand ein Korb mit reifem Obst. Und er sprach: Was siehst du, Amos? Ich aber antwortete: Einen Korb mit reifem Obst. Da sprach der Herr zu mir: Reif zum Ende ist mein Volk Israel; ich will ihm nichts mehr übersehen. Und die Lieder im Tempel sollen in Heulen verkehrt werden zur selben Zeit, spricht Gott der Herr. Es werden an allen Orten viele Leichname liegen, die man heimlich hinwirft. Amos 8,1-3

△ Beschreibt die Bilder, die die Vernichtung Israels zum Ausdruck bringen. Ordnet sie der Schülerzeichnung zu, die ihr auf Seite 121 seht.
Erklärt, warum Gott vorhat, das Volk so hart zu strafen.
Nennt Gründe, die dazu geführt haben, dass das Volk auf Amos nicht hört. Wie hätte das Strafgericht Gottes abgewendet werden können?
▼ Formuliert Anklagen heutiger Missstände im Sinne des Amos. Formuliert Fürbittgebete, die in einem Schülergottesdienst gesprochen werden könnten.

Die Verbannung

Amos wird aus dem Nordreich verbannt. Seine Predigten erschienen für die Herrscher und das Volk unerträglich. Was aus Amos geworden ist, ist unbekannt. Was ist aus der angekündigten Strafe Gottes geworden? 722 v. Chr. wurde das Nordreich Israel von den Assyrern zerstört und ein großer Teil des Volkes nach Babylon verschleppt. Die Worte des Amos galten den nachfolgenden Generationen als Mahnung und Erinnerung an den Bund Gottes und seine Gerechtigkeit.

Wirklichkeit deuten ...

Zwei Menschen, ein älterer und ein jüngerer Mann, begegnen einander. Als sie merken, dass sie sich kennen, halten sie inne. Der jüngere grüßt freundlich und reicht dem anderen die Hand.

Junger Mann: Pater Neri! Also doch. Fast hätte ich Sie nicht erkannt. Wie lange ist es her, seit wir uns zum letzten Male sahen?
Pater Neri: O, gewiss eine lange Zeitspanne. Als kleiner Bub waren Sie häufig bei mir. Was treiben Sie jetzt?
Junger Mann: Denken Sie nur, Pater Neri! Mein Vater – erinnern Sie sich noch an ihn? – war ganz und gar nicht mit meinen Berufswünschen einverstanden. Nun hat er endlich erlaubt, dass ich die Universität besuchen darf. Endlich, endlich kann ich studieren.
Pater Neri: Und was dann?
Junger Mann: Ich begreife Ihre Frage nicht, Pater Neri. Was dann? – Hm, mein Ziel ist es, Rechtsanwalt zu werden.
Pater Neri: Und was dann?
Junger Mann: Dann, dann hoffe ich berühmt zu sein und viele Prozesse zu führen.
Pater Neri: Und dann?
Junger Mann: Ach, Pater Neri! Dann? Was soll das? Ich werde viel Geld besitzen, mir alles kaufen, was ich wünsche, eine schöne Frau heiraten. Kurz: Ich werde ein herrliches und vergnügtes Leben haben!
Pater Neri: Und dann?
Junger Mann (schaut verlegen drein, wiederholt langsam und bestürzt, allmählich begreifend): Dann?

© Sieger Köder, *Der Mund kann lachen, auch wenn das Herz traurig ist*

(Sprüche 14)

Und dann?

Gewichtheber im Urlaub
Seite 155

Die Gerechtigkeit Gottes

Leben mit den Geringsten

Franz von Assisi

Franz von Assisi lebte von 1182-1226. Sein Ziel bestand darin, in Partnerschaft mit den Geringsten der Schöpfung zu leben. Dabei orientierte er sich streng an der Nachfolge Jesu Christi. Darunter verstand er ein Leben in Armut und in Frieden.

Bettelorden
Seite 184 ff.

Gerichtstag in Assisi – ein Hörspiel

Personen:
Erster Sprecher
Zweiter Sprecher
Der Bischof von Assisi
Pietro Bernadone, ein reicher Tuchhändler
Giovanni, genannt Francesco, sein Sohn
Guido, ein Angestellter Pietro Bernadones
Gina, eine Magd der Bernadones
Angelo, ein ehemaliger Zechgenosse
Giovannis
Ein Bürger aus Assisi
Zwei Frauen aus Assisi

1. Sprecher: Es ist nun bald 800 Jahre her, da fand in der kleinen umbrischen Stadt Assisi ein ungewöhnlicher Gerichtstag statt: Pietro Bernadone, ein angesehener Bürger, rief den Bischof zum Richter zwischen seinem Sohn Giovanni und sich an …
2. Sprecher: Am Tag der Verhandlung drängen sich die Menschen zu Hunderten auf dem Marktplatz. Es ist ein Lärm wie bei einem Volksfest, bis der Bischof erscheint … und Ruhe gebietet.
Bischof: Ihr Bürger von Assisi, geliebte Söhne und Töchter im Herrn! Ich hoffe, es ist weniger Neugierde als Teilnahme, die euch so zahlreich hier zusammenführt. Es ist kein Markttag, sondern Gerichtstag. Es geht um … das Gebot Gottes: Du sollst deinen Vater und deine Mutter ehren! Und das Gebot des Apostels: Ihr Väter, reizt eure Kinder nicht zum Zorn!
Bernadone: Hochwürdiger Herr Bischof! Ich brauche nicht zu erklären, wer ich bin. Jedermann kennt mich hier. Doch liegt mir daran, dass jedermann erfährt, dass mein Vermögen … ehrlich erworben ist. Guido ist schon seit vierzig Jahren in meinem Geschäft. Er wird es Euch sagen.
Guido: Als mein Herr von seinem Vater den Tuchhandel übernahm, war es ein kleiner Laden. Aber er hatte eine glückliche Hand. Bald kaufte ganz Assisi bei ihm. Heute gibt es keine Stadt in ganz Umbrien, wo man unter Tuchhändlern und Webern nicht Pietro Bernadone kennt. … Der Wohlstand meines Herren wuchs, aber nur durch härteste Arbeit. …
Bernadone: Und immer war ich großzügig, besonders was meinen Sohn angeht. Giovanni wurde er bei seiner Taufe genannt. Doch bald rief man ihn Francesco – kleiner Franzose. Mein Weib, Donna Pica, habe ich aus Frankreich heimgeführt …
Angelo: Als er heranwuchs, hatte er viele Freunde. Die Gelage mit ihnen waren fürstlich … Er war wilder als alle anderen!
Bernadone: Schon gut! Ich weiß, dass er es wilder als ihr alle trieb, jedoch ich gönnte ihm die kurze Freude, jung zu sein. Seine Wünsche wuchsen. Mal war es eine Mandoline …, mal ein Pferd, mal eine Rüstung … „Vater", sagte er, „ich will Eurem Namen Ehre machen. Ein Ritter werde ich!" „Nein, Kaufmann wirst du!", sagte ich. „Du erbst dies Geschäft. Es gibt dir Sicherheit."
Guido: Er sollte mir zur Hand gehen. Aber kaum kehrte der Vater den Rücken, da flog die Elle in die Ecke. Er nahm seine Mandoline, stellte Mädchen nach oder ritt wie ein Wilder fort …
Bernadone: Gut, dachte ich, vielleicht erhält er den Ritterschlag. Den Mut hat er. Und schon gab es Krieg. Das Heer zog nach Perugia, Francesco mitten unter ihnen … Was kam, brauche ich

Wirklichkeit deuten …

nicht zu erzählen: Die Schlacht war verloren, mein Sohn verwundet, dann todkrank. Ich tat alles, um sein Leben zu erhalten ... Kaum wieder hergestellt hörte er vom Feldzug nach Apulien. „Vater", rief er, „rasch ein neues Pferd und eine Rüstung! Ihr werdet staunen, wenn ich wiederkomme!" Ich sah ihm nach. Er war meine Hoffnung.
Ein Bürger: Ja, der stolze Rittersmann! Nach ein paar Tagen kam er wieder.
Angelo: „He, Giovanni", rief ich, „war es zu ungemütlich in der Schlacht?"
Bischof: Giovanni, sprich! Erzähl selbst, was sich zugetragen hat!
Francesco: Ich lag nachts in Spoleto. Da hörte ich eine Stimme: Francesco, warum verlässt du den Herrn, um dem Knecht zu dienen? Ich verstand, was gemeint war. Als ich von Perugia zurückkam, hatte ich gelobt, mich zu ändern. Aber ich hatte den Vorsatz bald vergessen. Ich suchte wieder meine Ehre, nicht die des Herrn. Jetzt war es Zeit umzukehren.
Bernadone: Ja, und diese Laune kostete mich mehr als seine früheren. Er ging unter die Bettler auf den Markt und streute mein Geld unter sie aus ... Als ich eines Tages von einer Reise nach Hause zurückkehrte, war das Haus hell erleuchtet. Lachen und Klang der Becher war zu hören. Mein Sohn feierte! Mit wem? Mit dem Gesindel aus der ganzen Stadt, den Arbeitsscheuen und Dieben!
Francesco: Versteh doch, Vater! Was ihr dem Geringsten meiner Brüder tut, das tut ihr mir, hat doch der Herr gesagt. Als ich die Armen speiste, habe ich ihm zu essen und zu trinken gegeben!
Bernadone: Gut, gib ihm! Aber gib ihm vor der Tür!
Gina: Herr Bischof, ich bin Magd bei Bernadones. Der Schmutz, den sie im Speisesaal machten! Sie spuckten aus, warfen die Fleischknochen auf die Diele. Sicher hatten sie Läuse und Flöhe.
Bernadone: Es kommt noch schlimmer. Als ich von einer Reise zurückkehre, begegne ich vor den Stadttoren einem Bettler. Sein Gang kommt mir bekannt vor. Es war mein Sohn Francesco.
Francesco: Vater, du verstehst mich nicht. Er will nicht Almosen. Er will mich ganz. Er will mich arm, wie er und seine Jünger waren. Ich habe mich der Armut anverlobt. Ihr werde ich Treue halten.
Bernadone: Verlobt mit der Frau Armut! ... Wie poetisch!
Francesco: Vater, Ihr kennt das Glück der leeren Hände nicht! Ihr habt in Euren Händen Geld und streckt sie nach vielen Dingen aus, deshalb kann Gott sie nicht füllen.
Bernadone: Ist die Belohnung unseres Fleißes nicht von Gott? Ich gebe Ihm die Ehre und Er mir den Umsatz. Stimmt die Rechnung nicht?
Francesco: Es gibt Besseres! Ich habe nichts, darum habe ich die Freude. Wenn ich morgens, in mein Fell gehüllt, im Wald erwache, dann hindert mich nichts, keine Sorge um Geschäft, Brot und Gesinde. Ich kann meine Augen aufschlagen und sagen: Dank sei dir, Gott, für meine Schwester Sonne! Wenn mich ein Kranker oder ein Betrübter braucht, muss ich nicht sagen: Ich habe keine Zeit, komm nach Ladenschluss! Das Essen wächst mir auf freiem Feld oder man gibt es mir! Ich springe vor Freude und nichts in meinen Taschen zieht mich auf die Erde zurück!
Bernadone: Nichts in deinen Taschen? Und der Beutel mit Dukaten, den du mir genommen hast? Ich will dir sagen, was du bist: Ein Dieb bist du!
Francesco: Die Mutter gab mir den Beutel mit für St. Damian!
Bernadone: Wem gehört das Geld? Mir oder ihr? Oder gar dir? Alle sollen es erfahren, dass ich dich enterbe! Gib das Geld und alles, was mir gehört. Keinen Faden trägst du am Leib, der nicht von mir stammt.
Francesco: Guido, lauf nach St. Damian! In einer Fensternische liegt der Beutel unberührt. Und das Zeug an meinem Leibe? Nackt hast du mich einst von Gott empfangen. So nimm zurück, was dir gehört. Was übrig bleibt, gehört Gott. Pietro Bernadone habe ich bisher meinen Vater genannt – jetzt kann ich sagen: Vater unser im Himmel!
2. Sprecher: Mit diesen Worten reißt sich Francesco das Zeug vom Leib – die Frauen kreischen – und wirft es seinem Vater vor die Füße. Der Bischof steigt von seinem Thron herab und hüllt seinen Mantel um die nackte Gestalt.

Katharina Seidel

△ Beschreibt die einzelnen Lebensstationen von Franz, die diesem Hörspiel zu entnehmen sind.
△ Begründet, warum sich Franz von seinem Vater trennt. Was verliert er? Was gewinnt er?
▼ Was versteht Franz unter der Nachfolge Jesu?
Inszeniert dieses Hörspiel und zeichnet es auf Kassette auf.

Leben mit den Geringsten

Die ersten Gefährtinnen und Gefährten von Franziskus

1209 vernahm Franz den Ruf zu predigen und ein Leben in völliger Armut zu führen. Es war das Tagesevangelium des 24. Februar, das ihm die Augen öffnete. Er las: „Geht aber und predigt und sprecht: Das Himmelreich ist nahe herbeigekommen... Ihr solltet nicht Gold noch Silber noch Kupfer in euren Gürteln haben, auch keine Tasche zur Wegfahrt, auch nicht zwei Röcke, keine Schuhe, keinen Stecken. Denn der Arbeiter ist seine Speise wert... Wo ihr aber in ein Haus geht, so grüßt es; und so es das Haus wert ist, so wird euer Friede auf sie kommen..."
(Matthäus 10,7ff.)

Angesichts dieser Worte soll Franz begeistert ausgerufen haben: „Das will ich tun!" Er entledigte sich seiner Kleidung und trug von nun an nur noch eine einfache Schäferkutte. Stock und Schuhe warf er von sich. Als Gürtel benutzte er einen einfachen Strick. Er verstand nun den Auftrag von San Damiano. Der Herr verlangte von ihm die innere Erneuerung der Kirche. Er zog umher und verkündigte das Evangelium von der Buße und der Armut. Zunächst lachten viele über ihn. Manche verspotteten ihn. Bald aber sammelten sich Leute um ihn, die ihn ernst nahmen. Sie teilten sein karges Leben. Ihnen machte es nichts aus, völlig ohne Besitz umherzuziehen, zu predigen und vom Betteln zu leben.

Um ungestört predigen zu können, bedurften die Brüder der Genehmigung des Papstes. Er musste ihren Lebensregeln und ihrem Orden der Minderbrüder zustimmen. Sonst liefen sie Gefahr, als Ketzer verfolgt zu werden. Deshalb zog Franziskus mit seinen Freunden im Jahr 1210 nach Rom, um vom Papst die Anerkennung der Ordensregeln zu erhalten. Obwohl Innozenz III. die Regeln der Franziskaner für zu hart hielt, erkannte er sie nach einigem Zögern an.

Auch eine Frau namens Klara war von der Lebensweise und den Regeln des Heiligen Franz sehr berührt. Sie verstand den Armutsgedanken und blieb ihm unbeirrbar treu. Sie führte ein ähnliches Leben wie Franz. Neben dem Orden der Minderbrüder gründete sie den Orden der Klarissen.

Wirklichkeit deuten...

Die Ausbreitung des Ordens

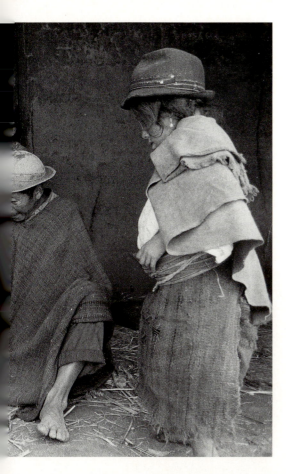

Mit der Ausbreitung des Ordens der Minderbrüder begannen Schwierigkeiten. Die Brüder kannten sich nicht mehr untereinander und nicht von allen wurde ein Leben in Armut und Selbstverleugnung geführt. Um die aufkommenden Probleme zu überwinden, wurde der Orden 1217 in Provinzen eingeteilt. Ab diesem Jahr trafen sich die Brüder jährlich zu so genannten Kapiteln. Sie dienten dem gegenseitigen Kennenlernen und der Abfassung von Beschlüssen.

Auch heute widmen sich Franziskaner hilfsbedürftigen Menschen – eine Franziskanerin in Lateinamerika.

Beim Kapitel 1219 wurde beschlossen, auch heidnische Länder zu besuchen und die Heiden zu missionieren. Franz zog selbst nach Jerusalem, um an den Heiligen Stätten die Heiden zu bekehren. Er schloss sich einem christlichen Heer an, das im Auftrag des Papstes das Heilige Land von den „Ungläubigen" befreien sollte. Franziskus ging unbewaffnet zum Sultan, dem Führer der feindlichen Truppen. Er wurde gefangen, gequält und dem Sultan vorgeführt. Unerschrocken predigte Franziskus sein Evangelium von der Armut und dem Frieden. Der Sultan war beeindruckt, erlaubte ihm zu predigen und schickte ihn schließlich unversehrt zurück.

Mehrere Monate hielt sich Franz in Jerusalem auf. Seine Versuche, die „Ungläubigen" zu bekehren, hatten wenig Erfolg. Zugleich wurde ihm der Aufenthalt in Jerusalem durch fortgesetzte Plünderungen und Grausamkeiten der christlichen Ritter verleidet. Ihnen predigte er vergeblich den gewaltlosen Weg der Liebe.

△ Die Friedenspredigt des heiligen Franziskus hat keinen sichtbaren Erfolg. Beurteilt, ob es richtig war, dass er überhaupt in das Heilige Land gegangen ist.
▼ Informationen über die Kreuzzüge findet ihr in Geschichtsbüchern.

Leben mit den Geringsten

Das Ende des Franz von Assisi

Mit geschwächter Gesundheit durchzog Franz an seinem Lebensende Umbrien. Er predigte das Evangelium und verbrachte Tage in der Einsamkeit. Die Zahl der Menschen, die ihn hörte, wuchs ständig. Bald verschlechterte sich sein Gesundheitszustand. Ende 1226 ließ er sich nach Santa Maria degli Angeli bringen. Am 2. Oktober feierte er mit seinen Brüdern das Heilige Abendmahl. Danach ließ er sich die Leidensgeschichte Jesu vorlesen. Am nächsten Tag soll er mit dem 142. Psalm auf den Lippen verstorben sein. Zwei Jahre nach seinem Tod sprach ihn Papst Gregor IX. 1228 heilig.

△ Lest den 142. Psalm. Findet heraus, warum der heilige Franz diesen Psalm auf seinem Sterbebett gebetet hat.
△ Erkundigt euch, was Heiligsprechung und Heiligenverehrung in der katholischen Kirche bedeuten.
▼ Sammelt Biografien von heiligen Frauen und Männern und tragt sie im Unterricht vor.

Als Franziskus nun erkannte, dass die Stunde seines Todes nahe bevorstehe, rief er zwei Brüder und ließ sie mit lauter Stimme Lobpreisungen singen. So gut er konnte, sang Franziskus selbst den Psalm Davids:
„Mit meiner Stimme rufe ich zum Herrn – mit meiner Stimme flehe ich zum Herrn."

Wirklichkeit deuten ...

Franziskus nachempfinden

Eine Begegnung mit dem Leben des heiligen Franz ist heute im Einkehrhaus von San Masseo möglich. Jeder ist in Masseo willkommen, der nach den Regeln der dortigen Gemeinschaft leben will. So sieht der Tagesablauf in San Masseo aus:

5.00 Uhr Wecken mit Instrumenten und Singen. Warum so früh? Aus einem einfachen Grund: um in den noch kühlen Morgenstunden im Freien körperlich arbeiten zu können. Zugleich soll dadurch verhindert werden, die Sonne, das wiederkommende und alles verwandelnde Licht, nicht zu verschlafen.

Danach findet ein Gottesdienst statt, bei dem in Demut und Anbetung des Schöpfers gedacht wird, der jeden ins Leben und in den neuen Tag gerufen hat.

Zum Frühstück gibt es selbst gebackenes Brot, selbst gekochte Marmelade, Haferflocken, Milch und Kräutertee.

Jeder ist aufgefordert, am Tag drei bis vier Stunden körperliche Arbeit zu verrichten. Dazu gehört u. a. Brot backen, Obst ernten, Holz sägen und hacken sowie Kompost anlegen.

Der zweite Teil des Vormittags ist der geistigen Arbeit gewidmet. Im Mittelpunkt steht die Beschäftigung mit dem Leben des Franziskus und der Klara.

Vor dem Mittagessen findet um 13.00 Uhr das Mittagsgebet statt. Bis um 16.00 Uhr besteht die Möglichkeit zum Ausruhen, Schlafen oder Spazierengehen.

Die Zeit zwischen 16.00 und 17.00 Uhr ist dem gemeinsamen Gesang gewidmet.

Zwischen 17.00 und 20.00 Uhr ist die Zeit absoluter Stille. Der Einzelne soll die Möglichkeit haben, sich zu sammeln und verschiedene geistige Impulse aufnehmen und verarbeiten zu können.

Wer will, kann am Abendgottesdienst in San Damiano teilnehmen. Um 20.00 Uhr gibt es Abendessen. Die Zeit bis zum Abendgebet um 21.30 Uhr steht zur freien Verfügung. Nach 22.00 Uhr ist Ruhezeit. Absolute Stille wird erwartet, damit diejenigen, die schlafen wollen, nicht gestört werden.

Was San Masseo von dir erwartet:
– Dass du einen konstruktiven Geist mitbringst: das Gute suchen, wollen, sehen und tun: nicht so sehr auf das schauen, was andere nicht tun, und selber dabei passiv bleiben, sondern sich fragen, was man selber tun kann. Nicht verurteilen, sondern heilen, nicht zerstören, sondern aufbauen. Dadurch Werkzeug des Friedens und des Guten werden.
– Dass du dieses Programm ernst nimmst und an dessen Gestaltung nach deinen Möglichkeiten in Vertrauen und Freude teilnimmst.
– Dass du die verschiedenen Angebote in San Masseo wahrnimmst.
– Solidarität mit anderen im Gemeinschaftsleben.
– Rücksichtnahme aufeinander bei den Mahlzeiten und vor allem bei der Nachtruhe.
– Behutsamer und aufmerksamer Umgang mit den Tieren, Arbeitsgeräten und mit den Büchern.
– Bereitschaft, das Unnötige und Schädliche nach Kräften zu vermeiden.

△ Geht den Tagesablauf durch. Welche Hinweise auf das Leben des heiligen Franz entdeckt ihr?
Überlegt, warum junge Menschen gern einige Zeit in San Masseo zubringen.
Nehmt Stellung zu den Erwartungen, die San Masseo an die Besucher richtet.

Leben mit den Geringsten

Leben in Partnerschaft mit anderen Lebewesen

Viele Legenden haben sich über Franziskus gebildet. Vor allem seine Verantwortung für die Tiere als Geschöpfe Gottes sind in Legenden erzählt:

Der Taubenfänger

Ein junger Mann von Siena hatte eines Tages in einer Vogelfalle eine Menge Waldtauben gefangen und trug sie alle lebend zum Markte. Da begegnete ihm der Heilige Franz und da er ein überaus gutes Herz hatte, … ergriff ihn beim Anblick der Tauben ein großes Erbarmen und er sprach zu dem Jüngling …: „Guter junger Mann, ich bitte dich, gib mir die Tauben! Diese unschuldigen Vögel werden in der Heiligen Schrift mit den keuschen Seelen voll Demut und Glauben verglichen: Sie sollen nicht in die Hände von grausamen Menschen fallen, die sie töten!" Auf Gottes Antrieb gab der junge Mann ohne Zögern alle Tauben dem Heiligen Franz. Der nahm sie wie ein gütiger Vater in seinen Schoß und redete sie mit inniger Zartheit an: „Ihr Schwestern mein, warum habt ihr einfältigen, unschuldigen Täublein euch fangen lassen? Aber ich will euch dem Tod entreißen und euch Nester bauen und ihr sollt Junge bekommen und nach dem Geheiß des Schöpfers euch mehren." Und der selige Franz ging hin und baute Nester für sie alle. Sie benutzten sie … und wurden so zutraulich zum Heiligen und seinen Brüdern, als wären es Hühner, die von klein auf gefüttert worden wären; und nie flogen sie aus dem Umkreis der Brüder fort, ehe Franz ihnen mit seinem Segen die Erlaubnis gegeben hatte.

△ Beschreibt die Motive, die Franz hatte, die Tauben zu befreien.
  Erörtert, ob das Handeln des Heiligen auch heute bedeutsam sein könnte. Gebt dafür Beispiele.

Franziskus predigt den Vögeln

Einmal wanderte Franziskus zu einem in der Nähe von Bevagna gelegenen Ort. Dort war eine übergroße Schar von Vögeln verschiedener Art versammelt: Tauben, kleine Krähen und andere, die vom Volk Dohlen genannt werden. Als Franziskus sie erblickte, ließ er seine Gefährten zurück und lief rasch auf die Vögel zu; denn er war ein Mensch mit einem überschäumenden Herzen, das sogar den unvernünftigen Geschöpfen innige Liebe entgegenbrachte. Als er nun schon ziemlich nahe bei den Vögeln war und sah, dass sie ihn erwarteten, grüßte er sie in gewohnter Art mit dem Friedensgruß. Er staunte aber nicht wenig darüber, dass die Vögel nicht wie gewöhnlich auf- und davonflogen. Darüber erfüllte ihn große Freude und er bat sie demütig, sie sollten doch das Wort Gottes hören. Und unter anderem sagte er zu den Vögeln: „Meine Brüder Vögel, gar sehr müsst ihr den Schöpfer loben und ihn lieben. Denn er hat euch Gefieder zum Gewand, Fittiche zum Flug und was immer ihr nötig habt, gegeben. Gott lässt euch in der reinen Luft leben; weder sät noch erntet ihr, und doch schützt und leitet er euch, ohne dass ihr euch um etwas zu kümmern braucht." Schließlich segnete er sie mit dem Kreuzzeichen und gab ihnen die Erlaubnis fortzufliegen. Franziskus wanderte freudigen Herzens mit seinen Gefährten weiter. Und da er durch die Gnade einfältig und demütig war, begann er sich der Nachlässigkeit zu bezichtigen, weil er nicht schon früher den Vögeln gepredigt habe, die mit so großer Ehrfurcht das Wort Gottes anhörten. Und so geschah es, dass Franziskus von jenem Tage an alle Lebewesen eifrig ermahnte, ihren Schöpfer zu loben und zu lieben.

△ „Eine dumme Geschichte", meinen einige, die Tiere können Franziskus ja gar nicht verstehen.
▼ Was hätte Franziskus den Tieren über die Menschen erzählen sollen?

Wirklichkeit deuten …

Franziskanermönche gibt es heute noch. Von ihnen stammt wohl das folgende Gebet:

Gebete von heute
Seite 53

Oh Herr, mache mich zum Werkzeug deines Friedens,
dass ich Liebe übe, wo man sich hasst,
dass ich verzeihe, wo man sich beleidigt,
dass ich verbinde, wo Streit ist,
dass ich die Wahrheit sage, wo der Irrtum herrscht,
dass ich den Glauben bringe, wo der Zweifel drückt,
dass ich Hoffnung wecke, wo Verzweiflung quält,
dass ich dein Licht anzünde, wo die Finsternis regiert,
dass ich Freude bringe, wo der Kummer wohnt.

Ach, Herr, lass mich trachten,
nicht, dass ich getröstet werde, sondern dass ich tröste;
nicht, dass ich verstanden werde, sondern dass ich verstehe;
nicht, dass ich geliebt werde, sondern dass ich liebe.
Denn wer da hingibt, der empfängt;
wer sich selbst vergisst, der findet;
wer verzeiht, dem wird verziehen;
und wer da stirbt, der erwacht zum ewigen Leben.
Amen.

△ Nenne Beispiele aus dem Leben des Franziskus, die die Inhalte dieses Gebets veranschaulichen.

Leben mit den Geringsten

Arm und Reich

Ich sage zu Jesus Jupp

Ich schlafe alleine, weil ich Angst habe. Hast du das von Frankfurt gehört, da haben sie fünf Typen totgeschlagen. Das ist furchtbar. Ich schlafe mit einem Auge zu, mit einem Auge offen. Ich habe meine Freunde hier, okay, sie trinken. Wir haben einen sehr großen Alkoholverbrauch. Aber den Alkohol brauch ich, um klarzukommen, ja. Ich bin körperlich noch gut drauf, ne, noch gut drauf. Meine Leberwerte stimmen auch nicht. Ich suche mir normalerweise immer eine Ecke, wo ich geschützt bin. Man kann keinem Menschen in den Kopf reingucken, das ist gut so. Wenn das so wäre, jeder in den Kopf reingucken könnte, ne, gegenseitig. Das weißt du ja selbst. Ich gehe in meine Leonhardskirche. Ich gehe noch in die Kirche. Die haben meistens mittags offen. Dann haben sie draußen ein Schild stehen und ich gehe da rein.

Hey Little Man
Seite 29

Gestern hat mich eine Oma angesprochen. Was willst du da drinnen, Junge. Ich sage, ich will zu meinem Freund. Ich bete mein Vaterunser und dann unterhalte ich mich mit ihm. Ich sage zu Jesus Jupp, sage zu ihm Jupp, tja. Der Junge gibt mir viel Kraft. Ich bin letztes Mal zu ihm reingegangen, ich war betrunken. Ich habe das Vaterunser beten wollen. Das habe ich nicht mehr hingekriegt. Da hab ich ihn angeguckt, der wo über dem Altar hängt. Ich habe zu ihm gesagt, ich kann meinen Vater heute nicht richtig begrüßen. Ich hab ihn nur angeschaut. Fünf Minuten später konnte ich das dann, ne, das Vaterunser, komisch. Ich setze mich vorne hin, ich rede zu ihm wie zu einem Kumpel. Ich unterhalte mich mit ihm genauso wie jetzt mit dir. Ich sage ihm, ich freue mich, Jupp, dass ich körperlich gesund bin, dass ich laufen kann, dass mir sogar noch das Bier schmeckt und alles Mögliche. Ich bedanke mich, dass ich noch lebe – ich lebe nämlich gern.

▼ Berichtet von Erfahrungen mit Obdachlosen. Zeichnet eine Bildfolge, die den Tagesablauf eines Obdachlosen wiedergibt.
▼ Denkt euch ein Gespräch aus, das der Obdachlose in unserem Text mit Jesus führt. Tragt Ursachen zusammen, die zur Obdachlosigkeit in unserer Gesellschaft führen.

Wirklichkeit deuten...

Herr Z. verdient monatlich 2400 DM. Er wohnt bei seinen Eltern. Jeden Monat gibt er seinen Eltern 600 DM für Miete und Verpflegung. Mit dem Rest des Geldes unterhält er ein Auto. Einmal im Jahr gönnt er sich eine 14-tägige Flugreise.

Wer ist arm?
Wer ist reich?

Frau S. hat drei Kinder. Ihr Mann ist vor ein paar Jahren gestorben. Sie hat monatlich 1800 DM zur Verfügung. Davon muss sie die Miete bezahlen, den Lebensunterhalt für vier Personen bestreiten, Kleidung und Schuhe kaufen… Neulich war die Waschmaschine kaputt. Frau S. hatte nicht genug Geld, sie reparieren zu lassen.

Das Ehepaar B. hat ein Leben lang gespart. Nachdem Herr B. in den Ruhestand gegangen ist, haben sie sich ein Haus in Spanien gekauft. Während der Wintermonate halten B.s sich dort auf. Im Sommer lebt das Ehepaar in seinem Einfamilienhaus in Deutschland.

Herr R. lebt allein in einer Einzimmerwohnung. Früher war er auf dem Bau tätig. Durch einen Unfall wurde er Frührentner. Er bekommt eine kleine Rente. Das Geld reicht für das Notwendigste zum Leben. Einmal im Monat geht er in ein Gasthaus, um ein Glas Bier zu trinken. Gern hätte er einen Fernsehapparat. Dafür reicht jedoch das Geld nicht.

Familie A. verfügt über ein monatliches Einkommen von 7000 DM. Davon braucht die Familie 3000 DM, um das Haus, in dem sie wohnt, zu bezahlen. Die drei Kinder studieren an verschiedenen Orten. Jedes Kind erhält 900 DM, um den Lebensunterhalt zu bestreiten. Seit ein paar Jahren muss die Familie auf eine Urlaubsreise verzichten, weil dafür zu wenig Geld da ist.

Herr M. wohnt mit seiner Frau und seinen fünf Kindern in einer kleinen Hütte am Rande einer Großstadt in Indien. Er verdient als Tagelöhner im Monat durchschnittlich umgerechnet 10 DM. Das Geld reicht nicht aus, um alle Familienmitglieder satt zu bekommen. Die drei älteren Kinder im Alter von 9, 10 und 11 Jahren müssen arbeiten, gehen um das Einkommen der Familie aufzubessern. Die Frau und die jüngeren Kinder sieht man oft am Straßenrand betteln.

△ Lest diese Beispiele. Findet heraus, wer von den vorgestellten Personen bzw. Familien als arm und wer als reich bezeichnet werden kann. Bildet eine Rangreihe nach dem Grad der Armut. Fangt mit der reichsten Familie an. Denkt über die Maßstäbe nach, die eurer Meinung nach Armut bestimmen.

Arm und Reich

Armut

Die Frage, wer arm ist, ist nicht leicht zu beantworten. Armen bei uns geht es in der Regel viel besser als Armen in der Dritten Welt. Im Allgemeinen geht man von der Unterscheidung zwischen absoluter und relativer Armut aus.

Absolute Armut: Darunter ist ein Mangelzustand zu verstehen, der es nicht erlaubt, sich dauerhaft am Leben zu erhalten. Im Extremfall stirbt der Betroffene an Hunger, Kälte, Krankheiten oder mangelnder Unterkunft.

Relative Armut: Sie bezeichnet einen Mangelzustand, der es nicht ermöglicht, den Lebensbedarf in einer bestimmten Gesellschaft dauerhaft zu sichern. Dies führt aber nicht dazu, dass der Betreffende an Hunger oder Kälte stirbt.

Von absoluter Armut sind viele Menschen in der Dritten Welt betroffen. Relative Armut findet sich bei Menschen in unserer Gesellschaft, die z. B. langzeitarbeitslos sind, oder bei alten Menschen mit geringen Renten und Fremden ohne Arbeit.

Armut und Reichtum in der Bundesrepublik Deutschland

Als „reich" gelten die Menschen in der Bundesrepublik, denen mehr als das Durchschnittseinkommen zur Verfügung steht. Als „arm" sind die zu bezeichnen, die über weniger als das durchschnittliche Einkommen verfügen.

Zahl der Haushalte und Durchschnittseinkommen
1,8 Mio über 200 %
7,1 Mio 110 - 200 %
4,5 Mio durchschnittliches Einkommen
10,7 Mio 50 - 90 %
2,1 Mio weniger als 50 %

△ Errechnet aufgrund der Tabelle, wie viele Menschen in der Bundesrepublik Deutschland als „arm" gelten.

▼ Erkundigt euch beim Sozialamt, wie hoch das Durchschnittseinkommen gegenwärtig ist. Berechnet, wie viel Geld den Haushalten bezogen auf das Durchschnittseinkommen zur Verfügung steht.

Der schnelle Weg in die Armut

Frau M. lebt seit über 20 Jahren als Witwe. Als ihr Mann starb, hatte er ein geringes Einkommen. Da sie drei Kinder zu versorgen hatte, konnte sie nicht arbeiten gehen. Sie bezieht eine spärliche Witwenrente, die gerade ausreicht, um sich über Wasser zu halten. Vieles kann sie sich in ihrem Leben nicht leisten, was für viele selbstverständlich ist: eine geräumige Wohnung, ein Auto, Urlaubsreisen, einen Geschirrspülautomaten ...

Das Ehepaar F. hat eine kleine Landwirtschaft betrieben. Um die Gebäude in Stand zu halten, musste Herr F. immer wieder Geld von der Bank leihen. Wegen der Zinsen konnte das Ehepaar keine Ersparnisse zurücklegen. Jetzt leben beide Ehepartner von einer kärglichen Rente. Den Bauernhof mussten sie verkaufen, weil die Schulden zu groß geworden sind.

Herr Z. arbeitete auf dem Bau. Eines Tages verunglückte er bei der Arbeit. Er lag wochenlang im Krankenhaus. Nachdem er genesen war, konnte er seinen Beruf nicht mehr aufnehmen. Er wurde Frührentner. Seitdem lebt er von einer kleinen Rente. Oft weiß er nicht, wie er über die Runden kommen soll.

Wirklichkeit deuten ...

Nach vielen Zerwürfnissen hat sich das Ehepaar R. scheiden lassen. Herr R. arbeitet in einer Fabrik. Er verdient monatlich gerade so viel, dass er davon den Lebensunterhalt der Familie bestreiten kann. Nach wie vor ist er für seine Frau und die zwei Kinder finanziell verantwortlich. Er ist in eine kleine Wohnung umgezogen. Wenn er sehr sparsam lebt, reicht sein Einkommen gerade, um das Notdürftigste zu bezahlen. Große Angst hat er davor, arbeitslos oder gar arbeitsunfähig zu werden.

Ich gebe zu, dass ich keinen Ausweg mehr weiß

Ich meine also, das Sprechen ist bei mir schwierig, äh, äh, weil ich, äh, äh, ich bin tablettenabhängig bei verschiedenen Krankenhäusern. Ich kam heute erst wieder raus. Ich bin süchtig, ja, ja. Am Freitag haben sie mich mitgenommen gehabt, oben beim Hertie. Ja, und da hab i aber au no 3,8 Promille gehatt und 15 Schlaftabletten. Ich gebe zu, dass ich keinen Ausweg mehr weiß, als auf bessere Zeiten. Ich bin seit dem neunten Lebensjahr auf die Straße, und als Kind musste ich schon draußen schlafen, öfters. Ich will so weitermachen, ich kenne es nicht anders.

▼ Geht die Beispiele auf dieser Doppelseite durch und überlegt, welche Ursachen zur Armut der Betroffenen geführt haben.

Folgende Ursachen können zur Armut in unserer Gesellschaft führen:

Biografische Gegebenheiten
z. B. Alter, Krankheit, Behinderung, mangelnde geistige Fähigkeiten, Suchtverhalten
Veränderung von Werthaltungen
z. B. Überschuldung als Folge davon, Ansehen in der Gesellschaft durch den Kauf von Gütern zu gewinnen
Zerrissene soziale Bindungen
z. B. durch Scheidung, Ausfall der Unterstützung durch Verwandte, Alleinerziehung
Unzureichende Erwerbsfähigkeit
z. B. durch Behinderung oder Krankheit
Hohe Kosten für Grundbedürfnisse
z. B. hohe Wohnungsmieten, hohe Lebenshaltungskosten, übertuerte Zinsen bei der Aufnahme von Krediten

Arm und Reich

Gemachte Armut

Südamerika
Brasilien

Armut in anderen Ländern

Es war einmal ein Bauer, der lebte mit seiner Familie im Nordosten Brasiliens, in der Stadt Recife. Er hieß Luis und war ein geschickter und fleißiger Mann. Als Kind schon hatte er viel arbeiten müssen. Weil er nicht zur Schule gehen konnte, konnte er nicht lesen, nicht schreiben und nicht rechnen. Vornehm sprechen hatte er auch nicht gelernt. Sein Haus und sein Stück Land waren nicht groß, aber es reichte für ihn und seine Familie gerade zum Leben, obwohl er gerne besser gelebt hätte. Er hatte sein Land in vier gleich große Felder für Baumwolle, Mais, Maniok und Bohnen eingeteilt. Die beiden größeren Kinder Miguel und Anna-Maria mussten mit auf dem Feld anbauen und ernten helfen.

Eines Tages kam ein Händler vorbei. Luis bewunderte ihn, weil er lesen, rechnen und schreiben konnte. Und weil er vornehm sprechen konnte, meinte er, der Händler sei viel klüger als er. Der Händler sagte zu ihm: „Wenn du auf allen deinen Feldern Baumwolle anbaust, nichts als Baumwolle, so kannst du viel Geld verdienen. Baumwolle ist teuer, denn jeder braucht sie und ich kaufe sie dir ab. Alles, was du zum Leben brauchst, kannst du bei mir kaufen: Mais, Maniok, Fleisch, Zigaretten, Stoff, alles. Was du brauchst, kriegst du schon jetzt und zahlst nach der Ernte." Der Bauer tat, was der Händler ihm gesagt hatte. Er baute nur noch Baumwolle an, kaufte alle Dinge, die er brauchte, und dachte: Kaufe jetzt und zahle später.

Einige Monate später hatte Luis eine gute Ernte und freute sich darüber. Mit seiner Baumwolle ging er zum Händler. Dieser schaute sorgenvoll drein: „Ach, so viel Baumwolle. Alle haben Baumwolle angebaut, mehr, als ich weiterverkaufen kann. Ich nehme sie, dir zuliebe, aber ich kann nicht so viel zahlen, wie ich hoffte."

Als er die Baumwolle wog, war der Händler ganz betrübt: „Das ist gar nicht so viel, wie ich dachte." Dann nahm er eine Hand voll heraus und meinte: „Die ist aber hart und schmutzig." Er fing an zu rechnen, schaute in das Heft, in dem die unbezahlten Einkäufe standen, schrieb und seufzte: „Hm, lieber Luis, da bleibt ja nicht viel Geld übrig bei den Schulden, die du bei mir gemacht hast wegen deiner Einkäufe."

Ganz schwindlig wurde dem armen Bauern. Was hatte er nur falsch gemacht? „Wenn ein Armer etwas Neues anfängt, so geht es ihm wie einer mageren Kuh, die Streit anfängt mit fetten Kühen. Hätte ich es doch nicht gemacht."

Doch der Händler sprach weiter: „Wenn du Tabak anbaust, nichts als Tabak …" Luis tat wieder, was der Händler ihm gesagt hatte, weil er ihn immer noch für schlau hielt. Am Ende des nächsten Jahres hatte der Bauer hohe Schulden bei dem Händler, weil er weiter bei ihm einkaufen musste.

▲ Beschreibt die beiden Personen in dieser Erzählung. Welche Interessen verfolgen sie? Erklärt, warum der Bauer immer ärmer, der Händler immer reicher wird. Erzählt die Geschichte weiter. „Eines Tages kommt der Händler zu dem Bauern und sagt ihm: ‚Baue Kaffee an, wenn du Kaffee anbaust, nichts als Kaffee…'" Was müsste geschehen, damit der Bauer nicht weiter verarmt?

Wirklichkeit deuten …

Teppichkinder

Hunderttausende Kinder arbeiten in der indischen Teppichindustrie unter schlimmsten körperlichen und psychischen Bedingungen. Die Kinderrechtshilfeorganisation SACCS bemüht sich darum, sie aus ihren sklavenähnlichen Arbeitsverhältnissen zu befreien, und hilft ihnen, zu einem menschenwürdigen Leben zurückzufinden. In den vergangenen Jahren konnten bereits mehrere tausend Teppichkinder durch Razzien in den Produktionsstätten befreit werden. Sozialarbeiter verschiedener Basisorganisationen begleiten sie bei ihre schwierigen Reintegration in Familie oder Schule.

Gemeinsam mit Misereor, terre des hommes und Unicef unterstützt Brot für die Welt die indischen Partner aktiv im Kampf gegen die Kinderarbeit in der Teppichindustrie. In Deutschland konzentrieren sich die Bemühungen auf Einführung und Verbreitung des Warenzeichens „Rugmark" (d. h. „Teppichmarke"), mit der Teppiche gekennzeichnet werden, die ohne Kinderarbeit hergestellt wurden. Verbraucherinnen und Verbraucher, Politikerinnen und Politiker sowie der Teppichhandel werden darauf hingewiesen, dass sie mit ihrem Engagement für den „Rugmark"-Teppich einen entscheidenden Beitrag zur Abschaffung der Kindersklaverei in der Teppichindustrie leisten können.

Befreiung von Armut

Asien
Indien

▲ Überlegt, wie man arme Familien unterstützen könnte, damit ihre Kinder nicht mehr arbeiten müssen.

Arm und Reich

Afrika
*Provinzen
Matabeleland,
Masvingo/Zimbabwe*

Kampf ums Wasser

Zimbabwe galt früher als „Kornkammer" des südlichen Afrikas. Doch ausbleibende Regenzeiten, Schädlinge und zunehmende Erosion führten zu erheblichen Ernteausfällen – vor allem bei den Kleinbauern. So sind Teile der Bevölkerung heute wieder von Nahrungsmittelhilfe abhängig. Die Wasserknappheit verstärkt auch die Spannungen zwischen den Rassen: Die geltenden Landgesetze, die bessere Bildung und der Zugang zu Technologie sichern den meist weißen Großfarmern den Zugriff auf Wasser. Die schwarzen Kleinbauern, die Gemüse und Früchte nur für den Bedarf ihrer Familien produzieren, haben das Nachsehen.

Dabane Trust arbeitet nun daran, kleine Werkstätten in ländlichen Regionen einzurichten. Dort sollen einfache handwerkliche und landwirtschaftliche Geräte – wie Handpumpen, Transportmittel oder Werkzeuge – hergestellt werden. Die Bäuerinnen und Bauern können ihre Werkzeuge auch zur Instandsetzung und Wartung in die Werkstätten bringen.

In den umliegenden Orten werden verschiedene Wasserversorgungssysteme, wie Brunnen, kleine Dämme und Wassersammelbecken, gebaut. Dabei werden die Handpumpen aus den Werkstätten benutzt und die Mitarbeiterinnen und Mitarbeiter der Werkstätten stehen bei der Planung und Installation zur Verfügung – die Pumpen sind so konzipiert, dass die Bäuerinnen und Bauern später Wartung und einfache Reparaturen selbst in die Hand nehmen können. Die bessere Wasserversorgung hilft vor allem den Frauen und Kindern, die nicht mehr weite Wege auf sich nehmen müssen, um das kostbare Nass heranzuschleppen. Außerdem trägt sauberes Wasser zur Gesundheitsvorsorge bei. Wenn die Wasserversorgung gesichert ist, hilft Dabane Trust den Familien beim Anlegen von kleinen Gemüsegärten.

 Postfach 10 11 42
70010 Stuttgart

Postfach 1450, 52015 Aachen

▲ Fordert Projektmaterialien bei den Hilfsorganisationen Brot für die Welt und Misereor an. Diskutiert über die Notwendigkeit einzelner Projekte.

Wirklichkeit deuten ...

Reichtum und Armut in der Bibel

In der Bibel finden sich viele Stellen, die sich mit dem Thema Reichtum und Armut beschäftigen. Dabei wird nicht der Reichtum verdammt, wohl aber die mangelnde Bereitschaft, sich von seinem Reichtum zu lösen und mit anderen zu teilen.

Jesus erzählt ein Gleichnis: Es war ein reicher Mensch, dessen Feld hatte gut getragen. Und er dachte bei sich selbst und sprach: Was soll ich tun? Ich habe nichts, wohin ich meine Früchte sammle. Und sprach: Das will ich tun: Ich will meine Scheunen abbrechen und größere bauen und will darin sammeln all mein Korn und meine Vorräte und will sagen zu meiner Seele: Liebe Seele, du hast einen großen Vorrat für viele Jahre, habe nun Ruhe, iss, trink und habe guten Mut. Aber Gott sprach zu ihm: Du Narr! Diese Nacht wird man deine Seele von dir fordern; und wem wird dann gehören, was du angehäuft hast? So geht es dem, der sich Schätze sammelt und ist nicht reich bei Gott. (Lukas 12,16-21)

△ Schreibt dieses Gleichnis um, sodass es in die heutige Zeit passt. Überlegt euch eine Gegengeschichte zu diesem Text. Erklärt, was der reiche Mensch tun müsste, um „bei Gott reich zu sein". Lest dazu auch Lukas 18,18-27.

▼ Lest Lukas 16,19-31. Findet heraus, was mit dem Verweis Abrahams auf Mose und die Propheten gemeint ist. Antworten findet ihr in dem Kapitel über Amos.
Erklärt, warum sich Abraham weigert, dem reichen Mann zu helfen. Diskutiert die Haltung des Abraham.

Reicher Mann und armer Lazarus

Aberglaube – oder?

…und sie vertrauen dem Kaffeesatz
…und sie vertrauen den Sternen
…und sie versprechen das Glück
…und sie glauben an Teufel

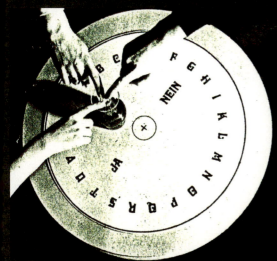

aber – glauben?
Glauben – aber?
Supermarkt für wunde Seelen

Sie sagen, sie können zaubern – besprechen – Wunder vollbringen – wahrsagen – Sterne deuten – hellsehen – Tote befragen – Teufeln dienen …

... und sie vertrauen dem Kaffeesatz

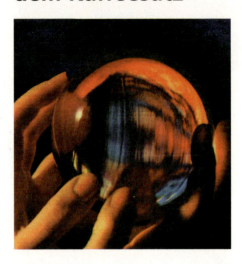

Rom (epd) Italien ist das Land der Zauberlehrlinge: Rund 1700 selbst ernannte Magier arbeiten zwischen Bozen und Palermo. Für umgerechnet 190 Mark pro Stunde blicken sie in die Zukunft, lesen aus Händen und deuten den Kaffeesatz.

Unter der Rubrik „Astrologie, Kartenleserei und Okkultismus" inserieren die Magier in den Gelben Seiten der Telefonbücher. In Rom verspricht beispielsweise die Astrologin Rosa Merlino „Erfahrungen aus Ihren früheren Leben", während der weltgewandte „Conte Dottore Marco Belelli" (Künstlername: Göttlicher Otelma) gleich die Telefonnummern seiner Filialen in Paris und Turin angibt. Ein „Zauberer des Unmöglichen" verheißt gar Lösungen für verzweifelte Fälle und vertreibt mithilfe der Magie den „bösen Blick".

Anschaulicher als im Telefonbuch können die Meister des Okkulten ihre Kunst in zahlreichen privaten Fernsehprogrammen darstellen, die Tag für Tag stundenlange Astrologie- und Magie-Sendungen ausstrahlen.

Traditioneller Aberglaube, aber auch Zukunftsangst sind die Gründe für den großen Zulauf, den die Magier zu verbuchen haben. Die Menschen suchen psychologischen Rat zur Lösung ihrer Alltagsprobleme.

Auf der Insel Sardinien gibt es einen Notruf für „Geschädigte des Aberglaubens". Mehr als 1000 Beschwerden über angebliche Wunder und Zaubereien wurden an die Polizei weitergegeben. So berichtete ein Mann aus Turin, ein Magier habe ihm rund 19 000 Mark abgenommen, um ihn vom „bösen Blick" zu befreien. Andere wurden gedrängt, teure Amulette zu kaufen. Eine Zaubergläubige zahlte gar 171 000 Mark an eine „Meisterin". Insgesamt, so schätzen Experten, machen Hexer und Hellseher einen Jahresumsatz von umgerechnet 9,5 Milliarden Mark. Das Verwaltungsgericht im mittelitalienischen Terni erteilte vor kurzem erstmals den Magiern in der Region Umbrien Berufsverbot. Es gelte, Menschen vor Scharlatanen zu schützen, so die Begründung der Richter. Bis jetzt verzichteten die Zauberer darauf, sich mit Mitteln der Magie gegen Anfeindungen zu verteidigen: Sie traten, als wären sie ganz normale Angestellte, in einen 24-Stunden-Streik.

△ Diskutiert die in dem Artikel beschriebenen Erscheinungsformen des Aberglaubens. Bedenkt Gründe, warum Menschen zu solchen Lebensberatern gehen.
Sammelt weitere Nachrichten aus Tageszeitungen und Illustrierten.

Aberglaube – oder?

aber – glauben?

Seit Menschengedenken suchen Menschen Hilfe „wo auch immer", wenn es ihnen schlecht geht. Geldmangel, Liebeskummer, Angst vor der Zukunft, Krankheiten, Hungersnöte, Tierseuchen, …
Zauberer, Zukunftsdeuter, Geisterbeschwörer, Glücksbringer versprechen Abhilfe zu schaffen. Abergläubische Bräuche gibt es auch im Christentum. Sie wurden im so genannten 11. und 12. Buch Mose gesammelt. Dort finden sich die folgenden Ratschläge:
Die Benediktus-Pfennige, wenn sie von einem Priester geweiht sind und mit Andacht bei sich getragen werden, haben folgende Kraft:
– Sie vertreiben von den menschlichen Leibern alle Bezauberung und vom Teufel zugefügten Schaden.
– Sie verhindern, dass keine Hexe oder Zauberer können eingehen, wo dieser Pfennig ob der Tür angenagelt oder unter der Türschwelle vergraben ist.
– Wenn das Vieh verzaubert ist und man den Pfennig ins Wasser legt und das Vieh damit wäscht, muss die Bezauberung weichen …

Steckbrief des Scharlatans
Es mag Menschen geben, die kraft einer besonderen Fähigkeit in Einzelfällen Heilung bringen. Vorsicht aber vor Scharlatanen! Der Psychologe Harald Wiesendanger hat aufgelistet, woran man einen Scharlatan erkennen kann. Hier einige Merkmale:

1. Er verweigert Angaben über seinen beruflichen Werdegang.
2. Er protzt mit Bezeichnungen wie „Parapsychologe" oder mit dubiosem Professoren- oder Doktortitel.
3. Er verspricht rasche, vollständige Heilung.
4. Er prophezeit eine schwere Erkrankung oder gar den Tod, falls seine Behandlung abgelehnt wird.
5. Er vermittelt den Eindruck, dass eine Genesung allein von seinen Heilkräften abhängt.
6. Ärztliche Befunde interessieren ihn nicht. Ebenso wenig fragt er danach, ob und wie jemand bereits behandelt wurde.
7. Dich vorab näher kennen zu lernen hält er für überflüssig.

3. Mose 19, 26 und 31:
Treibt keine Wahrsagerei oder Zauberei.
Wendet euch nicht an Wahrsager und an Leute, die die Geister der Toten befragen. Wer das tut, macht sich unrein. Ich bin der Herr, euer Gott!

3. Mose 20,6:
Auch wenn jemand sich an Wahrsager wendet und an Leute, die die Geister der Toten befragen, ist das Götzendienst.

△ Wie viele Bücher Mose gibt es in der Bibel? Vergleicht die Aussagen in den biblischen Mosebüchern oben mit denen des so genannten 11. und 12. Buch Mose.
▼ Sammelt abergläubische Redewendungen oder Ratschläge, z. B. Freitag, der 13. oder eine schwarze Katze von links …

…und sie vertrauen dem Kaffeesatz

Glauben – aber …?

Aberglaube – Glaube an „Glücksbringer", Amulette, Talismane, Maskottchen, bestimmte Tage und Vorzeichen (schwarze Katze usw.).

Astrologie – „Schicksalsdeutung" aus der Planetenkonstellation.

Glasrücken – auf einem Tisch mit dem Alphabet rückt ein umgedrehtes Glas mit Fingerspitzengefühl von Buchstabe zu Buchstabe oder zu „ja und nein" (siehe Seite 141).

Hellsehen – übersinnliches Erkennen von Ereignissen in der Vergangenheit, Gegenwart oder Zukunft.

Magie – Zauberei: der Versuch, sich die übernatürlichen Kräfte magisch nutzbar zu machen. „Weiße Magie" zur Heilung (durch „Besprechen", „Bepusten", Geistheilung, Heilmagnetismus); „schwarze Magie" zum Fluch (Bannen, Verfluchen, Todesmagie). Dabei werden die okkulten „6. und 7. Bücher Mose", Blutsverschreibungen, Zaubersprüche und Beschwörungsformeln benutzt.

Medium – Person, die über mediale Fähigkeiten verfügt, d. h. Geistern als „Mittler" für deren Botschaften dient (meist in „Trance", einer Art Tiefschlaf).

Okkultismus – „Lehre vom Verborgenen". Damit ist alles gemeint, was zum Bereich des Unsichtbaren und Übersinnlichen gehört, einschließlich der „Kontaktaufnahme mit unsichtbaren Mächten".

Operation ohne Messer – spiritistische Operation, bei der ein „Geistheiler" mit den Händen ohne Instrumente operiert (besonders auf den Philippinen und in Brasilien).

Parapsychologie – Teilgebiet der Psychologie, in dem Erscheinungen, die außerhalb normaler Wahrnehmung liegen, wissenschaftlich untersucht werden.

Pendeln – Empfang okkulter Information mittels eines Pendels (wie auf dieser Seite abgebildet).

Präkognition – „Vorauswissen", Hellsehen in die Zukunft.

Spiritismus – Versuch, mit Geistern bzw. „Toten" Kontakt aufzunehmen. Mittel dazu sind Tisch- und Glasrücken, Ouijabrett oder spiritistische Sitzungen (Seancen) mit einem Medium.

Spuk – naturwissenschaftlich unerklärbare Erscheinungen wie Klopfen, Poltern, Gerüche, Geistererscheinungen usw. Teils nur in Gegenwart eines „Mediums" (vgl. oben; „personengebundener" Spuk) – manchmal jahrhundertelang an bestimmten Orten.

Tischrücken – spiritistische Sitzung, bei der Fragen ohne menschliche Einwirkung durch Klopfzeichen oder Tischbewegungen beantwortet werden.

Wahrsagen – das Vorhersagen künftiger Ereignisse durch Handlinienlesen, Kartenlegen, Pendeln, Bleigießen, Astrologie, Kristallkugelsehen. Dabei gibt ein Medium die „Antworten".

> „Ein Astronom ist einer, der sich mit den Sternen beschäftigt. Ein Astrologe ist einer, der glaubt, dass sich die Sterne mit uns beschäftigen."
> (Willy Reichert)

△ Sprecht über die Wahrscheinlichkeit solcher „okkulter" Erscheinungsformen.

Aberglaube – oder?

Zu Besuch auf einer Okkult-Messe

Antonia tanzt in ihrem leuchtend weißen Gewand weiche Bewegungen, die merkwürdige Formen in die Luft zeichnen. Mit solchen Tänzen, sagt sie, könne man die Angst vor der Zukunft vertreiben.

Gerd verspricht die endgültige Krebsheilung; ganz einfach sei alles. Eine Maschine, zwei Kupferrohre, eine Batterie. Elektrische Impulse würden jene Parasiten beseitigen, die Krebs auslösen. Gegen Aids empfiehlt er Nelkenpulver und Stromstöße.

In einem dunklen Raum eine brennende Kerze auf einem Tisch vor einem Bild des Geistheilers Bruno Gröning. Karin M. steht wie vor einem Altar. Sie sagt, es gäbe nichts, was nicht heilbar sei, und berichtet von einem in Tschernobyl verstrahlten Feuerwehrmann, den die Kräfte des lange verstorbenen Gröning gerettet hätten. Ein Foto des Meisters habe genügt.

Glück und Zufriedenheit versprechen Verena ihre Traumfänger-Ohrringe, die Indianer gefertigt haben mit dem Versprechen, da bleiben die schlechten Träume der Nacht hängen und lösen sich im Morgengrauen auf.

An einem Stand werden batteriebetriebene Zauberstäbe, leuchtende Salzkristalle und magische Amulette verkauft – gegen alles Unglück und gegen Geldknappheit.

Hilfe gegen jedes Übel bieten die Händler aus der „Lebenshilfeindustrie" an. Gegen Angst und Sorgen, gegen Bedrohung der Natur, gegen den Tod, gegen Einsamkeit und die Furcht vor Sinnverlust oder die Sorge vor der Verwüstung der Natur gibt es Edelsteine, Kupferpyramiden, Tarotkarten, Sternzeichenparfum, Räucherstoffe, Wünschelruten, Planetenpendel ... Und für Probleme bei der Partnerschaft gibt es Partnerschaftshoroskope oder den Blick in die Glaskugel ...

Supermarkt für wunde Seelen

△ Schreibt auf, welche Bedürfnisse die Händler auf solchen Okkult-Messen zu befriedigen versprechen.
▼ Besprecht den Unterschied zum christlichen Glauben. Vergleicht dazu 1. Johannes 4 und 5. Mose 18.

In einem Brief schreibt der Evangelist Johannes:

> *Liebe Freunde, glaubt nicht allen, die vorgeben, den Geist zu besitzen. Prüft, ob ihr Geist von Gott kommt. Denn diese Welt ist voll falscher Propheten. Liebe Freunde, wir wollen einander lieben, denn die Liebe kommt von Gott. Wer liebt, ist ein Kind Gottes und zeigt, dass er Gott kennt. Wer nicht liebt, kennt Gott nicht, denn Gott ist Liebe. Die Liebe kennt keine Angst. Wahre Liebe vertreibt die Angst.*
> 1. Johannes 4,1.2.7.18

> **Ihr dürft niemand unter euch dulden, der wahrsagt oder aus Vorzeichen die Zukunft deutet, der zaubert, Geister beschwört oder Tote befragt. Wer so etwas tut, ist dem Herrn zuwider.**
> 5. Mose 18,9-12

...und sie vertrauen dem Kaffeesatz

… und sie vertrauen den Sternen

In einem Werbespot für Horoskope heißt es:
„Astrologie ist die alte Kunst des Sterndeutens, die sich in Hunderten von Jahren entwickelt hat. Das Horoskop mit Sonne, Mond und allen anderen Planeten gibt uns die Möglichkeit zu sehen, welchen Einfluss die Planeten auf Menschen und Ereignisse auf der Erde haben. Über Jahrhunderte hat die Astrologie so an Bedeutung gewonnen, dass heute Millionen von Menschen auf der ganzen Welt jeden Tag ihr Horoskop in Zeitungen und Illustrierten lesen."

▼ Sammelt Wochenhoroskope. Vergleicht die Aussagen einer Woche. Zählt die nichtssagenden Redewendungen. Überprüft Ratschläge. Vergleicht die „Voraussagen" mit der Jahreszeit. Schreibt selbst Wochenhoroskope.

Bestimmen Sterne das Schicksal?

Schon vor vielen tausend Jahren beobachteten die Babylonier die Gestirne. Sie glaubten, dass diese die Wohnungen der Götter seien und dass durch die Stellung der Sterne bei der Geburt eines Menschen dessen Charakter und Schicksal beeinflusst würde.
Diesen uralten Glauben benützen heutige Astrologen, indem sie Geburtshoroskope – aber auch Horoskope für den Alltag – ausstellen. So heißt es in dem Werbeprospekt weiter:
„Allerdings sind die täglichen Zeitungshoroskope nicht exakt genug. Sie sind nur auf das Sonnenzeichen ausgerichtet. Unser Computer jedoch kalkuliert exakt die Position von Sonne, Mond und den übrigen Planeten zum Tierkreis wie auch ihr aufsteigendes Zeichen zum Zeitpunkt Ihrer Geburt. Mit diesen Gegenüberstellungen ist es möglich, ein sehr individuelles Horoskop nur für Sie zu erstellen. Unser Computer kann ca. 6 Billionen unterschiedliche Horoskope anfertigen. …"

Ihr Geburtstag ist der wichtigste Tag in Ihrem Leben

**Wo liegen Ihre wirklichen Talente?
In welcher Richtung liegt Ihr Arbeitserfolg?**

**Sind Sie ein guter Menschenkenner?
Wie kommen Sie mit Ihren Geldangelegenheiten zurecht?**

Wie sieht Ihr Liebesleben in der Zukunft aus? Wie sehen Sie die anderen?

Lassen Sie unser Computer-Horoskop Antwort geben und bestellen Sie Ihr persönliches Horoskop noch heute.

Matthäus 6, 25–34

Was heißt „selig"?
Seite 89

▼ Diskutiert die Behauptung: Die Astrologen nützen den blinden Schicksalsglauben oder die Angst ihrer Klienten vor der Zukunft. Sie lenken die Menschen wie Marionetten und sagen ihnen, was sie zu tun hätten.

Aberglaube – oder?

... und sie versprechen das Glück

Hanussen II – ein „Glück-Bringer"?

In einer Hauswurfsendung an „alle Haushalte" wirbt Hanussen für einen Glücksbringer:

„Ich bin es gewohnt, dass ich kaum zur Ruhe komme, denn Tag und Nacht läutet bei mir das Telefon: Verzweifelte Menschen erzählen mir ihre Probleme. Sie sind unglücklich, weil sie im Beruf nicht weiterkommen, weil das verdiente Geld nicht ausreicht, um sorgenfrei zu leben, weil sie sich mit dem Partner nicht glücklich fühlen, weil sie allein und einsam sind. Vor allem glauben sie sich vom Schicksal vergessen.
Allen Menschen muss ich schnell und zielführend helfen.
… Meine Freunde und alle jene Tausende Menschen, denen ich bereits ein glückliches Dasein bereiten konnte, verlassen sich immer auf meinen Rat. Aber meine Zeit ist begrenzt. Ein Hellseher kann nicht 24 Stunden am Tage die Schicksale seiner Anhänger positiv beeinflussen. So bin ich heute dankbar, dass sich Drakomagnet zu einem überaus wertvollen Helfer entwickelt hat! Eben erreicht mich das Dankschreiben eines Ehepaars, das viele Jahre ohne Glück, Liebe und Erfolg gelebt hat (weil es nicht wusste, dass nur eine geringe Kleinigkeit zum frohen Dasein fehlte). An den Flecken am Brief erkenne ich … Freudentränen, denn die Frau berichtet mir:
‚Es ist höchste Zeit, dass ich mich bei Ihnen entschuldige. Ich habe lange Zeit nicht an die Wirkung des wertvollen Drakomagneten geglaubt. Ich war einfach skeptisch! Wie sollte ein silbernes Amulett, das unter dem Zeichen des hilfreichen Drako steht, mich in meinem Tun beeinflussen?! Aber eines Nachts entdeckte ich Drako am Firmament und ich ließ mir erstmals von meinem Mann Drakomagnet umlegen. Schon spürte ich eine neue geheimnisvolle Kraft in mir, die sich immer mehr verstärkte. Heute möchte ich keine Minute mehr ohne diesen Beschützer leben. Er hat mich zum Glücklichsein förmlich gezwungen und mein gesamtes Dasein verschönt.'
… Ihr Schicksal liegt in Ihrer Hand … Bestimmt ist es die bisher größte Chance Ihres Lebens …
Ich möchte nicht versäumen, Sie herzlichst zu grüßen und Ihnen ein sorgenfreies Dasein zu wünschen

Ihr Hanussen"

Ja, renn nach dem Glück,
doch renn nicht zu sehr;
denn alle rennen
nach dem Glück,
das Glück rennt hinterher.

Bertolt Brecht

Wunder
Seite 95ff.

Hanussen II heißt bürgerlich Willi Gerstel. Er wurde mehrmals wegen Betrugs und unerlaubter Ausübung der Heilkunde verurteilt. Vor Gericht versprach sein Verteidiger, Gerstel werde nicht mehr als Hellseher auftreten, sondern als Gärtner arbeiten. Aber wenige Wochen später warb er wieder als Hanussen …

△ Was wird in diesem Brief als Glück beschrieben? Welche Möglichkeiten bietet Willi Gerstel seinen Lesern an, das Glück zu erreichen? Wie beschreibt er seine Person?
▼ Entwerft einen solchen Werbebrief für eine Astrologin.

… und sie glauben an Teufel

Der Böse – oder das Böse?

Matthäus 4,1-11

Satan – Teufel
In der Bibel ist der Satan die Symbolfigur für den Ankläger vor Gott. Er ist der Gegenspieler Gottes, der statt Liebe Hass bringt, statt Leben den Tod, statt Himmel die Hölle. Er verkörpert die Versuchung, in Fruchtbarkeit, Reichtum, Starkult und Macht den Sinn des Lebens zu sehen.

Dem Teufel verschrieben?
Bernd W. ist 17 Jahre alt. Er hat vorzeitig die Schule verlassen. Eine Lehre als Zimmermann hat er abgebrochen. Bernd erzählt: „Zu Hause gibt's nur Zoff. Mutter arbeitet wie ein Tier am Fließband – aber Vater versäuft alles. Mir ging es sehr schlecht. Aber jetzt praktiziere ich schwarze Magie und habe schon unglaubliche Sachen erlebt. Du verlierst deine Angst. Es gibt keine Liebe oder solchen Quatsch. Du musst hassen, brutal sein, rücksichtslos zuschlagen. Dann erlebst du, dass du wer bist. Dann hilft dir der Teufel. Ich bin jetzt ein Anhänger Satans und meine Freundin ist eine Hexe. Wir haben uns mit unserem Blut dem Teufel verschrieben."

△ Überlegt, welche persönlichen Fragen und Schwierigkeiten hinter diesen Aussagen stehen.
△ Sammelt Sprüche und Redensarten, in denen der Teufel vorkommt.

Begriffserklärungen Seite 144

Spuk – Spiritismus – Gespenstergeschichten
Um Mitternacht tauchen sie auf! In alten Gemäuern, in verfallenen Burgen, in entlegenen Gehöften, und dort, wo einer ermordet wurde, treiben sie ihr Unwesen als Klopfgeister oder als weiß gekleidete Gespenster. Sie schreien „Huii" oder rasseln mit Ketten und erschrecken die, die ihnen begegnen!
Uralt sind solche Erzählungen, die nicht nur Kinder das Gruseln lehren.
Es gibt Menschen, die halten Spuk nicht nur für möglich, sondern glauben auch, dass man mit den Geistern der Verstorbenen Kontakt aufnehmen kann.
Sehr unterschiedlich sind die Methoden, mit den Verstorbenen in Verbindung zu treten. Es kann ein Gegenstand oder eine Person sein, die als Vermittler (Medium) dient. Über sie erreicht man den gewünschten Geist oder dessen Geistvertreter: ein paar belanglose Sätze, die beweisen sollen, dass der Verstorbene lebt, dass es ihm gut geht, ein paar Anweisungen für den Alltag. Auch verschwommene Aussagen über Zukünftiges; eine Deutung bleibt dem Hörer überlassen!

Der Okkultismus ist auch bei Jugendlichen immer mehr in Mode gekommen. Es gibt viele gefährliche Variationen, wie Totenbeschwörung durch Tischrücken (im Bild).

▼ Eine Schülerin (Klasse 6) sagt: „Ich war beim Gläserrücken dabei. Es war unheimlich. Ich hatte große Angst." Schreibt eine Antwort.

Aberglaube – oder?

Das Böse kommt auf den Menschen zu

Die Bibel beschreibt in Bildern die Versuchungen, die von außen kommen: eine Schlange bei Eva, Krieg und Ratlosigkeit bei Saul, Unglück, Krankheit und Tod bei Hiob, Angst und Verzweiflung bei Petrus, Enttäuschung bei Judas, Geldgier beim Reichen.

Das Böse ist im Menschen

Der Mensch als Ebenbild Gottes bekommt die Freiheit, selbst über Gut und Böse zu entscheiden. Der Mensch kann pflanzen und ausreißen, heilen und töten, bauen und zerstören, lieben und hassen. In den Gedanken der Menschen wird das Böse geboren.

1. Mose 3,1-6;
Samuel 28,3-15;
Hiob 1,6-12;
Markus 14,66-72;
Lukas 16,19-21.

Prediger 3

Befreiung vom Bösen

Jesus bittet im Vaterunser um die Erlösung vom Bösen. Im 18. Jahrhundert glaubten die Menschen das Böse (den Teufel) durch Vernunft zu überwinden. Sie sangen:

Gott sei ewig Preis und Ehr! Es gibt nun keinen Teufel mehr!
Ja, wo ist er denn geblieben? Die Vernunft hat ihn vertrieben!

▼ „Aberglauben muss durch Vernunft überwunden werden!" Diskutiert diese These. Nennt Gründe, die dafür und dagegen sprechen.

Am Ende die Angst

Die vierzehnjährige Schülerin Gabi M. ließ sich von Freunden zu einer spiritistischen Sitzung überreden. Plötzlich hatte sie das Gefühl, dass ein Geist mit ihr rede und ihr sagte, sie sei schuldig am Tod ihrer Schwester. Ihre Eifersucht habe sie in den Tod getrieben.
Nach dieser Sitzung befiel Gabi große Angst. Sie wurde das Gefühl nicht mehr los, dass ständig jemand neben oder hinter ihr hergeht. Sie wurde immer unsicherer und niedergeschlagen. Während des Unterrichts über den Aberglauben wurde ihr klar, dass in dieser spiritistischen Sitzung ihre innersten Ängste angezapft wurden. Gabis jüngere Schwester ist bei einem Verkehrsunfall tödlich verunglückt und sie fühlte sich mitschuldig, weil sie zuvor einen heftigen Streit hatten.

Herr, oft werde ich nicht fertig mit dem, was ich erlebe. Es gibt Dinge in meinem Leben, die mich unruhig machen. Ich denke, keiner versteht mich. Wenn ich auch tagsüber meine Sorgen und Probleme verdränge, so sind sie in der Nacht wieder da. Herr, befreie mich, mache mich stark im Vertrauen, dass du bei mir bist, dass du mich festhältst, dass du mich segnest.

...und sie glauben an Teufel

Gott schuf den Menschen zu seinem Bild; und schuf sie als Mann und Frau. Und Gott segnete sie und sprach zu ihnen: Seid fruchtbar und mehret euch und füllet die Erde und machet sie euch untertan und herrschet über die Fische im Meer und über die Vögel im Himmel und über alles Getier, das auf Erden kriecht.
1. Mose 1,27f.

Das hebräische Wort für „Bild" heißt eigentlich „Abbild", „Standbild" oder „Statue". Solche Bilder gab es von Herrschern oder Göttern. Sie sollten stellvertretend für die jeweilige Person stehen. So wie das Bild eines Gottes oder eines Herrschers den Abgebildeten vertritt, so stehen die Menschen als „Stellvertreter Gottes" inmitten der Schöpfung. Sie sollen Herrscher sein, deren wichtigstes Anliegen das Wohlergehen der „Untertanen" ist.

In der Schöpfung als Ebenbild Gottes

Jeder Mensch ist ein Abbild Gottes
Mit Behinderungen leben
Ihr schuldet uns eine lebenswerte Welt
Flucht in die Sucht

△ Benennt alle Symbole der Bilderwand. Deutet sie.
Einige Abbildungen beziehen sich auf Bibelstellen. Überlegt, welcher Bibelvers zu welchem Bild passt: 1. Mose 1,2; 1. Mose 1,31; 1. Mose 9,13; Jesaja 11,8; Micha 4,3; Matthäus 25,35; Matthäus 25,36; Galater 3,28; Lukas 4,18; Offenbarung 21,4; Offenbarung 22,3.

Der Auftrag: Frieden, Gerechtigkeit und Bewahrung der Schöpfung

Jeder Mensch ist ein Abbild Gottes

„Der Mensch ist ein Abbild Gottes" heißt auch: In jedem Menschen begegnet uns ein Bild von Gott.

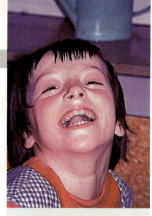

Der Abglanz Gottes

Ein Einsiedler lebte allein auf einem Berg in einer Hütte. Menschen, die Hilfe suchten, besuchten ihn dort hin und wieder. Auch ein junger Mann pflegte ihn dort aufzusuchen. „Was lernst du?", fragte der Alte ihn. „Ich lerne, das Große groß und das Kleine klein zu sehen", antwortete der Besucher. „So lerne weiter", entließ ihn der Einsiedler.
Im Jahr darauf kam der Junge wieder. Und wiederum wurde er gefragt: „Was lernst du?" „Ich lerne, dass das Große klein und das Kleine groß sein kann."
„So lerne weiter." Der alte Mann entließ ihn. Auch im Jahr darauf fand sich der junge Mann wieder in der Hütte ein. Auf die Frage des Einsiedlers antwortete er: „Ich habe gelernt, dass es nichts Geringes gibt." „Das ist sehr gut", erhielt er zur Antwort, „so lerne weiter."
Danach kam der Junge viele Jahre nicht mehr zur Hütte am Berg. Doch der alte Mann sorgte sich nicht um ihn. Als er danach den Einsiedler wieder besuchte, sah ihn jener lächelnd an. „Ich habe gelernt, auf allen Dingen und in allem den Abglanz Gottes zu sehen", sprach er. Da umarmte ihn sein Lehrer und segnete ihn.

Wer vergisst, dass der Nächste das Bild Gottes in sich trägt, verkleinert das Bild Gottes.

Rabbi Akiba

△ Sagt eure Meinung über die Bezeichnung der dargestellten Personen als „Bild Gottes".

In der Schöpfung als Ebenbild Gottes

Die Bibel spricht nicht nur vom Mann oder allgemein vom Menschen, sondern betont „Mann und Frau".

Es ist nicht gut, dass der Mensch allein sei

Da nahm Gott Erde, formte daraus den Menschen und blies ihm den Lebenshauch in die Nase. So wurde der Mensch lebendig. Gott dachte: Es ist nicht gut, wenn der Mensch allein ist. Ich will ihm einen Gefährten geben, der zu ihm passt.
Er formte aus Erde die Landtiere und die Vögel; dann brachte er sie zu dem Menschen, um zu sehen, wie er sie nennen würde. Der Mensch gab dem Vieh, den wilden Tieren und den Vögeln ihre Namen, doch er fand niemand darunter, der zu ihm passte. Da versetzte Gott, der Herr, den Menschen in einen tiefen Schlaf, nahm eine seiner Rippen heraus und schloss die Stelle wieder. Aus der Rippe machte er eine Frau und brachte sie zu dem Menschen. Der freute sich und rief: Endlich jemand wie ich! Sie gehört zu mir, weil sie von mir selbst genommen ist. 1. Mose 2,7-23

Und er schuf sie als Mann und Frau
1. Mose 1,27

△ Frau und Mann werden als Gefährten bezeichnet, die „zueinander passen" sollen. Wie kann dieses „zueinander passen" im Alltag zum Ausdruck kommen?

Plato, ein griechischer Philosoph, dachte:

Als der Urmensch geschaffen war, gehörte ihm die ganze weite, menschenleere Welt. Die Natur lieferte ihm alles, was er brauchte. Als der erste Mensch einmal richtig glücklich unter einem Baum schlief, sah ihn einer der damaligen Götter, wurde eifersüchtig auf diesen Menschen und neidete ihm sein Glück. In seiner Erregung griff er nach seinem Schwert und spaltete ihn in zwei Teile, und zwar so geschickt, dass es seither nur noch weibliche und männliche Menschen gibt. Weil aber noch Erinnerungen vorhanden sind, ist es mit der glücklichen Ruhe des geteilten Menschen vorbei. Die männlichen Teilmenschen suchen ihre weibliche Hälfte und die weibliche ihre männliche Ergänzung. Vollständig und glücklich aber fühlen sich nur die, die wirklich zueinander passen und sich zu einem Ganzen zusammenfügen. Wo man sich nur mit irgendeiner gegengeschlechtlichen Hälfte vereint, obwohl die Teile sich nicht ganz zusammenfügen, bleibt ein Stück echte Menschlichkeit unerfüllt.

▼ Erläutert die Aussagen des Textes. Vergleicht die Aussagen mit dem biblischen Text.

Rollen hinterfragen

Es ist wichtig, immer neu über das Verhältnis von Frauen und Männern nachzudenken. Im 19. Jahrhundert waren die Rollen von Mann und Frau im Bürgertum eindeutig festgelegt. Der Mann steht seinen Mann in der öffentlichen Arbeitswelt, verdient dort den Lebensunterhalt und vertritt die Frau und Familie nach außen in der Gesellschaft. Die Frau gehört in den Privatbereich des Hauses mit Küche, Kindern und Kirche. Sie unterstützt und stärkt den Mann für den „öffentlichen Lebenskampf". Freilich konnten sich viele Arbeiterfamilien diese Rollenverteilung nicht leisten.

▼ Wie sollen eurer Meinung nach Frauen und Männer miteinander leben und arbeiten?

Jeder Mensch ist ein Abbild Gottes

△ Erfindet ein Gespräch zwischen den abgebildeten Personen.

eher weiblich –
eher männlich
Seite 13

Typisch Junge – typisch Mädchen
ein Junge sollte sein …   ein Mädchen sollte sein …

△ Legt in eurem Heft eine Tabelle an und schreibt auf, wie eurer Meinung nach Mädchen und Jungen sein sollten.
△ Vergleicht dann zuerst die Niederschriften der Mädchen, dann die der Jungen. Wo gibt es Ähnlichkeiten und Unterschiede? Wie erklärt ihr euch diese?

Auf die Sprache achten
Wenn ich weibliche Schüler meine, sage ich Schülerinnen,
wenn ich weibliche Lehrer meine, sage ich Lehrerinnen.
Wenn ich Mädchen und Jungen meine, nenne ich beide:
Schülerinnen und Schüler.
Ich kann auch neutrale Begriffe verwenden: Jugendliche, Heranwachsende, Studierende.

▼ Überprüft in einer Tageszeitung, wie dort von Frauen und Männern gesprochen wird.

Aus einem Gebet
**Adam und Eva teilten das erste Paradies
und heute teilen Männer und Frauen
die Freude und Sorge,
den Mut und die Angst,
den Glauben und die Unsicherheit,
die Hoffnung und die Verzweiflung.
Beide in Gemeinsamkeit teilen sich die Menschlichkeit.
Darum lass keinen Mann sich selbst für vollkommen halten.
Lass keine Frau vor Verantwortung zurückschrecken.
Hilf zur Ganzheit der Gemeinschaft.
Mit klarem Verstand und Einigkeit,
nicht aus Furcht und Feindschaft,
aber mit Freude und Lebenskraft.**

In der Schöpfung als Ebenbild Gottes

Gesund – Stark – Schön

Alle Menschen wollen möglichst lange gesund bleiben. In unserer Gesellschaft wollen viele Menschen auch fit, stark, schön … sein.

△ Nennt Gründe für den Wunsch nach Gesundheit, Fitness, Schönheit usw.

Sprichwörter und Wünsche

Lieber reich und gesund als arm und krank.

Ich wünsche Dir Gesundheit!

Eine gute Gesundheit ist eine gute Gabe Gottes.

Gesundheit ist das halbe Leben.

△ In welchen Situationen könnten die Sprüche gesagt werden? Was sollen sie zum Ausdruck bringen?
▼ Was trägt dazu bei, dass Menschen lange gesund bleiben?

Die Geschichte vom Gewichtheber im Urlaub

Ein Gewichtheber fuhr im Urlaub an die See. Aber er langweilte sich sehr. Hier gab es nirgendwo einen anderen Gewichtheber. Wem sollte er jetzt zeigen, dass er stärker war? Im Vorbeigehen stemmte er ein paar Strandkörbe mit den Leuten darin. Aber die beschwerten sich gleich beim Strandwächter. Ärgerlich sprang der Gewichtheber ins Meer und stemmte ein Motorboot. Er hatte Pech. Das Boot gehörte der Hafenpolizei und der starke Mann musste Strafe zahlen.

Dafür wollte er sich rächen. Er stemmte eine Andenkenbude, einen Reisebus und die ganze Kurkapelle mitsamt dem Klavier. Natürlich wurde ihm auch das sofort verboten. Er kochte jetzt vor Wut und schrie: „Dann stemme ich eben mich selbst! Das kann mir keiner verbieten!"

Er legte sich die Hände unter die Füße und holte tief Luft. Seine Muskeln schwollen gewaltig und die Adern an seinem Hals wurden dick wie Schiffstaue. Dann stemmte er sich zwei Meter hoch und hielt sich eine Minute und dreiundvierzig Sekunden oben. „Bravo!", riefen die Leute und klatschten. Auch die Männer von der Hafenpolizei und der Strandwächter waren begeistert und die Kurkapelle spielte einen Tusch.

vollkommen
blendend
Seite 15

Jeder Mensch ist ein Abbild Gottes

Was ich eigentlich will
Seite 23

Gut gestylt ist halb gewonnen

Das Schulfest findet von 17 Uhr bis 22 Uhr statt. In der Aula soll die Schülerband spielen. Im Sportraum wird Disko sein.

Doreen und Susi gehen in die 8. Klasse. Sie wissen, dass aus ihrer Klasse fast alle Mädchen und auch die meisten Jungen zum Fest kommen. Sie haben sich auch erkundigt, wer aus der 9. und 10. Klasse kommen wird.

Am Nachmittag treffen sich die beiden Mädchen bei Susi. Sie wollen sich für das Fest vorbereiten. Doreen hat in einem Beutel verschiedene Sachen und Kosmetika mitgebracht.

△ Schreibt die Geschichte weiter. Tragt vorher zusammen:
  Welche Kleidung würdet ihr bevorzugen? Welche Möglichkeiten kennt ihr sowohl für Mädchen als auch für Jungen, die Haare und das Make-up zu gestalten?
▼ Welche Gründe haben Mädchen und Jungen, über ihr Äußeres nachzudenken?

Spiegelbild

Ich stehe vor dem Spiegel und betrachte mich.
Doch bin ich das wirklich?
Das Mädchen im Spiegel hat hellblonde Haare,
ich habe braune.
Ich habe sie gefärbt,
für meinen Freund.
Das Mädchen im Spiegel hat keine Brille,
ich habe eine.
Ich habe Kontaktlinsen gekauft,
für meine Mutter.
Das Mädchen im Spiegel hat schulterlange Haare,
ich hab kurze.
Ich ließ sie wachsen,
für meinen Vater.
Bin ich das wirklich?
Nein, es ist mein Freund, meine Mutter, mein Vater.
Alle sind mein Spiegelbild.
Jetzt bin ich wieder ich selbst,
habe wieder braune, kurze Haare und eine Brille.
Sie sollen mich so mögen, wie ich bin!

Anja aus Bruchmühlbach

▼ Erzählt von Situationen, in denen sich Jugendliche anderen Menschen zuliebe verändern.
  Das Mädchen sagt am Schluss „Sie sollen mich so mögen, wie ich bin!" Was muss geschehen, damit Jugendliche das sagen können?
▼ Diskutiert folgende These:
  Wir streben nach Leistung, Schönheit, Genuss und Macht. Deshalb passen Menschen nicht in unser Bild, die leistungsschwach, hässlich, genussunfähig und gelähmt sind.

In der Schöpfung als Ebenbild Gottes

Mit Behinderungen leben

Behinderung – Zumutung oder Annahme

Vorfall in einer Fremdenverkehrsgemeinde

Einer sagte es dem anderen weiter: In einer Pension des kleinen Kurortes soll über drei Wochen eine Gruppe von geistig behinderten Jugendlichen wohnen. Das Thema wird in den Familien, am Stammtisch und beim Frisör besprochen.

Als der Kleinbus an der Pension vorfährt und sieben 13- bis 16-jährige Jungen, eine Betreuerin und ein Betreuer aussteigen wollen, versammeln sich über hundert Dorfbewohner. Sie verhindern durch Beschimpfungen und drohende Gebärden, dass die Gäste die Pension betreten können. Der Betreuer wird so verprügelt, dass er mit einer Gehirnerschütterung ins Krankenhaus eingeliefert werden muss. Damit die unbequemen Gäste nicht heimlich zurückkehren, organisieren engagierte Bürger eine Nachtwache. Die Brauerei des Ortes stiftet dafür einige Kästen Bier.

△ Versetzt euch in die Rollen von verschiedenen Personen und diskutiert die Ereignisse aus der jeweiligen Sicht: behinderter Jugendlicher, Betreuer, Pensionsbesitzer, Bürgermeisterin, Leiter des Verkehrsamtes, Ortspfarrer, Jugendliche des Ortes.
▼ Informiert euch über die Ursachen von Behinderungen.

Barbara

Barbara war eine der besten Tennisspielerinnen ihrer Altersklasse. Sie fuhr jeden Tag zum Training, denn die Juniorenwettkämpfe standen bevor. Wie jeden Tag legte sie die Strecke mit dem Fahrrad zurück. In einer engen Kurve wurde sie von einem Lastwagen mit Hänger überholt. Als dieser einem entgegenkommenden Fahrzeug ausweichen musste, drängte er Barbara von der Straße. Sie stürzte den Abhang hinunter. Als sie wieder zu sich kam, spürte sie starke Schmerzen im Rücken. Im Krankenhaus erfuhr sie später, dass ihr Rückgrat so schwer verletzt wurde, dass sie nie wieder die Beine bewegen kann.

△ Stellt euch vor, Barbara spricht mit ihrer Mutter. Worüber werden die beiden wohl reden?

Frank

Als die Pfarrerin die Gemeinde zum Gottesdienst begrüßt und sagt „Wir feiern diesen Gottesdienst...", ruft Frank laut „.... im Namen des Vaters, des Sohnes und des Heiligen Geistes". Er schaut die Pfarrerin freundlich an und wiegt den Oberkörper hin und her. Seine Mutter nimmt ihn an der Hand und flüstert ihm etwas zu. Frank ist 16 Jahre alt. Als Kind hatte er eine Hirnhautentzündung. Seitdem ist er geistig behindert. Er geht gern in den Gottesdienst. Ihm gefällt besonders die Musik. Viele Lieder kann er laut mitsingen.

Als die Pfarrerin aus der Bibel vorliest, wie die Kriegsknechte Jesus verhöhnen und auspeitschen, springt Frank fast aus der Bank und ruft: „Das tut weh! Das tut weh!" Einige Gemeindeglieder grinsen, andere schauen zu Frank. Zwei alte Frauen zischen laut und fordern Ruhe. Ein Mann murmelt etwas wie „Depp" und „dem sollte man den Gottesdienst verbieten". Die Mutter von Frank zieht den Kopf zwischen die Schultern und sieht starr nach vorn.

△ Der Vorfall kommt in einer Sitzung der Kirchenvorsteher zur Sprache. Welche Meinungen könnten dort vertreten worden sein?

Thomas

Es war einige Tage vor Weihnachten. Meine Frau lag im Krankenhaus, denn die Geburt unseres ersten Kindes stand dicht bevor. Abends wurde ich angerufen, ins Krankenhaus zu kommen, ein Junge sei da! Voller Freude und Aufregung fuhr ich dorthin, sah zuerst meine Frau und dann unser Kind. Mir fiel gleich auf, dass seine Augen so eigenartig geschlossen waren. Wir sprachen nicht darüber. Meine Frau war glücklich. Bevor ich das Krankenhaus verließ, sollte ich zum Arzt kommen. Er teilte mir mit, dass unser Sohn blind sei. Ich weiß nur noch, dass er sich sehr wissenschaftlich ausdrückte. Meiner Frau sollte ich noch nichts sagen.

In diesem Augenblick zerbrach etwas. Dann lief ich hinaus ins Dunkle und weinte. Ich wollte aufhören, aber ich musste nur weinen und weinen. Es war wie ein endloses Weinen. Auf dem Weg nach Hause wollte ich niemanden treffen. Die Ordnung meiner bisherigen Lebenssicht und Erwartung war zerbrochen. Ich merkte schmerzhaft, wie dünn alles Stabile und Geordnete, wie hilflos alles Zielgerichtete und Klare, wie nah das Unerwartete und Nichtgewünschte ist.

Unser Sohn ist jetzt achtzehn Jahre. Ich entdecke im Zusammenhang mit ihm seine mich zutiefst anrührende Zuwendung und die Hingabe meiner Frau. Er ist mehrfach behindert, voller Zerbrechlichkeit. Wir schützen ihn und helfen ihm, sich selbst zu schützen, so gut wir das können. Aber hier sind sehr klare Grenzen gesteckt. Er ist völlig auf Menschen angewiesen. Sein Leben ohne andere würde zerbrechen. Aber er lebt, als sei er nicht zerbrechlich. Diese Erfahrung ist für mich wunderbar, ein „Segen", das größte Geschenk. Es tröstet, wenn wir nach neuen Schrecken uns besorgt fragen: „Wie geht's weiter?" Unser Sohn selbst gibt die Antwort, wenn er sich nach einem Anfall erholt hat und unbekümmert sagt: „Natürlich gehen wir jetzt los!" Wir verbringen viele frohe Stunden. Erfülltes Leben.

△ Der Vater bezeichnet Erfahrungen mit seinem behinderten Sohn als das größte Geschenk. Versucht diese Aussage zu erklären.
▼ Beziehst den Satz aus dem Neuen Testament „Nehmt einander an, wie Jesus euch angenommen hat" auf das Leben von Barbara, Frank und Thomas.

Eine Bitte

> *Liebe Gabi, lieber Günter!*
> *Wir haben eine große Bitte. Wie ihr wisst, konnten wir seit Jahren nicht verreisen, weil wir niemand haben, der unseren spastisch gelähmten Peter während unserer Abwesenheit betreut. Jetzt hat uns der Arzt geraten, einmal für drei Wochen auszuspannen. Unsere Sorge aber ist: Was wird in dieser Zeit mit Peter? Da haben wir an euch gedacht. Peter war ja schon einmal einen Nachmittag bei euch. Es hat ihm damals sehr gut gefallen. Könnt ihr ihn vom 5. bis 26. Juni in eure Familie aufnehmen und betreuen? Bitte gebt uns bald eine Antwort.*
>
> *Herzlich grüßen*
> *Inge und Wolfgang*

△ Ihr könnt am Familienrat teilnehmen. Welche Argumente könnten zur Sprache gebracht werden?
▼ Entwerft einen Antwortbrief.

In der Schöpfung als Ebenbild Gottes

Viele Menschen wissen nicht, wie sie sich gegenüber behinderten Menschen verhalten sollen. Stellt euch folgende Situationen vor:

- Katharina und Claudia gehen in die Eisbar. Alle Plätze sind besetzt. Nur an einem Tisch, an dem eine geistig behinderte junge Frau sitzt, ist noch Platz.
- In der Disco bahnt sich ein junger körperbehinderter Mann den Weg zur Theke. Er drängt sich durch die Menge der Jugendlichen.

△ Was wird geschehen? Bewertet die unterschiedlichen Vorschläge. Wie würden Behinderte die Vorfälle sehen?

Begegnung mit behinderten Menschen

Tears in Heaven
Seite 26

Disco-Begegnung

Ich sah sie neben Peter stehn
und musste einfach zu ihr gehn.
Disco-Party war heute Nacht
und Peter hat sie mitgebracht.
Ihr Kleid war rosa. Ich kam gleich in Fahrt.
Sie stand neben Peter und lächelte zart.
„Deine Freundin", fragt ich und glotzte sie an.
„Sei nicht albern! Nur meine Schwester, Mann!"
Ich ging sogleich ran und fühlt mich wie nie.
War es schon Liebe? War's noch Sympathie?
Ich tanzte mit ihr. Ihr Name war Ruth.

Ich drückte sie leicht. Es war wirklich gut.
Ich fühlte mich glücklich. Der Tanz ging zu Ende.
Sie ließ mich nicht los. Sie hielt meine Hände.
Dann stand auch schon Peter neben ihr.
„War's schön?", fragte er Ruth. Dann sagt er zu mir:
„Sie wollte unbedingt heute mit.
Hast du bemerkt, dass sie nichts sieht?"
Ich stand wie erstarrt. Es war alles aus.
Ich stammelte, nickte ... und bracht nichts heraus.
Ich ging früh nach Hause, schon kurz nach acht.
Irgendwie hab ich was falsch gemacht ...

Gemeinsame Unternehmung

Stefan, Oliver, Marie, Yvonne und Sandra vom Jugendhaus sind von Anfang an dabei. Sie haben die Räume mit gestaltet. Die Stufen wurden in eine schiefe Ebene verwandelt, sodass die Rollstühle hochfahren können. Die Sanitäreinrichtungen können jetzt auch von Behinderten benutzt werden. Während der ganzen Bauphase planten und berieten Robert und Ludwig vom Behindertenverband die Mitarbeiter und Jugendlichen des Jugendhauses. So ist das von vielen Jugendlichen besuchte Gebäude jetzt auch für Behinderte offen. Sie sitzen mit im Café, nehmen an den Veranstaltungen teil oder spielen Billard. Am Anfang waren nicht alle von der Idee begeistert. Inzwischen findet es fast jeder normal, wenn Uwe mit dem Rollstuhl um den Billardtisch kurvt oder Eva zu allen sagt: „Du bist ein Schatz!" Interessant für alle Nichtbehinderten war ein Besuch in den Behindertenwerkstätten, dem Wohnheim und die Gespräche mit den Betreuern. Als einmal eine Gruppe von Jugendlichen Jens wegen seiner spastischen Lähmung nachmachte, gab es Krach. Seitdem ist Ruhe.

▼ Besucht eine geschützte Werkstatt, in der Behinderte arbeiten. Lasst euch ihre Arbeit erklären und arbeitet einige Zeit mit.

Mit Behinderungen leben

▼ Ihr könnt etwas gemeinsam mit behinderten Menschen unternehmen.

Beachtet:
- Vor der ersten Einladung Hausbesuche bei Behinderten und ihren Familien machen. Interessengebiete der Behinderten erforschen.
- Mit den Eltern oder Partnern der Behinderten über gesundheitliche Fragen (z. B. bei Anfallkranken) sprechen.
- Möglichst dafür sorgen, dass die Zahl der Helferinnen und Helfer genau so groß ist wie die Zahl der Behinderten.
- Die Treffen zeitlich begrenzen (2-3 Stunden), um die Behinderten nicht zu überanstrengen.

Was behinderte Menschen sich von ihren Mitmenschen wünschen

1. Starrt uns nicht an, wenn ihr uns auf der Straße begegnet!
2. Stoßt uns nicht weg, wenn wir auf etwas warten!
3. Habt Geduld mit uns, wenn wir nicht so schnell sind wie nichtbehinderte Menschen.
4. Wendet euch nicht ab, wenn ihr uns im Restaurant oder anderswo begegnet.
5. Sprecht nicht über uns, sondern mit uns!
6. Behandelt uns nicht wie Kranke oder kleine Kinder! Gebt uns die Möglichkeit, wie nichtbehinderte Menschen zu leben!
7. Wenn ihr nicht wisst, ob ihr uns helfen sollt, dann fragt uns!
8. Bezieht uns in euer Leben ein!
9. Gestaltet eure Umwelt so, dass wir uns darin uneingeschränkt bewegen können.
10. Gebt uns die Möglichkeit, am öffentlichen Leben teilzunehmen.

△ Welche Wünsche haltet ihr für besonders wichtig? Begründet eure Meinung. Was könnte in unserem Alltag verändert werden?

Ich bin dein Geschöpf, dein Original

„Ich bin dein Geschöpf, dein Original." Ich werde diese Worte aus einem Gebet nicht vergessen, das der spastisch gelähmte Stefan aus seinem Rollstuhl heraus sprach – in einem Gottesdienst zum Thema „Gott schuf den Menschen zu seinem Bilde".

Herr, ich sitze da,
ich nehme dein Wort
in mich auf,
ich bin ganz still,
dieses Wort
soll Raum gewinnen in mir –
bis in alle Ecken
und Winkel meines Körpers.

Herr, ich spüre,
ich kann dankbar sein,
ich bin für dich keine Nummer,
kein Abziehbild,
ich muss mir das immer wieder
klarmachen,
einschärfen,
ich bin dein Geschöpf, dein
Original,
echt, ein für alle Mal.

Herr, ich vertraue darauf,
…

△ Schreibt das Gebet von Stefan weiter.

In der Schöpfung als Ebenbild Gottes

Ihr schuldet uns eine lebenswerte Welt

Die Statuten des Menschen
Artikel 1: Es wird erlassen, dass jetzt die Wahrheit zählt, dass jetzt das Leben zählt und dass wir alle Hand in Hand für das wahre Leben arbeiten.
Artikel 4: Es wird erlassen, dass der Mensch niemals mehr am Menschen zu zweifeln braucht, dass der Mensch dem Menschen vertraut, wie die Palme dem Wind vertraut, wie der Wind der Luft vertraut, wie die Luft dem blauen Feld des Himmels vertraut.
Artikel 5: Es wird erlassen, dass die Menschen frei vom Joch der Lüge sind.
Artikel 9: Es wird erlaubt, dass das tägliche Brot das Brandmal des Schweißes im Menschen trägt; vor allem aber soll es immer den warmen Geschmack der Zärtlichkeit haben.
Artikel 10: Jedem Menschen wird es erlaubt, sich in jeder Stunde seines Lebens weiß zu kleiden.
Einziger Paragraph: Nur eines wird verboten bleiben – zu lieben ohne Liebe.

△ Ungewöhnlich sind die Statuten des Menschen, die Thiago de Mello, ein Brasilianer, aufstellt. Ergänzt oder verändert sie.

Dieses Bild malte ein Kind nach der Explosion des Atomkraftwerks in der Ukraine im Jahr 1986. Die kyrillischen Schriftzeichen in der Schlange heißen „Tschernobyl".

△ Bringt das Bild mit der Forderung nach Bewahrung der Schöpfung in Zusammenhang. Seht euch doch noch einmal das Bild auf Seite 150 f. an.

Regeln für den Umgang mit Kindern
Du sollst Kinder achten wie dich selbst.
Du sollst ein Kind nichts lehren, woran dir selbst nichts liegt; du sollst es nicht langweilen.
Du sollst nichts für ein Kind tun, ohne es zu fragen.
Du sollst ein Kind nicht anders „machen" wollen, als es ist.
Du sollst an der Welt arbeiten, sodass du sie ohne Scham den Kindern übergeben kannst.

Hartmut von Hentig

△ Schreibt weitere oder andere Regeln.
△ Überlegt Rechte und Pflichten von Kindern im Blick auf die Zukunft. Vergleicht damit die Regeln von Hartmut von Hentig.

Wenn ihr uns fragt …

Im Jahr 1991 fand in Frankfurt am Main ein Kinder-Gipfeltreffen statt. Dort formulierten Kinder unterschiedlichen Alters ihre Wünsche und Forderungen an Politiker und Erwachsene. Einige der Aussprüche lauten:

- Ich wünsche mir, dass Naturschutz GROSS geschrieben wird.
- Das Ozonloch könnte mit Gedankenkraft geklebt werden.
- Alle Väter sollten zehn Bücher über den Regenwald lesen, damit sie so gut Bescheid wissen wie die Kinder.
- Politiker sollten sich mehr Zeit nehmen für Fantasie.
- Popcorn statt Styropor als Verpackungsmittel.
- Wir wünschen uns saubere Höfe, mehr Spielgeräte und mehr Radwege.

△ Was sagt ihr zu den Wünschen der Kinder?
Welche Wünsche haben Jugendliche?
Gestaltet ein Blatt, auf dem ihr eure Forderungen festhaltet.

René, 16 Jahre alt

Mit zittrigen Händen streichelt René seine Hündin Angie. Wärme suchend kuschelt sich der schwarze Mischling an ihn. Die Wangen des 16-Jährigen sind eingefallen, sein T-Shirt ist zerschlissen, die Jeans verschmutzt. Seine ganze Habe hat René in einem blauen Rucksack und zwei Plastiktüten verstaut. „Ich muss das Zeug mit mir rumschleppen, weil es sonst geklaut wird", sagt er.

René lebt seit fast zwei Jahren auf der Straße. Er übernachtet unter Brücken, in stillgelegten Kanalisationstrakten oder in Abbruchhäusern. „Zuhause gab's dauernd Zoff mit meinem Stiefvater", erzählt er. „Er hat mich total terrorisiert und wegen jeder Kleinigkeit sogar geschlagen. Einmal hat er mich fast bewusstlos geprügelt – da bin ich einfach abgehauen!" In dem leer stehenden Abbruchhaus wohnt René erst seit einer Woche. Es riecht nach Unrat, Urin und Hundekot. Durch das undichte Dach tropft Regenwasser, auf Renés Schlafmatratze und auf dem Teppich bilden sich kleine Pfützen. „Auch wenn's reinregnet – hier bin ich jedenfalls sicher", sagt René und zeigt auf große blaue Flecken an seinen Beinen und auf seinem Rücken. Sie kommen von Tritten und Faustschlägen. „Vor ein paar Tagen haben mich Skins unter einer Brücke entdeckt und zusammengeprügelt. Ich dachte schon, die wollen mich umbringen. Als diese feigen Drecksäcke endlich weg waren, habe ich vor Verzweiflung die ganze Nacht Rotz und Wasser geheult. Am liebsten wollte ich alles zusammenpacken und wieder heim zu Mutter." Er unterbricht sich, atmet tief durch, spricht mit gespielt fester Stimme weiter: „Aber ich weiß, dorthin kann ich nicht mehr zurück. Mein Zuhause ist die Straße."

In einer Suppenküche für Obdachlose bekommt er für zwei Mark etwas zu essen. „Auch für Angie fällt immer etwas ab", sagt René. Kontakte zu Menschen, die nicht auf der Straße leben, vermittelt das Café „Stoffwechsel". Dort bekommt er schon mal umsonst eine warme Mahlzeit. Betrieben wird das Café von Sabine Ball, einer 70-jährigen wohlhabenden Frau, die sich seit einigen Jahren um Straßenkids kümmert. „Manchmal denke ich, der liebe Gott hat sie geschickt. Sie ist wie ein Engel, einfach immer für einen da. So eine Oma hab ich mir immer gewünscht. ‚Mutter Sabine' ist der erste Mensch in meinem Leben, den ich so richtig lieb habe."

In der Schöpfung als Ebenbild Gottes

René schlägt sich mit Schnorren durch. „Am Anfang habe ich mich geschämt. Aber jetzt gehe ich einfach auf die Leute zu und sage: ‚Hätten 'se nicht ein paar Mark für 'was zu essen über, für mich und meinen Hund?' Die meisten sind dann ganz nett und rücken was raus."

„Der Hund ist mein einziger Freund. Der hält immer zu mir." Er zieht Angie zu sich, herzt sie innig. „Sie ist durch einen anderen Obdachlosen zu mir gekommen. Ich sollte nur kurz auf sie aufpassen – und dann kam er nie wieder. Seitdem weicht Angie nicht von meiner Seite."

Wie stellt sich René seine Zukunft vor? Er schweigt lange, bevor er antwortet: „Ich möchte so gern wieder in die Schule gehen, einen Job bekommen und eine Freundin finden, die immer zu mir hält." Er macht eine Pause und fährt dann mit leiser Stimme fort: „Vielleicht gehe ich doch bald heim. ‚Mutter Sabine' hat mir vor zwei Tagen gesagt, dass sich meine Mutter von meinem Stiefvater getrennt hat. Am nächsten Sonntag will sie ins ‚Stoffwechsel' kommen, um mich zu sehen."

▼ Tragt zusammen, was ihr über die Straßenkinder in Deutschland wisst, oder informiert euch. Welche „Rechte der Kinder" sind besonders wichtig für sie?

Ihr schuldet uns eine lebenswerte Welt

Flucht in die Sucht

Eine Erklärung der Weltgesundheitsorganisation (WHO)
Eine Droge ist alles, was Menschen hilft, ihre Probleme und Unzufriedenheiten zu verschleiern, statt sich der Wirklichkeit zu stellen.

„Muntermacher"

Gestern Abend ist es spät geworden. Erst war Gabi bei ihrer Freundin Ernestine. Gegen 20 Uhr sind sie zu Bert und Moni gegangen. Sie haben ein wenig geredet. Gegen 21 Uhr war sie zu Hause. Dann musste sie noch Mathe machen. Weil das nicht so richtig lief, kochte sie sich einen starken Kaffee. Um 23 Uhr war sie im Bett. Als sie um Mitternacht immer noch nicht schlafen konnte, hat sie sich eine Schlaftablette geholt. Dann konnte sie irgendwann schlafen. Jetzt steht sie mit dem Frühstück im Bad. In der einen Hand hat sie ein Brötchen und in der anderen ein Glas Saft. Im Spiegel betrachtet sie ihr Gesicht. Sie streckt sich die Zunge heraus und zieht das Fach heraus, in dem die Arzneien aufbewahrt werden. Wenn ihre Mutter sich morgens nicht wohl fühlt, nimmt sie ihren „Muntermacher". Nach dieser Packung greift Susi und nimmt eine Tablette. Dann verlässt sie die Wohnung.

△ Bringt das Beispiel mit der Auffassung der Weltgesundheitsorganisation in Zusammenhang. Nimmt Susi eurer Meinung nach „Drogen"? Begründet eure Meinung.

Im Bierzelt

Klaus ist mit zwei Freunden zum Fest gegangen. Erst haben sie an einer Schießbude herumgeballert und sind Autoscooter gefahren. Dann ging es ins Bierzelt. An einem Tisch ist schon der größte Teil der Clique versammelt. Sie werden mit lautem Hallo empfangen. Auf dem Tisch stehen bereits viele leere Gläser. Das Bier wird in halben Litern ausgeschenkt. Die Kellnerin kommt und fragt nach den Wünschen der Neuankömmlinge. Klaus trinkt selten Bier. Es schmeckt ihm nicht.

△ Erzählt die Geschichte weiter. Wie könnte sich Klaus verhalten? Beschreibt die möglichen Reaktionen der Freunde von Klaus.
▼ Viele „Suchtkarrieren" beginnen, indem Rausch- und Suchtmittel zuerst in der Gruppe von Gleichaltrigen genommen werden. Nennt dafür Gründe.

In der Schöpfung als Ebenbild Gottes

Spielwelt

Der große Raum ist abgedunkelt. Das Licht kommt aus den vielen Automaten: Flipper, Autorennen, Kampfspiele, Glücksspiele. Jürgen geht an jedem Nachmittag auf dem Weg nach Hause an dem Geschäft vorbei, über dessen Tür die Leuchtreklame „Spielwelt" blinkert. Dort verbringt er einen großen Teil des Nachmittags.
Weil er erst später in den Ort gezogen ist, hat er kaum Freunde in der Klasse. Die meisten sind Sportfans. Jürgen ist ein bisschen dick. Deshalb wird er beim Fußballspielen selten in eine Mannschaft gewählt. Jetzt geht er schon gar nicht mehr auf den Platz. Er hat keine Lust, sich anpöbeln zu lassen.
In der „Spielwelt" hat Jürgen seinen Sport. Es macht ihm Spaß, gegen die Maschinen zu kämpfen. Ihm fehlt richtig etwas, wenn er nicht dahin gehen kann. Seine Mutter hat jetzt einmal gesagt, er sei „spielsüchtig".

△ Erzählt von euren Erfahrungen mit Computerspielen und „Spielhöllen". Denkt an die Definition der Weltgesundheitsorganisation (Seite 164) und überlegt, ob die Mutter Recht hat. Begründet eure Meinung.

Was bringt der Stoff?

Marco ist ein unauffälliger Junge: vierzehn Jahre, braune Haare, blasse Hautfarbe, schmale Figur. Er ist ein durchschnittlicher Schüler, hört Deutsch-Rap, spielt Schach. Er kommt aus sicheren sozialen Verhältnissen und lebt bei seiner Familie, die – so glaubt sie – alles für ihn tut. In seiner Freizeit sieht er fern und spielt mit dem Computer. Er macht immer seine Hausaufgaben. Tagsüber trinkt er Bier und Wein, abends harte Sachen; und das nicht nur ab und zu, sondern regelmäßig.

Gregor hat immer wieder die Schule geschwänzt. Als die Eltern das nicht unterbinden konnten, kam er ins Heim. An einer Lehrstelle zeigte er kein Interesse. Er probierte Alkohol und später Haschisch. Wegen eines Autodiebstahls kam er ins Gefängnis. Seitdem er wieder in Freiheit ist, ernährt er sich durch Diebstähle, schlüpft bei Kumpels unter und drückt sich Heroin.

Herr Weber, 55 Jahre, erzählt:
„Den ersten Kontakt zu Alkohol hatte ich im 15. Lebensjahr. Ich war kein selbstbewusstes Kind, eher ein Außenseiter. Während der Lehre trank ich weiter, doch noch war es das, was man gemeinhin Alkoholgenuss nennt. Erst später wurde aus Genuss Missbrauch.
Ich bin ein sensibler, empfindsamer Mensch und eher pessimistisch veranlagt, und ich merkte schnell: Mit Alkohol konnte ich meine Gemütslage steuern. Trank ich, stellte sich eine rosige, beschwingte Laune ein und alle Probleme und alles Leid waren vergessen. Erst habe ich den Alkohol dafür spielerisch und neugierig eingesetzt, später dann gezielt. Ich hatte seine Funktion für mich erkannt und ich gebrauchte, besser missbrauchte diese Eigenschaft. Auf einmal kam das unbändige Verlangen nach Alkohol, dem ich nicht entgehen konnte. Ich wurde zum Spiegeltrinker, das bedeutete, ich brauchte einen bestimmten Alkoholwert im Blut, damit mir die Hände nicht zitterten, damit ich mich wohl fühlen konnte."

△ Tragt die Gründe zusammen, aus denen die Personen Alkohol trinken.
▼ Nennt weitere Gründe, die zum Drogengebrauch führen können.
Drogen helfen, Probleme und Unzufriedenheiten zu verschleiern, lösen sie aber nicht.
Überlegt Alternativen, mit denen die Personen ihre Probleme lösen könnten.

Flucht in die Sucht

Das Leben neu gewinnen

Es gibt besondere Kliniken für Suchtkranke. Dort halten sich die Betroffenen oft bis zu sechs Monaten auf. In dieser Zeit lernen sie
– die totale Abstinenz von Suchtmitteln
– Möglichkeiten, den Körper fit zu halten
– Konfliktlösungen ohne Suchtmittel

Ein „Trockener" erzählt:

„Nennen Sie es ein Wunder, für mich ist es eine Gnade und ich bin dankbar dafür. Am 20. Juli 1992 bin ich ein zweites Mal geboren. Von diesem Tag an brauchte ich keinen Alkohol mehr zu trinken. An diesem Tag kam ich ins Diakonissenkrankenhaus zur Entgiftung und spürte sofort, dass man mir, dem heruntergekommenen Betrunkenen, Gutes tun wollte. Ich habe mich geschämt und war berührt, dass man mich mit all meinem Dreck, meinem Jammer, meinem Gram annahm. Drei Tage später holte mich eine schlimme Entzugserscheinung ein. Zu diesem Zeitpunkt hatte man mir schon die Verbindung zur Stadtmission vermittelt. Mein Therapeut zog mich Schritt für Schritt aus dem Sumpf und hat mir auch die Glaubenshilfe nahe gebracht. Ich habe nicht nur Abstand zum Alkohol gewonnen, sondern ein neues Leben erhalten. Es genügt nicht, nur nicht mehr zu trinken. Ich nahm Angebote an, um aus dem Alleinsein herauszukommen, und fuhr zu Besinnungswochen. Ich musste lernen, mit Situationen, in denen ich früher zum Alkohol griff, anders umzugehen. Ich habe neue Freunde gefunden und alte Hobbys wieder entdeckt.
Inzwischen habe ich einen guten Spruch: Alkohol ist nicht notwendig, denn er wendet keine Not."

Die Drogen-Illusion

> Wisst ihr nicht, dass euer Leib ein Tempel des heiligen Geistes ist, der in euch ist und den ihr von Gott habt, und dass ihr euch nicht selbst gehört? Denn ihr seid teuer erkauft; darum preist Gott mit eurem Leibe.
> 1. Korinther 6,19.20

In der Schöpfung als Ebenbild Gottes

Blaues Kreuz in Deutschland e.V.
Das Blaue Kreuz
- will Suchtgefährdeten mit ihren Angehörigen Rat und Hilfe geben
- hat viele Freunde und Mitglieder, die selbst Sucht durchlitten haben und jetzt als Befreite ein sinnvolles Leben führen
- bemüht sich, auf die Suchtgefahren hinzuweisen und Verständnis für die Betroffenen zu wecken
- ist eine Gemeinschaft, deren Mitglieder sich zu Jesus Christus als ihren Befreier bekennen
- alle Mitglieder trinken grundsätzlich keinen Alkohol

▼ Erkundigt euch nach den Beratungsmöglichkeiten für Suchtkranke in eurem Ort.
▼ Ladet jemanden mit Drogenerfahrung ein. Das können Betroffene, Mitarbeiter einer Beratungsstelle oder Ärzte sein.

Hilfreiche Gesprächsführung
Suchtgefährdete sind dringend auf Hilfe angewiesen. Sie brauchen Hilfe, auch wenn sie verschlossen, scheinbar gleichgültig und sogar abweisend wirken. Solche „helfenden Gespräche" sind nicht leicht. Welche der folgenden Äußerungen haltet ihr für den Einstieg in das Gespräch mit einem Gefährdeten für hilfreich?
– Wenn du so weitermachst, bist du bald süchtig!
– Sei doch nicht so sauer. Du vergraulst dir noch alle Freunde.
– Stimmt es, dass du in letzter Zeit einige Schwierigkeiten hattest?
– Stell dich doch nicht so an. Andere haben auch Probleme.
– Du bist einfach unausstehlich, wenn du so bist.
– Ich habe das Gefühl, dass dich in letzter Zeit etwas bedrückt.
– Kommst du heute mal wieder mit ins Kino?
– Erzähl doch mal, was los ist. Vielleicht kann ich dir helfen?
– (Weitere Vorschläge)

△ Welche Fragen sind für einen Gesprächsbeginn geeignet?

Suchtstoffe – Nein danke!
In einem amerikanischen Trainingsprogramm zum Widerstand gegen Drogenmissbrauch heißt es:
– Sag einfach „Nein danke!"
– Sag, warum du nicht willst.
– Sag stur „Nein!"
– Gehe woanders hin.
– Meide die Situation von vornherein.
– Tue dich mit Leuten zusammen, die mit Drogen nichts zu tun haben wollen.

△ Gestaltet in kleinen Gruppen Plakate, die zum Ausdruck bringen, wie man sich in Gefährdungssituationen verhalten sollte.

Flucht in die Sucht

Der Traum des Papstes Innozenz III. Teilstück aus den Fresken Giottos (gest. 1336) über das Leben des Franz von Assisi

Kirche in der Welt

Christen im Römischen Reich
Christliche Welt des Mittelalters
Wege in eine neue Zeit: Die Reformation

Orantin (Beterin) aus der Hauskirche unter der Basilika Santi Giovanni e Paolo, Rom (4. Jh. n. Chr.)

Lucas Cranach d. Ä., Luther predigt in Wittenberg. Altarbild in der Stadtkirche von Wittenberg

Christen im Römischen Reich

In Bedrängnis

Im Römischen Reich waren die Juden unbeliebt. Sie kapselten sich ab, verweigerten am Sabbat die Arbeit und erschienen nicht zu öffentlichen Veranstaltungen; sie opferten nicht dem Kaiser und wollten ihren Jahwe auch nicht unter die Staatsgötter einreihen. Der römische Staat hatte ihnen Sonderrechte einräumen müssen. Vom Opfer vor dem Kaiserbild und vom Kriegsdienst waren sie befreit. Am Sabbat brauchten sie nicht vor Gericht erscheinen. Im ersten Jahrhundert wurden die Christen als jüdische Sekte betrachtet. Die Sonderrechte galten auch für sie. Aber es gab zunehmend Anlass zum Misstrauen.

Die Christen versammelten sich am Abend in Häusern zum Liebesmahl (Agape). Männer und Frauen aßen und tranken zusammen. Das war sonst nicht üblich, außer bei den Gelagen der Reichen. Man erzählte, sie würden den Leib ihres Herrn essen und von seinem Blut trinken. Die meisten ihrer Anhänger waren Sklaven.

Verdächtigungen

Rotteten sich hier Aufrührer zusammen? Ihr Gott gehörte nicht zu einem Volk. Waren sie Vaterlandsverräter? Sie verehrten einen gekreuzigten Verbrecher. Mussten das nicht selbst Verbrecher sein?

Verteidigung

Wortführer der Christen mussten Verteidigungsschriften schreiben. Aus ihnen kann man die Vorwürfe erschließen, mit denen sie sich auseinander zu setzen hatten. Da ist Folgendes zu lesen:

Darstellung eines heiligen Mahls in der Priscilla-Katakombe Roms. Eine Katakombe ist eine unterirdische Gräberstätte.

Kirche in der Welt

I. Wir versammeln uns, um aus den heiligen Schriften zu hören, was Gott für uns getan und was er mit uns vor hat.
II. Wir halten die Gebote Gottes.
III. Wer schwer gesündigt hat, wird von den Versammlungen und vom heiligen Mahl ausgeschlossen.
IV. Wir geben freiwillig Geld für den Unterhalt armer Menschen und die Unterstützung von Waisenkindern.

Unsere Mahlzeit gibt ihren Sinn vom Namen her zu erkennen: Mit einem Ausdruck wird sie bezeichnet, der bei den Griechen „Liebe" bedeutet (Agape). Nicht eher legt man sich zu Tisch, als ein Gebet zu Gott im Voraus gesprochen ist. Man isst so viel, wie man für den Hunger braucht; man trinkt so viel, wie Anständigen gut ist. So sättigt man sich wie jemand, der daran denkt, dass er auch zur Nachtzeit zu Gott beten muss. So spricht man miteinander wie jemand, der weiß, dass Gott es hört. Nachdem das Wasser für die Hände gereicht ist und die Lichter angezündet sind, wird jeder aufgefordert, wie er es aus den heiligen Schriften oder aus eigenem Können vermag, vor den anderen Gott Lob zu singen; damit wird geprüft, in welcher Weise er getrunken hat. Ebenso löst ein Gebet die Tischgesellschaft auf.

Im Unrecht sind die, die laut nach dem Blut Unschuldiger schreien, wobei sie freilich diesen Hass zum Teil mit dem sinnlosen Vorwand begründen, dass nach ihrer Überzeugung an jeder Katastrophe des Staates, an jedem Missgeschick des Volkes die Christen die Schuld trügen. Wenn der Tiber die Mauern überflutet, wenn der Nil die Felder nicht überflutet, wenn der Himmel sich nicht rührt, wenn die Erde sich bewegt, wenn eine Hungersnot, wenn eine Seuche wütet, gleich schreit man: „Die Christen vor die Löwen!"

Tertullian (197 n. Chr.)

△ Stellt aus dem Einleitungstext und aus der Verteidigungsschrift die Vorwürfe und Verdächtigungen gegen die Christen zusammen und erörtert, ob Tertullian sie hinreichend widerlegt hat.
▼ Gestaltet einen Handzettel oder eine Werbebroschüre, mit deren Hilfe Christen im Römischen Reich ihre Mitbürger hätten einladen und sich verteidigen können.

Vielfalt und Abgrenzung

Die christlichen Gemeinden des ersten und zweiten Jahrhunderts waren keineswegs einheitlich, weder in ihrer Lehre noch in ihren Lebensformen. Es gab Gemeinden, die aus kleinen Leuten, Handwerkern und Sklaven bestanden. Daneben gab es in Städten wie Korinth reiche Christen. In Rom haben Verwandte des Kaisers Domitian (81-96), der Konsul Flavius Clemens, der 95 hingerichtet wurde, und seine Frau Flavia Domitilla, die mit Verbannung bestraft wurde, zur Gemeinde gehört. Da Herr und Sklave, Mann und Frau, Arm und Reich vor Gott und Christus gleich viel galten, hatten die Mächtigen und Reichen keine besonderen Rechte. Diese Gleichheit wirkte sehr anziehend. In dieser Zeit vollzog sich auch die endgültige Trennung von der jüdischen Religion. Der Kampf gegen das Gesetz und die Beschneidung sowie das Bekenntnis zu Jesus als dem Sohn Gottes waren für die Juden unannehmbar. Es kam zu Verunglimpfungen und erbitterten Verfolgungen von beiden Seiten.

△ Lest in der Bibel, wie Paulus in 1. Korinther 12,12-27 das Zusammenleben der Christen beschreibt. Welche Regeln ergeben sich daraus?
▼ Sammelt aus Geschichtsbüchern Beispiele für Judenverfolgungen durch Christen und erörtert ihre Gründe.

Verfolgungen

Die Christen blieben verdächtig. So konnte sie Kaiser Nero (54-68) als Sündenböcke benutzen. Um nach einem großen Brand in Rom den Verdacht der Brandstiftung von sich abzulenken, ließ er Christen verhaften und sie in grausamen Zirkusspielen hinrichten. Diese Ausschreitungen blieben auf Rom beschränkt.

Zur ersten größeren Verfolgung kam es unter dem Kaiser Domitian (81-96) in Rom und in Kleinasien. Auch Mitglieder der kaiserlichen Familie waren betroffen. Kaiser Trajan (98-117) antwortete auf eine Anfrage des Statthalters Plinius:

> „Aufzusuchen sind sie nicht; werden sie angezeigt und überführt, so sind sie zu bestrafen, und zwar folgendermaßen: Wer leugnet, ein Christ zu sein, und dies durch die Tat beweist, nämlich unseren Göttern Verehrung zollt, mag wohl im Hinblick auf seine Vergangenheit verdächtig sein, aber aufgrund seiner Reue mag ihm Verzeihung werden. Anonyme Zuschriften aber dürfen in keinem Prozess Berücksichtigung finden, denn das gäbe das schlimmste Beispiel und passt nicht in unsere Zeit."

Die Nachfolger des Trajan hielten sich im Wesentlichen an diese Grundsätze. In der ersten Hälfte des 3. Jahrhunderts kam es nur zu wenigen Verfolgungen.

Bedrohungen der Reichssicherheit von innen und außen lassen den Kaiser Decius (249-251) schärfere Maßnahmen ergreifen. Für ihn sind die Christen die eigentlichen Feinde des Reiches, da sie die Staatsreligion untergraben. Ein Edikt aus dem Jahr 250 befiehlt, dass jeder Christ vor dem Bild des Kaisers und der Götter den Weihrauch aufsteigen lassen, vom Opferwein trinken und vom Opferfleisch essen sollte, um so dem Herrscher die göttliche Verehrung darzubringen. In den Städten und auf dem Lande werden Opferkommissionen eingesetzt, an deren Spitze oft Priester stehen. Über die erfolgte Opferung wird eine Bescheinigung ausgestellt, Massenopfer finden in den großen Städten statt, so in Rom, in Karthago und Smyrna. In Ägypten wird nach den Haushaltslisten geopfert. Ohne Rücksicht auf ihre Zugehörigkeit zur Kirche müssen alle Bürger die Gesinnungserklärung abgeben. Diese Verfolgung ist die erste, die das ganze Reich erfasst und die der römische Staat von sich aus vornahm.

Kaiser Valerius (253-260) verschärfte diese Maßnahmen noch. Danach ließ man die Christen in Ruhe, bis Kaiser Diokletian in den Jahren 299-305 noch schlimmere Verfolgungen veranlasste. Die Zahl der Märtyrer (= Blutzeugen) und der Abgefallenen war ungeheuer.

Blandina

> Blandina wurde an einem Pfahl aufgehängt und sollte den auf sie losgelassenen wilden Tieren zur Speise dienen. Da keines der wilden Tiere Blandina berührte, wurde sie vom Holze abgenommen und wiederum in den Kerker geworfen, um sie für einen neuen Kampf aufzubewahren.
>
> Nachdem sie gegeißelt, den wilden Tieren vorgeworfen worden war, steckte man sie zuletzt in ein Netz und warf sie einem Stier vor. Selbst die Heiden mussten zugeben, dass bei ihnen noch nie eine Frau so viele Qualen erdulden musste.
>
> Eusebius, Geschichtsschreiber, im Jahre 177

Kirche in der Welt

Das Martyrium eines Soldaten

Das göttliche Kaiserpaar (Antonius Pius und seine Frau (161) als Jupiter und Juno) garantiert das „goldene Zeitalter" des Staates

Es war in Leon zu der Zeit, wo Fortunatus das Amt des Präfekten innehatte. Man feierte gerade den Geburtstag des Kaisers. Mitten im Festtaumel erklärte plötzlich der Hauptmann Marcellus, er wolle von nun an nicht mehr an den weltlichen Festlichkeiten teilnehmen, und warf seinen Degen mit dem Koppel vor der Legionsfahne zu Boden nieder, indem er mit lauter Stimme erklärte: „Ich bin Soldat Jesu Christi, des einzigen und wahren Königs. Ich trete darum aus dem Heeresdienst aus und weigere mich fürderhin, eure Götter aus Holz und Stein anzubeten."
Am 30. Oktober erschien Marcellus vor dem Gerichtshof in Tanger. Der Gerichtsschreiber begann mit den Worten: „Der Hauptmann Marcellus wurde vom Präfekten Fortunatus nach hier überwiesen. Die Anklageschrift liegt vor. Soll sie zur Verlesung kommen?" Nachdem dies geschehen, stellte Agricolanus die Frage: „Hast du so gesagt, wie es in der Anklageschrift steht?"
Marcellus: „Ja".
Agricolanus: „Warst du aktiver Hauptmann?"
Marcellus: „Ja."
Agricolanus: „Welche Verrücktheit hat dich angewandelt, dass du deine militärischen Abzeichen weggeworfen und solchen Blödsinn gesprochen hast?"
Marcellus: „Es gibt keine Verrücktheiten bei solchen, die Gott fürchten."
Agricolanus: „Hast du genau gesagt, wie es in der Anklageschrift heißt?"
Marcellus: „Ja."
Agricolanus: „Hast du deine Rangabzeichen zu Boden geworfen?"
Marcellus: „Ja, weil ein Christ, als Soldat Jesu Christi, nicht unter der Fahne eines Großen dieser Welt dienen soll."
Agricolanus: „Der vorliegende Fall ist im Militärstrafgesetzbuch vorgesehen. Weil Marcellus aktiver Offizier war, seinen Fahneneid gebrochen und beim Verhör lästerliche Worte sprach, soll er mit dem Schwert enthauptet werden."
Auf dem Weg zum Richtplatz sagte Marcellus zu Agricolanus: „Gott segne dich!" So errang Marcellus die Siegeskrone des Martyriums.

Auszug aus einer Prozessakte des Jahres 292

△ Aufgrund welcher Vergehen wurde Marcellus getötet, warum Blandina? Nennt weitere grundlegende Überzeugungen der alten Christen, die in diesen Berichten deutlich werden.
▼ Verfolgungen um des Glaubens willen gibt es bis in unsere Zeit. Stellt eine Dokumentation zusammen.

Christen im Römischen Reich

Kirche im Staat

„Augustus" (= der Erhabene)

Die Wende durch Konstantin

Der Kaiser Diokletian hatte 293 das Römische Reich in vier Teilreiche gegliedert, von denen er selbst die beiden östlichen als „Augustus" beherrschte.
Im Westen herrschte Maxentius. Als „Cäsar" (Mitherrscher) wurde Constantius Chlorus eingesetzt. Dessen Sohn Konstantin gelang es nach dem Rücktritt Diokletians (305), seine Macht im Westen auszudehnen.
Damals verehrte Konstantin den als höchsten Gott gedachten Sonnengott Apollo. Aber er schätzte auch das Christentum. Daher wurden in seinem Herrschaftsbereich die Verfolgungsedikte Diokletians nicht befolgt. Im Jahre 312 griff Konstantin Maxentius in Italien an. An der Milvischen Brücke vor Rom traf er auf die überlegene Streitmacht des Maxentius. In dieser Situation soll sich das Folgende ereignet haben:

> Er wandte sich an den Gott seines Vaters im Gebet, flehte ihn an und beschwor ihn, ihm doch zu offenbaren, wer er sei, und seine Rechte auszustrecken, ihm zu helfen in seinen gegenwärtigen Nöten. Und während er so flehentlich betete, erschien dem Kaiser ein überaus wunderbares Zeichen von Gott, das, wäre es ein anderer, der davon berichtete, kaum Aussicht hätte, auf Glauben zu stoßen.
> Er erzählte, dass er um die Mittagszeit, als sich der Tag eben zu neigen begonnen, mit eigenen Augen am Himmel, oberhalb der Sonne, das Siegeszeichen eines aus Licht gebildeten Kreuzes und darauf die Inschrift gesehen habe: „In diesem Zeichen siege!" Ob dieser Vision sei ihn und sein ganzes Heer ein Erschrecken angekommen. Weiterhin berichtete er, dass er darüber gegrübelt habe, was die Bedeutung dieses Zeichens sein möchte. Und während er fortfuhr zu grübeln und nachzusinnen, sei die Nacht hereingebrochen; im Schlaf sei ihm dann der Christus Gott erschienen mit dem Zeichen, das er am Himmel gesehen, und habe ihm befohlen, ein Abbild jenes Zeichens ... herzustellen und als Schutz zu gebrauchen, wann immer er mit den Feinden zusammentreffe.   *Eusebius, Geschichtsschreiber*

Nach seinem Sieg zog Konstantin nicht zum Kapitol, dem Sitz der Staatsgötter. Denn er war überzeugt, dass der höchste Gott ihm diesen Sieg geschenkt hatte. Gleich nach der Herrschaftsübernahme in Rom erließ er zusammen mit dem Augustus des Ostens in Mailand das folgende Edikt:

Edikt = Gesetz, Verordnung

Das Mailänder Edikt (313)

Ich, der Kaiser Konstantin, und ich, der Kaiser Licinius, haben alles, was der Wohlfahrt und Sicherheit des Staates dient, erwogen und beschlossen, den Christen ebenso wie allen anderen freie Wahl zu lassen, der Gottesverehrung zu folgen, die ein jeder wünscht, damit, was an Göttlichem auf himmlischem Sitz thront, uns und allen, die unter unserer Herrschaft leben, gewogen und gnädig sein möge. Dies geschieht im Interesse der Ruhe unserer Zeiten. Außerdem verfügen wir betreffs der Christen, dass man ihnen die Stätten, an denen sie sich früher zu versammeln pflegten, unentgeltlich ohne jeden Verzug zurückgebe. Wenn die, welche diese Orte gekauft, oder die, die sie zum Geschenk erhalten haben, etwas von unserer Güte wünschen, so mögen sie sich an den zuständigen Statthalter wenden, damit auch für sie durch unsere Güte gesorgt werde.

△ Beschreibt die Veränderungen, die sich aus diesem Edikt für die Christen ergeben.
▼ Erörtert, ob die angegebenen Gründe christlichem Denken entsprechen.

Kirche in der Welt

Kirche im Dienst staatlicher Einheit

Nach dem Mailänder Edikt verlieh Konstantin den Geistlichen die Vorrechte der heidnischen Priesterschaft. Sie wurden von den Steuern befreit. Den Bischöfen wurde die zivile Gerichtsbarkeit übertragen und die Kirche erhielt das Erbrecht, sodass sie Vermögen bilden konnte. Der Sonntag wurde zum allgemeinen Ruhetag.

Als Kaiser war Konstantin auch pontifex maximus (oberster Priester). Daher wurden auch innerkirchliche Streitigkeiten an ihn herangetragen, für deren Beseitigung er sich einsetzte.

Der donatistische Streit

Der Streit begann in Nordafrika. Dort hatte sich eine Gruppe um den Bischof Donatus gebildet, die alle Amtshandlungen (Taufen, Weihen usw.) von so genannten Traditoren (Geistlichen, die heilige Geräte und Bücher Verfolgern überlassen hatten) für ungültig erklärten. Nach dem Scheitern verschiedener Versöhnungsversuche ordnete Konstantin eine Synode in Arles (314) an, die gegen die Donatisten entschied. Diese aber nahmen die Entscheidung nicht an. Darauf verfügte Konstantin die Ausweisung der streitenden Bischöfe und ließ die Kirchen der Donatisten mit Gewalt räumen. Es kam zu Blutvergießen.

Konstantins Krönung

Der arianische Streit

Ein anderer Streit ging um Jesus, den Sohn Gottes. War er Gott gleich oder ihm untergeordnet, wie der Priester Arius von Alexandria (280–336) behauptet hatte? Konstantin ließ das erste Reichskonzil nach Nizäa/Kleinasien einberufen (325) – eine glänzende Versammlung mit über 320 Teilnehmern, die gegen die Arianer das folgende Bekenntnis annahm:

> „Wir glauben ... an einen Herrn Jesus Christus, den Sohn Gottes, vom Vater gezeugt, das heißt aus dem Wesen des Vaters ... gezeugt, nicht geschaffen, mit dem Vater eines Wesens ..."

Die entscheidenden Worte, für deren Aufnahme sich der Kaiser selbst eingesetzt hatte, sind: Der Sohn ist „eines Wesens mit dem Vater" (homoousios). Es wird ausdrücklich gesagt, dass die Zeugung des Sohnes „aus dem Wesen des Vaters" erfolgt sei.

Bis auf zwei Bischöfe der Arianer unterschrieben alle Teilnehmer der Synode das Bekenntnis. Der Kaiser erhob es dann zum Gesetz.

△ Wo ist euch bisher schon ein Bekenntnis begegnet? Beschreibt Situationen, in denen Menschen Bekenntnisse ablegen. Was erfahrt ihr in diesem Text über die Entstehung eines kirchlichen Bekenntnisses?
△ Benennt die Grundsätze der Kirchenpolitik Konstantins und versucht die Gründe dafür herauszufinden. Welche Maßnahmen würdet ihr als unchristlich bezeichnen?
▼ Gesetze im Geist des Christentums – welche gehören dazu, welche nicht? Nennt Beispiele.

Christen im Römischen Reich

Widerstände

Der Weg zur Staatskirche

Konstantin wollte die Einheit des Reiches sichern, aber gleichzeitig wollte er den Heiden gegenüber tolerant sein. Er ließ ihre Tempel und ihren Kult unangetastet. Er verbot nur, was nach christlicher Anschauung verderblicher Aberglaube war (z. B. Zauberei, Magie, Orakelbefragung). Wer dagegen verstieß, wurde straffällig. So begründete Konstantin, ohne es zu wollen, ein Strafrecht für Ketzer.

Verhasst waren ihm die Juden. Bei der reichseinheitlichen Festsetzung des Ostertermins begründete er die Abweichung vom jüdischen Festkalender.

Basilika in Trier: Die heute als Kirche genutzte Palastaula war der Thron- und Gerichtssaal Konstantins

> „…Zunächst schien es unwürdig zu sein, jenes hochheilige Fest (Ostern) nach dem Gebrauch der Juden zu feiern. Sie haben ihre Hände durch gottloses Verbrechen befleckt. Sie sind mit Recht als Menschen, auf denen Blutschuld lastet, mit Blindheit des Geistes geschlagen. Nichts soll uns also gemein sein mit dem verhassten Volk der Juden!"
>
> *Eusebius*

△ Sprecht über die Vorurteile, die in diesem Text zum Ausdruck kommen. Erörtert Gründe und mögliche Folgen.
▼ Benennt Menschen und Gruppen, die unter Konstantin mit Bestrafung oder Verbannung rechnen mussten. Informiert euch auch über Einrichtungen und Maßnahmen christlicher Staaten gegen Ketzer in späterer Zeit. Schlagt in einem Lexikon unter Inquisition nach.

Konstantin selbst hat bis zu seinem Lebensende (337) die Ausübung anderer Religionen gestattet und ihre Anhänger nicht aus ihren Ämtern gedrängt. Bei seinen Nachfolgern änderte sich das.

Edikt des Konstantius (346)

> Es ist unser Wille, dass in allen Orten fortan die Tempel geschlossen werden und dass, indem alle an deren Besuch gehindert werden, den Verworfenen die Freiheit genommen werde, sich zu vergehen. Wir wollen auch, dass alle sich der Opfer enthalten. Wenn aber jemand etwas Derartiges begehen sollte, so sei seine Strafe der Tod durchs Schwert. Auch das Vermögen des Hingerichteten soll, so verfügen wir, der Steuerbehörde zufallen; und ebenso sollen die Leiter der Provinzen bestraft werden, wenn sie es versäumen, diese Verbrechen zu ahnden.

Kirche in der Welt

Unter Kaiser Theodosius (379 - 395) war die Kirche zur Staatskirche geworden. Nun kam es zu Auseinandersetzungen zwischen Bischöfen und Kaisern. Ein Beispiel:
Der Kaiser Theodosius, der in Mailand regierte, hatte den Bischof von Callinicum am Euphrat und einige Mönche gemaßregelt, weil diese die jüdische Synagoge der Stadt sowie das Heiligtum einer Sekte hatten niederbrennen lassen. Ambrosius, Bischof von Mailand, forderte daraufhin den Kaiser schriftlich auf, seine Maßnahmen rückgängig zu machen und künftig in allen kirchlichen Angelegenheiten Bischöfe zur Beratung hinzuziehen. Theodosius beantwortete diesen Brief nicht. Beim nächsten Gottesdienst des Kaisers hielt ihm Ambrosius eine Bußpredigt und weigerte sich, das Messopfer darzubringen. Da der Kaiser keinen Konflikt mit dem angesehenen Bischof riskieren wollte, versprach er daraufhin, das Verfahren einzustellen. Freilich zog er keine bischöflichen Berater heran, sondern befahl wenig später, die Beschlüsse seiner Berater vor Ambrosius geheim zu halten. An seiner Schutzpolitik gegenüber den Juden hielt er fest. Später zwang der Bischof den Kaiser zu einer öffentlichen Buße, weil dieser in Tessaloniki aus Zorn über die Misshandlung kaiserlicher Beamter mehrere tausend Menschen hatte erschlagen lassen.

Konflikte

Ambrosius verwehrt dem Kaiser Theodosius wegen eines Blutbades in Tessaloniki den Eintritt in die Kirche. Ein Gemälde von Anthonis van Dyck.

△ Spielt die Begegnung zwischen Ambrosius und Theodosius mit der Bußpredigt des Bischofs. Welche Vorwürfe konnte der Bischof erheben, wie hat sich Theodosius wohl verteidigt?
▼ Die Konflikte zwischen Ambrosius und Theodosius waren nur ein Vorspiel einer jahrhundertelangen Auseinandersetzung zwischen Kirche und Staat bzw. Kaisern und Päpsten. Informiert euch in Geschichtsbüchern.

Verfolgungen
Nach dem Tod des Theodosius wurden die staatlichen Maßnahmen gegen Ketzer und heidnische Kulte verschärft. Viele Tempel wurden zerstört oder in christliche Kirchen umgewandelt. Heiden wurden aus dem Staatsdienst entfernt und christenfeindliche Schriften verboten. Immer wieder kam es zu Ausschreitungen, ja zur Ermordung Andersdenkender, z. B. der Philosophin Hypathia (415):

„… So schmiedeten allerlei Hitzköpfe unter Anführung eines Mannes namens Petrus ein Komplott gegen sie: Sie … lauerten der Frau auf, warfen sie aus der Sänfte und schleiften sie zu der Kirche, die unter dem Namen Caesareum bekannt ist; dort entkleideten und steinigten sie sie."

Christen im Römischen Reich

Christliche Welt des Mittelalters

Stadtleben

„Stadtluft macht frei"

Um 1400: Die Stadt platzt aus den Nähten. Zu viele Menschen, zu wenig Raum. Viele verdienen kaum das Nötigste, so mancher muss betteln gehen. Die Handwerker haben sich in Zünften zusammengeschlossen. Damit hat sich ihre Stellung verbessert. Für jedes Gewerbe gibt es eine Zunft und nur wer ihr angehört, darf das Handwerk betreiben. Im Handwerkerviertel hat jede Zunft ihre eigene Straße. So gibt es eine Glockengießerstraße, eine Böttcherstraße, eine Webergasse und viele andere. In der Torstraße wohnen die Schmiede. Grobschmiede fertigen auf offener Straße Hufeisen an und die Hufschmiede beschlagen die Pferde. Die Nagelschmiede werken in kleinen Buden, die man von der Straße her durch einen niedrigen Gang erreicht. Herbergen, Schenken und eine Badestube sind beim Tor zu finden. Die großen Bürgerhäuser im Vordergrund gehören schon zum Patrizierviertel, wo die reichen Kaufleute wohnen. Es geht in der Torstraße lebhaft zu. Man arbeitet wenn möglich im Freien, denn in den Häusern ist es eng und finster. Eine große Diele im Erdgeschoss dient als Wohnraum für alle Hausbewohner. Darüber liegen nur zugige Lagerböden. Die Fensterlöcher werden mit einfachen Holzluken verschlossen. Glas ist teuer, nur wenige können sich richtige Glasfenster leisten. Kein Wunder, dass die Leute lieber vor den Häusern bleiben. Bänke zu beiden Seiten jeder Haustür laden zum Verweilen ein.

Die Straße ist schmutzig. Der Unrat wird einfach vor die Haustüren geworfen. Schweine, Hunde und Hühner laufen frei herum, finden in den Abfällen Nahrung und besorgen so einen Teil der Straßenreinigung. Gelegentlich nimmt ein Bauer eine Wagenladung Kehricht

Die Torstraße einer norddeutschen Stadt um 1400

△ Stellt zusammen, welche Bevölkerungsgruppen auf dem Bild und im Text zu erkennen sind. Was erfahrt ihr über ihr Leben in der mittelalterlichen Stadt?

Kirche in der Welt

mit vors Tor. Männer und Frauen tragen hohe Holzsandalen, um mit ihren Schnabelschuhen nicht im Schmutz zu versinken. Wer es sich leisten kann, reitet. Bretter führen über die stinkende Gosse zu den Häusern. Vor der Badestube schwillt sie oft zum See. Dann helfen auch die Bretter nicht mehr.
Aber in die Badestube geht jeder gern, denn es geht dort lustig zu. Oft sitzen Männlein und Weiblein in der gleichen Wanne und trinken Wein dabei. Die Mönche wettern gegen das unzüchtige Treiben. Wer weiß, spotten die Badenden, vielleicht wären sie selbst gern dabei? Sonst sind die Mönche der verschiedenen Orden geschätzt und angesehen in der Stadt. Sie tun viel Gutes, ermahnen die Reichen zur Wohltätigkeit und helfen den Armen und Kranken. Die Bürger sind fromm. Sie besuchen die Messe, stiften Altäre, geben den Bettlern Almosen und pilgern hin und wieder zu einem fernen Wallfahrtsort. Die Frauen am Brunnen lassen sich Zeit beim mühsamen Wasserschöpfen und -tragen, stehn beieinander, plaudern und freuen sich über jede Abwechslung. Auch der Torwächter schaut dem Leben auf der Straße zu.

Um das Jahr 1200 begann der Boom der Städte. Damals gab es 250 Städte in Deutschland, 100 Jahre später waren es bereits 1000 und im Jahr 1500 waren es 3000. Auf dem Lande gab es nicht mehr genug Arbeit für alle. Viele dieser ländlichen Zuwanderer lebten als Unterschicht in den Vorstädten. Zur Unterschicht gehörten etwa Dienstboten, Tagelöhner, viele Frauen, Bettler, Blinde, Lahme, Aussätzige, aber auch Henker und Totengräber. Der neue Stand der Bürger wurde immer selbstbewusster. Durch ihren Handel, ihr Handwerk trugen sie zum Reichtum der Stadt bei; also wollten sie auch mehr persönliche Freiheiten, ein gerechteres Steuersystem, eine unabhängige Gerichtsbarkeit. Die Kaufleute, die zunächst von einem Markt zum anderen gewandert waren, wurden mit der Zeit sesshaft und schlossen sich in Gilden zusammen. Aus diesen erwuchsen bald reiche Kaufmannsgeschlechter, die im Rat der Stadt eine bedeutende Rolle spielten.

Die Städte des Hochmittelalters konnten den Strom ländlicher Zuwanderer innerhalb der alten Stadtmauern nicht mehr unterbringen. So entstanden die Vororte. Sie wurden nach und nach ausgebaut. Viele waren bald größer als die ursprüngliche Stadt. Manchmal wurde auch eine zweite Stadtmauer um die Vorstädte herum gebaut, wie hier in der freien Reichsstadt Schwäbisch Hall und der Katharinenvorstadt.

Christliche Welt des Mittelalters

Kirchenbauten

Die lichten, himmelwärts strebenden Kathedralen der Gotik lösten ab dem 12. Jahrhundert überall in Europa die breiten, gedrungenen Kirchen des frühen Mittelalters ab. Die Bürger selbst finanzierten viele dieser Bauten und gestalteten so stolz und selbstbewusst ihre Stadt mit. Für sie war es immer wieder ein eindrückliches Erlebnis, wenn sie aus ihren muffigen Häusern und düsteren Werkstätten durch lichtarme Gässchen und schmutzige, überfüllte Straßen zu ihrer Kirche gingen: Die Wände, vorher mächtige Schutzwälle, waren nun durch Spitzbögen entlastet, der Bau wirkte ganz leicht trotz seiner riesigen Ausmaße. Durch hohe, bunt bemalte Fenster durchflutete das Licht den oberen Teil des Kirchenschiffs; unten herrschte feierliches Halbdunkel. Manchen kam der Raum wie ein Sinnbild vor: unten die düstere Welt, oben das Wunderbare der jenseitigen Welt.

Eine gotische Kirche

Die Nacht

Es gab keine Straßenlampen, keine lichtglänzenden Auslagen, keine erhellten öffentlichen Uhren und in den Häusern brannten düstere Talgkerzen, Kienspäne oder Trankrüfe, deren Strahlen nachts bis auf die Gasse drangen. Wer abends ausging, musste seine eigene Laterne haben oder sich einen Fackelträger mieten. Nach neun Uhr versank das ganze Leben in tiefen Schlummer, nur die Obdachlosen und Wegelagerer in ihren Verstecken und die Trinker und Spieler in ihren Schenken waren noch auf den Beinen.

Der Tag

Morgens herrschte ein munteres Treiben, ein unaufhörliches Kommen und Gehen, Messen und Wägen, Rufen und Schwatzen. In vielen Städten wurde der innerste Bezirk freigehalten vom Handwerks- und Menschentreiben; dort, zwischen Rathaus und Kirche, standen die Steinhäuser der vornehmen Patrizierschaft, und die wollten verschont sein vom Lärm und den Leidenschaften des kleinen Mannes. So spielte sich die eigentliche städtische Symphonie, ein Ineinander aus allen erdenklichen Geräuschen, in den Seitengassen und Geschäftsbezirken und Spezial-Marktplätzen ab: alle Augenblicke Glockengeläute und fromme Gesänge, dazwischen das Brüllen und Grunzen des Viehs, das Grölen und Randalieren der Nichtstuer in den Wirtshäusern, das Hämmern, Hobeln und Klopfen der Tätigen in den offenen Werkstätten, das Rattern der Wagen und Stampfen der Zugtiere und dazu der melodische Lärm der zahllosen Ausrufer:

Gemalte Rösslin, gemalte Puppen, Lebkuochen, Rechenpfening, Roerlin, Oflaten, Kartenspiel!

Heiß Speckkuch! Ir Herren, versucht mein heiß Speckkuch!

Ich han gut Schnur in die Unterhemd, auch hab ich Nadeln, Pursten und Kem, Fingerhut, Taschen und Nestel vil, Heftlein und Hecklein, wie mans will!

▼ Geht in Kleingruppen mit einem Kassettenrekorder durch die Straßen und nehmt die Geräusche eures Ortes auf. Spielt euch die Bänder im Plenum vor und erzählt zu eurer Aufnahme. Vergleicht sie mit den Geräuschen der mittelalterlichen Stadt.

Kirche in der Welt

Über Beruf, Kleidung und die richtige Lebensführung brauchte sich niemand Gedanken zu machen. Alles war durch den „Stand" festgelegt, in den man hineingeboren wurde. Der Einzelperson kommt keine große Bedeutung zu. Jeder aber hat seinen festen Ort, seinen Stand in dieser Gemeinschaft. So ist es sicher kein Zufall, dass eine christliche Ständelehre des 13. Jahrhunderts als Schachbuch geschrieben ist: Die Menschen nehmen auf dem Schachbrett der mittelalterlichen Welt einen vorgezeichneten Platz ein und bewegen sich nach eingeübten Spielregeln. Wer sich nicht anständig benimmt, verstößt gegen diese festgefügte Ordnung. Vieles im Alltag war vom Stand bestimmt: Wie man sich benahm; was man aß; wo man in der Kirche saß; wen man heiratete; welche Bildung und Arbeit möglich war.

Gottgewollte Ordnung

In den meist ländlichen Lebenskreisen des frühen Mittelalters gab es drei Stände: Beter/Gebildete, Krieger/Herrscher und Arbeiter/Bauern. Christus, der Weltenrichter über dem Regenbogen, teilt den drei Ständen ihre Aufgaben zu. Links der geistliche Stand, vom Papst angeführt: Tu supplex ora (Du sollst demütig beten). Rechts der Fürstenstand, an seiner Spitze der Kaiser mit der Krone: Tu protege (Du sollst Schutz gewähren). Unten die Bauern: Tuque labora (Und du sollst arbeiten). Später bildeten die Bürger einen eigenen Stand.

Ständeordnung
Seite 188

△ Schreibt ein mittelalterliches Gesetz: Wer darf wen heiraten – und wen nicht. Welche Voraussetzungen müssen für eine Eheschließung gegeben sein?

Die Zünfte
Der Zunfthandwerker – und das ist im Grunde jeder Handwerker des Mittelalters – will nur das Nötige. Der Drang nach Reichtum und wirtschaftlicher Macht ist gebändigt durch die Idee einer gottgewollten ständischen Gliederung der Gesellschaft. Die Wirtschaft steht unter dem Gebot der Gerechtigkeit und sozialen Ordnung.

> „Unsere Vorfahren sind nicht Toren gewesen. Die Zünfte und Gilden sind zu dem Zwecke erfunden worden, dass jeder durch sie sein tägliches Brot verdiene und Niemand ins Handwerk des Anderen übergreife. So wird die Welt ihr Elend los, und Jeder kann seinen Unterhalt finden und jeder seiner Nahrung sicher sein."
> *Kaiser Sigismund 1438*

▼ Entwerft „Werbeplakate" für die Zünfte und vergleicht sie mit moderner Werbung.

Christliche Welt des Mittelalters

Leben im Kloster

Wie es anfing: die Benediktiner

Das erste Kloster des Abendlandes hat Benedikt von Nursia 529 auf dem Monte Cassino (Süditalien) errichtet. Aus der Ordensregel:

Aufnahme: Will ein Neuankommender ins Kloster eintreten, soll ihm die Aufnahme nicht leichtfertig gewährt werden. Nach einer Probezeit als Novize (Neuling) kann er in die Klostergemeinde aufgenommen werden, wenn er gelobt nach der Regel des Ordens zu leben.

Gelübde: Mönch auf Lebenszeit, Verzicht auf Eigentum (wer Eigentum hat, übergibt es dem Kloster), Keuschheit, Gehorsam gegenüber dem Abt (Vorsteher des Klosters).

Gebet: Der Prophet sagt: „Siebenmal des Tages sing ich dein Lob." Diese Zahl erfüllen wir, wenn wir zur Zeit des Laudes (Tagesanbruch), Prim (bei vollem Tageslicht, etwa 6.00 Uhr), Terz (9.00 Uhr), Sext (12.00 Uhr), Non (15.00 Uhr), Vesper (vor Sonnenuntergang, etwa 18.00 Uhr) und Komplet (gegen 21.00 Uhr) die Pflichten unseres Dienstes erfüllen. Der Prophet sagt auch: „Um Mitternacht stand ich auf, um dich zu preisen." So wollen wir bei Nacht aufstehen und unserem Schöpfer lobsingen.

Gehorsam: Der höchste Grad der Demut ist unverzüglicher Gehorsam. Dieser ist dann Gott wohlgefällig und den Menschen angenehm, wenn der Auftrag nicht zaghaft, nicht lässig, nicht lau, nicht mit Murren oder gar mit offener Widerrede ausgeführt wird. Wer den Oberen gehorcht, gehorcht ja Gott.

Arbeit: Der Müßiggang ist ein Feind der Seele, deshalb sollen sich die Brüder zu bestimmten Zeiten mit Handarbeit und wieder zu bestimmten Stunden mit Lesungen beschäftigen. Für die Tage der Fastenzeit erhält jeder aus der Bibliothek ein Buch, das er von Anfang bis Ende lesen soll. Aufseher achten darauf, ob sich nicht etwa ein träger Bruder findet, der müßig ist oder die Zeit verplaudert, statt eifrig zu lesen. Findet sich ein solcher, so wird er zurechtgewiesen; bessert er sich nicht, dann verfällt er der in der Regel vorgesehenen Strafe, und zwar so, dass die Übrigen Furcht bekommen.

Abt: Er ist der Stellvertreter Christi im Kloster. Sein Herz soll streng wie das eines Lehrers und gütig wie das eines Vaters sein. Die Mönche haben ihm bedingungslos zu gehorchen. Für bestimmte Aufgaben setzt der Abt verschiedene Aufsichtsbeamten ein, z. B. Kantor (Chorgesang und Bücherei), Novizenmeister (Lehrer für die Neulinge), Vorratsmeister (Küche und Kleider).

Eigentum: Dieses Übel vor allem muss mit der Wurzel aus dem Kloster ausgerottet werden. Keiner darf sich anmaßen, ohne Erlaubnis des Abtes etwas zu verschenken oder anzunehmen oder etwa als Eigen zu besitzen, nichts, weder ein Buch noch eine Schreibtafel, noch einen Griffel, überhaupt gar nichts. Sie dürfen jedoch alles, was sie brauchen, vom Vater des Klosters erwarten. Alles sei allen gemeinsam.

△ Sprecht über die Bedeutung der einzelnen Gelübde und überlegt, wie sie das Leben der Mönche bestimmt haben.

▼ „Alles sei allen gemeinsam" – das bezieht sich auf die Gemeinschaft der Apostel in der Jerusalemer Urgemeinde. Lest Apostelgeschichte 4,32-35 nach und diskutiert: Wie sah die Armut für die ersten Christen aus? Wie für die Benediktiner in den Klöstern des frühen Mittelalters?

Kirche in der Welt

Tagesablauf in einem Benediktinerkloster: Bete und arbeite

4.00 Uhr Laudes (Gottes Lob)
1 Std. Körperliche Arbeit
6.00 Uhr Prim (Morgengebet)
Im Kapitelsaal:
Beratungen, Schuldbekenntnisse, Strafen
1 Std. Körperliche Arbeit
9.00 Uhr Terz (Stundengebet)
1 Std. Körperliche Arbeit
2 Std. Lesungen
12.00 Uhr Sext (Stundengebet)
Gemeinsames Mittagessen (schweigend)
2 Std. Mittagsruhe
15.00 Uhr Non (Stundengebet)
2 Std. Körperliche Arbeit
18.00 Uhr Vesper (Stundengebet)
Gemeinsames Abendessen
2 Std. Lesungen
21.00 Uhr Komplet (Abendgebet)
Nachtruhe, unterbrochen durch Mitternachtsmette

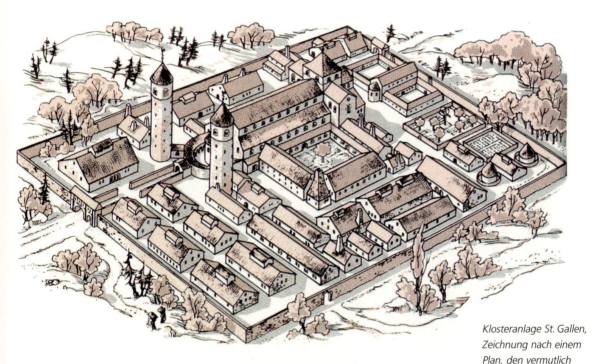

Klosteranlage St. Gallen, Zeichnung nach einem Plan, den vermutlich Ludwig der Fromme dem Abt von St. Gallen für einen Neubau sandte

„Womöglich lege man das Kloster so an, dass sich alles Nötige, Wasser, Mühle, Garten und die verschiedenen Werkstätten, innerhalb der Klostermauern befinden, damit die Mönche nicht gezwungen seien, draußen herumzugehen, weil das ihren Seelen nicht zuträglich ist …" So heißt es in der Regel Benedikts. Bis zum Hochmittelalter glich ein Kloster einer kleinen, befestigten Stadt: Über die Dächer der Wohngebäude, Stallungen und Scheunen ragten die Giebel und die gedrungenen Türme der Klosterkirche. Fruchtbare Äcker und fette Weiden lagen vor den starken Mauern, die die ganze Anlage schützend umgaben. Hier seht ihr die Zeichnung einer Klosteranlage nach dem berühmten Plan von St. Gallen aus dem 9. Jahrhundert. Die meisten Klöster sahen so oder ganz ähnlich aus.

Christliche Welt des Mittelalters

Neue Klöster und Ordensgemeinschaften

Tausende von Klöstern entstanden und immer neue Ordensgemeinschaften, die sich von den Benediktinern ableiteten. Die Klöster lagen meist auf dem Land. Mönche und Nonnen verbrachten ihr ganzes Ordensleben in dem Kloster, in das sie eingetreten waren. Was sie zum Leben brauchten, produzierten sie selbst. Neben den Erträgen ihrer Arbeit bekamen sie Stiftungen und Erbschaften von Gläubigen, die um ihr Seelenheil besorgt waren. So konnten Felder, Wiesen, Waldstücke, ja ganze Dörfer zum Besitz eines Klosters gehören. Dadurch wurden viele Klöster reich und begannen, ihre seelsorgerlichen Aufgaben zu vernachlässigen.

Die „neuen Armen": Bettelorden

Franz von Assisi
Seite 124–125

Viele Menschen im Mittelalter lebten in extremer Armut. Neben der bitteren Not – zum Beispiel in den Vorstädten – gab es aber auch die freiwillige Armut. Wie Franz von Assisi waren viele Zeitgenossen nicht mehr einverstanden mit einer Kirche, die mitsamt ihren Klöstern reich geworden war und der es wichtig war, ihre Macht zu zeigen. Die Armutsbewegung erfasste ganz unterschiedliche Kreise: Adlige und niedere Stände, Kirchenmänner ebenso wie das Kirchenvolk. Sie alle beriefen sich auf die einfache Lebensweise Jesu und der Apostel.

Die mittelalterliche Kirche behandelte die Gruppen der Armutsbewegung sehr unterschiedlich. Manche erschienen ihr so gefährlich, dass sie diese erbittert bekämpfte. Andere konnten sich innerhalb der Kirche entfalten. Das gilt vor allem für die Bettelorden. Neben den Franziskanern (Minderbrüdern) des Franz von Assisi entstand der Orden der Dominikaner. Der Spanier Dominikus (um 1170-1221) wollte vor allem in Südfrankreich Ketzer für die Kirche zurückgewinnen. Bald wurde ihm klar, dass ihm das nur gelingen würde, wenn er sich am gleichen Armutsideal ausrichtete wie sie. Um das Jahr 1206 entschloss er sich, mit einigen Gefährten als Wanderprediger bettelarm durchs Land zu ziehen. 1215 gründete er die Predigergemeinschaft der Dominikaner, die ein Jahr später vom Papst als Orden anerkannt wurde.

Die Dominikaner verfügten zwar über Gemeinschaftshäuser (Konvente), wollten aber trotzdem arme Wanderprediger bleiben. Ihr eigentliches Kloster sollte die Welt sein. Kein Grundbesitz, keine Verpflichtung, immer am selben Ort zu leben, sollte sie daran hindern.

△ Die Schemazeichnung zeigt den Dominikanerkonvent von Hagenau (Elsass), direkt an der Stadtmauer erbaut. Vergleicht diese Anlage mit der von St. Gallen (Seite 183). Was hat sich geändert?
Überlegt: Wie könnte der Tagesablauf eines Stadtmönchs aussehen? Vergleicht ihn mit dem eines Benediktiners (Seite 183).

Kirche in der Welt

Dominikus (1170 - 1221)
Zeitgenossen haben Dominikus als demütigen Menschen beschrieben:

Er gönnte sich beim Essen nur wenig und nahm fast nur Brot und Wein, keine Fleischgerichte, und nur zuweilen wegen seiner Brüder oder anderer Tischgenossen ein wenig von den Zugaben. Andererseits wollte er, dass die andern nach Möglichkeit von allem mehr als genug bekamen. Er war sehr freigebig, gastfreundlich und teilte, was er hatte, sehr gerne mit den Armen. Er hatte meines Wissens nie ein eigenes Bett, stattdessen suchte er die Kirche auf, wenn eine in der Nähe war. Wo keine Kirche war, legte er sich entweder auf eine Bank oder auf die Stricke eines Bettes, von dem er vorher die Laken und die Matratze entfernt hatte. Er trug immer die gleiche Tunika, und diese war stark geflickt, und er wollte immer billigere Kleider tragen als seine Brüder. Die Brüder von St. Nikolaus (in Bologna) hatten unschöne niedrige Zellen. Bruder Rudolf fing an, als Dominikus abwesend war, einige dieser Zellen um eine Armlänge (63 cm) zu erhöhen. Doch als Dominikus zurückkehrte und die erhöhte Decke dieser Zellen sah, rügte er den Bruder Rudolf und die andern Brüder und sagte zu allen: „Wollt ihr so schnell die Armut aufgeben und große Paläste bauen?" Und er befahl ihnen, die angefangene Arbeit abzubrechen. So blieb dieses Werk unvollendet, solange er lebte.
Wie er die Armut für seine Person liebte, so liebte er sie bei seinen Brüdern. Darum bewog er sie, billige Kleider zu haben und nie Geld mit auf den Weg zu nehmen, sondern überall von Almosen zu leben. Und das ließ er auch in die Ordensregel schreiben.

Dominikus

Die Brüder waren meist unterwegs, immer zu Fuß, ihren Unterhalt erbettelten sie; nur ab und zu kehrten sie in ihre Konvente zurück, um sich zu erholen. „Ihr müsst wie die Apostel einfach, paarweise, schlicht und barfuß einhergehen, dann werdet ihr etwas ausrichten", hatte Dominikus ihnen mit auf den Weg gegeben.
Die Kirche hatte bald erkannt, dass die Bettelorden eine gute Möglichkeit waren, die Menschen in den Städten zu erreichen. Ihre Armut machte sie beweglich. Wer mit den Armen arm war, konnte den Menschen näher kommen. Wer nicht auf dem Land in Klosterburgen lebte, nicht abhängig war von reichen Gönnern, konnte sich leichter auf die vielen Veränderungen einstellen, die die neue Stadtkultur mit sich brachte.

△ Franziskaner und Dominikaner hatten im Hochmittelalter großen Zulauf: trotz – oder wegen – ihrer Armut? Diskutiert die Gründe.
▼ „Ihr Kloster war die Welt": Was kann dieser Satz bedeuten?
▼ Wie müsste jemand leben, der an eurem Ort möglichst viele Menschen erreichen und als Seelsorger begleiten will?

Christliche Welt des Mittelalters

Ketzer?

Petrus Waldes

Lyon 1173: Kaufleute gibt es, klug, wohlhabend, ihren Besitz mehrend, in Luxus lebend. Einer von ihnen ist Petrus Waldes, der Tuchhändler. Er handelt. Er macht Gewinn dabei. Er verleiht auch Geld.

Und er hat Glück gehabt, ein Vermögen erworben. Petrus Waldes ist reich. Er hat Freunde. Er lebt zufrieden mit Frau und zwei Töchtern.

Eines Tages stirbt ein Freund. In seiner Gegenwart, ganz plötzlich. Am Herzschlag. Petrus Waldes ist tief erschüttert.

Und dann, an einem anderen Tag. Auf dem Jahrmarkt von Lyon: Petrus Waldes hört einen fahrenden Liedersänger und Geschichtenerzähler. Eine uralte Legende. „Alexius … In Rom. Von Adel. Er war reich. An seinem Hochzeitstag. Was tat er? – Alles verließ er. Sein Elternhaus. Die Braut. Alles gab er auf. Sein schönes, glückliches Dasein. Er ging fort, wollte in Armut leben. Für Gott. Nach siebzehn Jahren kam er zurück. Die Eltern erkannten ihn nicht. Sie nahmen den Bettler auf. Unter der Treppe lag er. Abfälle aß er. Die Knechte und Mägde verspotteten ihn. Erst am Tage seines Todes: Ein Zettel in seiner Hand. ‚Ich bin euer Sohn – Alexius'."

Petrus Waldes ist wie gebannt. Es trifft ihn ins Herz.

Petrus Waldes denkt: Das muss ich auch tun. Und er gibt ab von seinem Besitz. Er lässt Nahrung verteilen, an viele, die hungern in Lyon. – Aber ist das genug?

Petrus Waldes denkt an seinen Tod. Wie wird es sein, wenn ich sterbe? Kann ich dann vor mir selbst bestehen? Vor Gott? Petrus Waldes handelt: Seine Frau bekommt das Geschäft. Die Töchter gibt er ins Kloster. Allen, denen er je zu viel Geld abnahm, gibt er es zurück. Den Rest verkauft er. Seinen Landbesitz, seine Häuser. Das Geld ist für die Armen. Und das Bargeld in seiner Tasche, er schüttet es aus auf die Straße. Er will nicht zwei Herren dienen, Gott und dem Mammon. Niemals mehr will er Geld besitzen. Er will nicht für das Morgen sorgen. Er will leben wie Jesus, wie die Jünger.

Viele denken, er ist verrückt. Seine Frau läuft zum Erzbischof, verklagt ihn. Der Erzbischof sagt: „Was soll ich machen?"

Petrus Waldes will das Evangelium weitersagen – so, dass alle es verstehen. Es gibt die Bibel. Aber in lateinischer Sprache. Nur die Priester können sie lesen. Der Mann aus dem Volk, er soll die Bilder anschauen in den Kirchen, mehr nicht. Petrus Waldes macht sich an die Arbeit, zusammen mit zwei Priestern, die seine Freunde sind. Sie übersetzen die lateinische Bibel in die Sprache des französischen Volkes. Jeder soll das Evangelium lesen.

Petrus Waldes geht durch Lyon. Ärmlich gekleidet. „Gott ist bei euch", sagt er zu den Armen. „Gott ist da. Ihr müsst ihn nur sehen, nur annehmen. Lebt wie Jesus. Dann seid ihr bei Gott. Lernt die Worte Jesu."

Viele hören auf ihn. Sie kommen. Sie lernen. Sie wollen leben wie Petrus Waldes. Sie geben alles auf.

Wovon sie leben? – Sie betteln.

Sie gehen in die Dörfer. Sie sagen dort alles weiter. Sie werden immer mehr. Man nennt sie die „Armen von Lyon". Sie haben nichts als einen Stock. Kein Brot, keinen Reisesack, kein Geld in der Tasche. Sie tragen Sandalen. Sie haben nur einen Rock. Wie Jesus es befahl.

Sie nennen sich „Bruder" und „Schwester". Sie kennen die Bergpredigt; und dies sagen sie weiter: „Liebet eure Feinde!" Dies ist ihr Gesetz.

Sie lügen niemals. Sie wollen nicht töten im Krieg. Sie sind wie die ersten Christen.

Aber die Priester der Kirche sind voller Misstrauen. Leben sie doch im Wohlstand.

Dietrich Steinwede (gekürzt)

Kirche in der Welt

Waldenser – die Armen von Lyon

Die „Armen von Lyon" hatten bald regen Zulauf. Sie wollten keine Ketzer sein. Diejenigen von ihnen aber, die sich zu einem Leben in Armut und Keuschheit verpflichtet hatten, wollten predigen dürfen und die Bibel in der Volkssprache verbreiten – und das, ohne Priester zu sein. Auch Frauen durften bei den Waldensern zunächst predigen, taufen und das Abendmahl austeilen. 1179 reiste Waldes mit ein paar Freunden nach Rom, um die Erlaubnis des Papstes einzuholen. Er bekam sie nicht. Das päpstliche Verbot beachteten die Waldenser jedoch nicht, sondern fuhren fort mit ihrer Wanderpredigt: Südfrankreich, Spanien, Oberitalien. 1183 wurden Petrus Waldes und seine Anhänger aus der Kirche ausgeschlossen, vielerorts sogar gewaltsam bekämpft. Nun gingen die Waldenser in den Untergrund.

Waldenserzeichen

△ Lest das Hörspiel „Gerichtstag in Assisi" (Seite 124 f.) nach und sprecht darüber, wie Franz von Assisi zur Armut kam. Spielt nun eine Szene in Lyon: Der Erzbischof überlegt, wie er sich gegenüber den Waldensern verhalten soll. Er hört dazu Petrus Waldes, seine Frau, seine Töchter, seine früheren Geschäftspartner, seine neuen Freunde, Priester aus der Stadt. Petrus Waldes beruft sich dabei auf Jesu Worte in der Geschichte vom reichen Jüngling (Markus 10,17-27).
△ Zwei, die zur gleichen Zeit lebten und nicht voneinander wussten: Petrus Waldes (gest. vor 1218) und Franz von Assisi (1182-1226). Zwei „Armutskarrieren". Vergleicht sie.
▽ 825 Jahre nach dem Vorfall in Lyon: Ein millionenschwerer Erbe aus der deutschen Automobilindustrie eröffnet den Aktionären und Spitzenmanagern seines Unternehmens, er werde sein Erbe an Notleidende in der Dritten Welt verschenken. Diskutiert: Welche Konsequenzen hätte ein solches Verhalten in unserer Gesellschaft?
▽ Petrus Waldes, Dominikus, Franz von Assisi: Alle drei wollten wie die Apostel in Armut das Evangelium verkünden. Einer wird von der Kirche verfolgt, die beiden anderen wurden in dieser Kirche zu Ordensgründern, später sogar heilig gesprochen. Diskutiert die Gründe.

Verzichten – lohnt sich das?

Fast zwei Millionen Menschen beteiligen sich jedes Jahr an der Fastenaktion Sieben Wochen ohne, die in der evangelischen Kirche vor Ostern veranstaltet wird. Wer hier mitmacht, will nicht unbedingt aufs Essen verzichten; manche verpflichten sich, in der Zeit von Aschermittwoch bis Ostersonntag keinen Alkohol zu trinken oder nicht zu rauchen; andere verzichten auf Süßigkeiten oder auf Fleisch, aufs Autofahren oder aufs Fernsehen. Sie wollen herausfinden, ob sie die eine oder andere Gewohnheit frei bestimmen können – oder ob sie davon beherrscht werden. Dahinter steckt der Gedanke, eine Zeitlang ausgetretene Pfade zu verlassen und sich dabei selbst zu erfahren. Ein Teilnehmer: „Ich will das So-dahin-Leben anhalten, um Klarheit zu gewinnen und den Alltag aufmerksamer zu verbringen."

▽ Schreibt auf blaue Zettel Dinge oder Gewohnheiten, auf die ihr leicht verzichten könnt; notiert auf gelbe Zettel, was ihr auf keinen Fall entbehren wollt; auf rote Zettel schreibt die unsicheren Punkte („ich bin mir nicht sicher, würde es aber gern ausprobieren"). Stellt die gleichfarbigen Zettel zusammen; diskutiert in einer blauen, einer gelben und einer roten Gruppe die Ergebnisse und berichtet im Plenum.

Christliche Welt des Mittelalters

Frauen – am Rand?

Frauen – mitten im Leben

Wenn aus der Zeit des Mittelalters berichtet wird, ist meist nur am Rande von den Frauen die Rede. Das hängt nicht zuletzt mit den überlieferten Texten und Bildern zusammen: In den meisten Fällen haben Männer aufgeschrieben und abgebildet, wie das Leben in ihrer Zeit aus ihrer Sicht aussah. Frauen aber haben in der mittelalterlichen Gesellschaft eine wichtige Rolle gespielt als Ehefrauen, Mütter, Töchter, Klosterfrauen, Adlige, Geschäftsfrauen, Bäuerinnen, Handwerkerinnen ... – jedoch: Sie hatten deutlich weniger Rechte als Männer. Viele Vorschriften von Vätern, Ehemännern, Stadtvätern, Beichtvätern regelten ihr Leben.

In öffentlichen Angelegenheiten, zum Beispiel vor Gericht, durften Frauen nicht für sich sprechen. Sie mussten sich durch Ehemann, Vater oder einen anderen Verwandten vertreten lassen. Dieser „Muntwalt" war praktisch der Vormund der Frau; er konnte auch über ihr Vermögen verfügen. Im späteren Mittelalter wurden ledigen und verwitweten Frauen mehr Rechte zugestanden. Ehefrauen aber standen weiterhin in der „Ehevogtei" ihres Mannes. Vielen Frauen erschien in dieser Situation das Leben im Kloster als eine verlockende Alternative. Die meisten Klöster erwarteten freilich eine ansehnliche „Mitgift" von denen, die aufgenommen werden wollten.

„Stadtluft macht frei" – das stolze Motto der aufstrebenden Städte des Hochmittelalters galt für die Städterinnen nur mit Einschränkungen. Zwar konnten sie die Bürgerrechte erwerben, aber längst nicht in vollem Umfang genießen. Handel durften sie treiben; aber auch als selbstständige Kauffrauen konnten sie nicht unmittelbar über ihr Vermögen verfügen. In den Stadtrat konnten sie nicht gewählt werden, ja nicht einmal an der Wahl teilnehmen. Studieren durften sie ebenfalls nicht.

Ständepyramide

Die mittelalterliche Gesellschaft ist in Stände gegliedert. An der Spitze steht der König oder Kaiser, der mit dem geistlichen und weltlichen Adel sein Land regiert. Bürger und Bauern bilden die Grundlage dieser Gesellschaft. Die Frauen sind in dieses System nicht einbezogen. Ob Königin, Adlige, Äbtissin, Nonne, Bürgerin oder Bäuerin – sie gelten als dem Mann untergeordnet. Für sie ist im mittelalterlichen Gesellschaftsbild kein Platz.

▼ Versucht die verschiedenen Gruppen unserer heutigen Gesellschaft ebenfalls in einem Schaubild darzustellen. Welche Figur wählt ihr statt der mittelalterlichen Pyramide? Wo ist der Platz, wo sind die Plätze der Frauen?

Kirche in der Welt

Gut im Geschäft

Frauen konnten Kleinhändlerin (Krämerin) oder selbstständige Kauffrau werden, Hebamme, Apothekerin. Zahlreiche Berufe standen ihnen offen. Im Hochmittelalter – etwa ab 1200 – fanden nicht wenige einen eigenen Platz im Wirtschaftsleben der aufblühenden Städte. Viele Mädchen lernten ein Handwerk, wurden Gesellin, Meisterin. Manche Zünfte nahmen in dieser Zeit Frauen als nahezu gleichberechtigte Mitglieder auf. Im späteren Mittelalter war es vorbei mit dieser Freizügigkeit. Doch das galt nicht überall. Köln war sehr frauenfreundlich. In anderen Städten durften nur Witwen das Geschäft ihres Mannes weiter führen.

▼ Vergleicht die Chancen einer mittelalterlichen Frau mit den Möglichkeiten, die einer Frau heute offen stehen: Lebensgestaltung, Ausbildung, Rechte, Beruf.
▼ Zwei Rollenspiele: eine 14-Jährige möchte das Brauerhandwerk erlernen. Was sagen die Eltern im Jahr 1300? Was sagen die Eltern heute?

Viele Frauen sind in der Textilverarbeitung beschäftigt. In Köln bilden die „Seidemacherinnen" sogar eine eigene Zunft (15. Jahrhundert). Das Bild zeigt eine Frau beim Sammeln der Kokons, eine andere beim Weben.

Sie stehen „ihren Mann"

Es gab aber auch im Mittelalter Frauen im Groß- und Fernhandel. Die Witwe des 1418 in Augsburg gestorbenen Sigmund Gossenbrot erhielt ihren beiden unmündigen Söhnen das Vermögen, ja vermehrte es durch geschickte Geldanlagen.
Barbara Lauginger, Witwe des schnell zu Reichtum gekommenen Augsburger Kaufmanns Hans Lauginger, hat in den vierziger Jahren dieses Jahrhunderts das Vermögen für ihre fünf Söhne vergrößert.
Die Frau des Nürnberger Blechschmiedes Konrad Eschenloer kam selbst aus der Eisenbranche. Nach dem Tod ihres Mannes zog sie im Herbst 1475 mit 53 Zentnern Blech auf die Frankfurter Messe.
Fast unglaublich ist die Biografie der Margery Kempe, die mit einem der angesehensten Kaufleute der Stadt Lynne verheiratet war und „nebenher" zunächst eine Brauerei, dann eine Getreidemühle betrieb, bevor sie durch die Hintertür „gelehrte Schwester" wurde.

Christliche Welt des Mittelalters

Fromme Frauen

Beginen werden seit dem 13. Jahrhundert fromme Frauen genannt, die freiwillig in Armut leben. Woher der Name kommt, ist nicht bekannt. Ohne bindendes Gelübde und ohne Ordensregel leben sie gemeinsam in „Beginenhäusern".

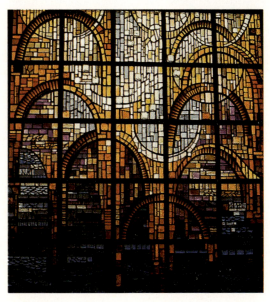

Nach Mechthilds Schrift „Das fließende Licht der Gottheit" hat ein Künstler unserer Tage ein Kirchenfenster gestaltet. Die von Mechthild beschriebene Frömmigkeit wird als Mystik bezeichnet.

Mechthild von Magdeburg

Eine berühmte Begine des Mittelalters war Mechthild von Magdeburg. Sie war eine gebildete Frau. Um das Jahr 1210 wurde sie in Sachsen geboren. Mit 23 Jahren verließ sie ihre Familie, um im Magdeburger Beginenhaus zu leben. Mechthild hatte prophetische Gaben. In ihren Visionen beschreibt sie ihr sehr persönliches Verhältnis zu Gott und zu Jesus. Für viele Zeitgenossen hatte sie etwas Geheimnisvolles an sich: Um die tiefe, selbstlose Liebe zu Gott geht es dabei und um den Wunsch, mit Gott eins zu werden. Fromme Werke spielen keine Rolle.

Im Haus der Beginen

Elisabeth ist aufgeregt. Gleich wird sie mit der Beginenmeisterin über ihre Aufnahme in dieses Haus reden. Während sie auf Mechthild von Magdeburg wartet, sieht sie sich im Wohnraum um, der vielleicht bald schon auch ihr Heim sein wird.

Am auffallendsten ist, dass in diesem Zimmer, das geradezu ärmlich möbliert ist, so viele kostbare Bücher stehen. So viele Bücher auf einem Fleck hat sie noch nie gesehen. Da hört sie Schritte auf der Treppe und gleich tritt eine zierliche Frau ins Zimmer, die trotz ihres Alters nicht nur Würde, sondern auch Fröhlichkeit ausstrahlt. Sie trägt das einfache beige Kleid der Beginen und die Beginenhaube.

„Ich grüße dich, Elisabeth. Du willst mit mir über deinen Eintritt in dieses Haus reden. Weißt du, was es bedeutet, eine Begine zu sein?", hört sie eine warme Stimme sagen.

Elisabeth sieht Mechthild ernst an. „Ja", sagt sie. „Ich will mit euch zusammen in diesem Haus leben und arbeiten. Ich weiß, dass ihr webt und stickt, dass ihr Kranke pflegt und alle Arbeiten im Haus und Garten selber macht. Und jetzt habe ich gesehen, dass ihr auch Bücher habt und sie abschreibt. Ich weiß, dass ihr zusammen betet und in die Messe beim Dominikanerkloster geht und dass ihr miteinander über Gott und den Glauben und alles redet. Und bei all dem will ich mitmachen." Elisabeth ist bei der langen Aufzählung und vor Aufregung fast außer Atem gekommen.

Mechthild lächelt. „Du weißt ja gut Bescheid", sagt sie, „so ungefähr ist das bei uns. Wir sind elf Beginen in diesem Haus, das uns von einer frommen Frau zur Verfügung gestellt worden ist. Wir versorgen uns selbst und verdienen unseren Lebensunterhalt mit Weben, Sticken und Krankenpflege. Für zwei Jahre bin ich zur Meisterin gewählt worden, deshalb rede ich jetzt mit dir, über deinen Eintritt werden wir dann aber alle abstimmen. Und du hast auch Recht, dass wir zu den Dominikanern und nicht in die Ortskirche zur Messe gehen. Weißt du aber auch, warum wir das tun?" So genau weiß Elisabeth es nicht. „Weil ihr nicht heiraten wollt und weil ihr ein gottgefälliges Leben führen wollt", versucht sie eine Antwort.

Kirche in der Welt

„Hhm. Ich will dir erklären, wie die Beginenbewegung entstanden ist", setzt Mechthild zu einer längeren Rede an. „Seit einigen Jahren haben viele Priester und Bischöfe den Pfad der Nachfolge Jesu Christi verlassen. In der Kirche ist mehr von Reichtum und Macht, von gutem Essen und teurer Kleidung die Rede als vom Evangelium und den Tugenden. Deshalb hat Gott Menschen gerufen, die Herde wieder auf den rechten Weg zurückzuführen. Der heilige Franziskus und der heilige Dominikus sind mit ihren Mitbrüdern von Dorf zu Dorf, von Stadt zu Stadt gezogen und haben die Nachfolge in Armut und Frömmigkeit gepredigt und vorgelebt. Und weil wir Frauen nicht wandern und predigen können, jedenfalls nicht ohne Anstoß zu erregen, haben wir uns zu Gruppen zusammengetan, um die Nachfolge auf unsere Art und Weise zu leben. Wir dienen den Menschen durch Krankenpflege und andere Dienste."

Mechthild hält einen Moment inne, dann fragt sie: „Wie alt bist du eigentlich, Elisabeth?"

„Ich bin vierzehn."

„Ich war zwölf Jahre alt, als Gott mich zum ersten Mal rief." Mechthilds Stimme klingt nachdenklich und verträumt. „Und obwohl ich gleich wusste, dass damit mein Weg besiegelt war, hat es noch acht Jahre gedauert, bis ich mich endgültig entschloss, Begine zu werden und hierher nach Magdeburg zu kommen. Ich bin nämlich kein Stadtkind wie du. Aber auch für Stadtkinder gilt die Regel, dass ein Mädchen oder eine Frau erst bei uns Beginen aufgenommen werden kann, wenn sie achtzehn Jahre alt ist. Als Begine legst du zwar kein Gelübde ab wie im Kloster, aber es muss doch gut überlegt sein, ob diese Lebensweise die richtige für dich ist. Es ist auch gar nicht so einfach, Begine zu sein. Wir werden angefeindet, weil wir mitten im Leben stehen und uns nicht hinter Klostermauern zurückziehen. Wir erregen Anstoß, weil die Weber und Sticker eine Konkurrenz in uns sehen. Viele finden es unschicklich, dass wir als Frauen selbst über uns entscheiden und kein Mann uns vorgesetzt ist. Aber zurück zu dir, Elisabeth. Weswegen willst du denn eine Begine werden?"

„Ich weiß nicht so ganz genau, ob Gott mich gerufen hat, Begine zu werden. Aber ich finde es gut, wie ihr lebt. Ich will viel lesen und viel lernen, ich habe viele Fragen, wie das alles mit dem Glauben sich verhält, aber in der Kirche kann ich sie nicht stellen. Und ich will vor allem nicht heiraten. Wenn ich sehe, wie eine Ehefrau immer nur die Dienerin des Mannes ist und für alles sorgen muss, weil die Männer sich um nichts kümmern! Ich kenne so viele Ehefrauen, die todunglücklich sind."

„Und ich kenne viele, die todunglücklich wären, wenn sie eine Begine wären", entgegnet Mechthild. „Ich glaube, es ist schon ganz gut, wenn du noch ein bisschen Zeit hast, um weiter nachzuforschen, ob du wirklich zur Begine berufen bist. Ich spüre deinen ehrlichen Wunsch, aber der kann sich ja noch ändern im Laufe der Zeit."

Vielleicht weil die Enttäuschung Elisabeths nicht zu übersehen ist, fügt Mechthild noch hinzu: „Du kannst ja öfter zu Besuch kommen. Dann merkst du mit der Zeit auch, dass es hier nicht nur friedlich zugeht. Und du kannst uns überhaupt besser kennen lernen."

Kordula Müller-Hesse

△ Tragt zusammen, was in dieser Geschichte über die Beginen und ihre Lebensform erzählt wird.
△ Elisabeth soll sich vor ihrem Eintritt in das Magdeburger Haus noch einmal Gedanken machen, warum sie Begine werden will. Spielt ein Interview mit Elisabeth und versucht sie bei ihrer Entscheidung zu beraten.
▼ Vergleicht das Leben einer Begine mit dem Leben im Kloster und mit dem Leben einer verheirateten Frau im Mittelalter.

Christliche Welt des Mittelalters

Bedrohungen und Ängste

Krankheiten und Seuchen bedrohten das Leben der Menschen im Mittelalter. Man bezeichnete alle Hautkrankheiten als Lepra. Die Kranken wurden aus der Gemeinschaft ausgestoßen und abgesondert. Man glaubte, die Lepra sei ein Zeichen für sexuelle Abweichung. Schrecklich war der Ausbruch der schwarzen Pest im 14. Jahrhundert. Gegen diese exotische Krankheit, aus Asien über die Seidenstraße eingeschleppt, hatten die Menschen in Europa keine Abwehrkräfte. Übertragen von Flöhen und Ratten brach die Pest in immer neuen Epidemien aus. Im Sommer 1348 starb in manchen Landstrichen ein Drittel der Bevölkerung.

„Zwei sah ich sitzend aneinander lehnen
wie überm Feuer Pfann an Pfann gestützt
von Kopf zu Fuß befleckt mit Schorf und Ausschlag.
Noch nie konnt ich so eifrig striegeln sehn (…)
wie diese beiden kratzten
am eignen Leib mit ihren scharfen Nägeln
vor lauter Wut, den Kitzel loszuwerden."

Zwei Aussätzige. Aus einer Handschrift von Dantes „Göttlicher Komödie", Venedig, 14. Jahrhundert.

▼ Sprecht über Ereignisse und Bilder, die bei der Beschäftigung mit dem Mittelalter für euch wichtig geworden sind.
▼ Stellt euch vor, ihr lebtet im Mittelalter als Bettelmönch, Kauffrau, Jugendliche, Adliger, Begine, Schmied, Obdachloser, Weberin, Priester … Erzählt zu euren Personen. Spielt Begegnungen auf der Straße, Gespräche, Konflikte.

Wie finster war das Mittelalter?

Aus der Sicht der Neuzeit hat man die Jahre zwischen 500 und 1500 oft als „finsteres Mittelalter" bezeichnet. Die Menschen, die damals in Europa lebten, konnten und wollten sich jedoch nicht als Vorläufer von anderen, ihre Zeit nicht als Übergang zu besseren Zeiten sehen. Sie lebten ihr Leben in ihrer Zeit und versuchten das Beste daraus zu machen – wie alle Menschen zu allen Zeiten. Ein Denker unserer Zeit, Georges Duby, schreibt:
Die Männer und Frauen, die vor tausend Jahren lebten, sind unsere Vorfahren. Sie sprachen ungefähr dieselbe Sprache wie wir und ihr Weltbild war von dem unsrigen gar nicht so weit entfernt.
Wir müssen versuchen unsere eigene Denkweise etwas zu vernachlässigen und uns in die Haut dieser Menschen von vor achthundert, tausend Jahren zu versetzen, um in eine Zivilisation einzudringen, die sich von unserer so völlig unterscheidet. Niemand zweifelte damals an der Existenz einer Welt jenseits der sichtbaren Dinge. Es stand fest, dass die Toten in dieser anderen Welt weiterlebten. Alle wurden in dieser Welt von denselben Ängsten heimgesucht. Alle teilten ein Gefühl der Ohnmacht gegenüber den Naturmächten.

Kirche in der Welt

Seit etwa 1980 breitet sich Aids aus. Für manche ist die Immunschwäche die neue Pest. Manche wollen die Kranken aus der Gemeinschaft ausgrenzen. Die Selbsthilfegruppe „Act up" organisierte in Paris am 21. Mai 1994 den „Tag der Verzweiflung" als Demonstration gegen Panikmache und gegen Benachteiligung der Betroffenen.

Und heute?

Was unsere Vorfahren taten und dachten, lebt in uns immer noch weiter. Wenn wir ein bisschen im Bewusstsein unserer Zeitgenossen herumkramen würden, dann fänden wir noch genügend Leute, die an die Möglichkeit eines plötzlichen Endes der menschlichen Geschichte glauben. Ich entsinne mich an die ersten Atomversuche. Die Leute fragten sich, ob das nicht Kettenreaktionen auslösen könne, die das ganze Universum hochjagen. Wenn man heute hört, dass das Bevölkerungswachstum so schnell voranschreitet, dass in einigen Jahrzehnten die Erde ihre Bewohner nicht mehr ernähren kann, fragt man sich, was aus der Gattung Mensch werden wird. Wenn man daran denkt, dass die Dinosaurier so schlagartig verschwunden sind, dass man Eier entdeckte, aus denen die Tiere noch nicht ausgeschlüpft waren, dann führt das schon zu der Vorstellung, dass auch die Gattung Mensch, durch ein komplettes Versagen der Immunabwehr beispielsweise, ausgelöscht werden könnte.

Georges Duby

△ Diskutiert die Thesen von Duby:
Die Menschen im Mittelalter hatten Angst vor dem Weltende, vor dem Gericht Gottes, vor den Strafen im Jenseits.
Die Menschen um das Jahr 1000 sind gar nicht so weit entfernt von denen, die um das Jahr 2000 leben.
Auch heute haben viele Menschen Angst vor der Zukunft. Manche suchen Wahrsager und Magier auf in der Hoffnung, hier Antworten oder Botschaften zu finden, die ihnen Sicherheit geben.
▼ Stellt euch vor, eure Nachkommen blicken im Jahr 2300 zurück: Was könnten sie „finster" finden im 20. Jahrhundert? In den Jahren 1990 bis 2000?
▼ Gestaltet eine Collage: „Ängste 1000 – Ängste 2000".

Kapitel Aberglaube – oder?
Seite 140-149

Christliche Welt des Mittelalters

Wege in eine neue Zeit: Die Reformation

Zeit des Umbruchs

Es sah gut aus in Mitteleuropa am Anfang des 16. Jahrhunderts. Handel und Gewerbe blühten. Schiffe befuhren die Weltmeere und erreichten neue Kontinente. Handwerker und Kaufleute waren zu Wohlstand gekommen. Auch den Bauern ging es besser. Einige waren sogar wohlhabend. Der Bergbau förderte reichlich Bodenschätze. Eine blühende Metall- und Waffenindustrie war entstanden. Geld gab es bei den Bankhäusern Fugger und Welser – jedenfalls für reiche Kaufleute und Fürsten. Es wurde viel gebaut, besonders in den reichen Städten. Es gab Aufträge für die Künstler und neue Bücher für die Gelehrten. Denn vor mehr als 50 Jahren war der Buchdruck erfunden worden.

Dennoch waren viele Menschen unzufrieden. Der Kaiser hatte wenig Einfluss. Die vielen großen und kleinen Herrscher, Fürsten, Grafen und Ritter suchten ihre Macht zu vergrößern oder kämpften gegeneinander um ihr Überleben. In den freien Reichsstädten kämpften die reichen Kaufleute gegen die kleinen Gewerbetreibenden und Handwerker um die Macht. Die kleinen Leute, besonders die Bauern, hatten immer höhere Abgaben zu zahlen. Denn die Preise stiegen. Doch die Kirche war reich. Die höhere Geistlichkeit, die Klöster und die fürstlichen Bischöfe lebten in Luxus und beuteten die aus, die von ihnen abhängig waren, kleine Bauern und Handwerker. Ihre geistlichen Aufgaben ließen sie von armen Predigern oder Mönchen versehen, die oft schlecht ausgebildet waren. Bischöfe und Päpste brauchten viel Geld für ihren Hofstaat, für prächtige Kirchen und Paläste und für Soldaten, mit denen sie ihre Kriege führten.

Und viele Menschen hatten Angst: Vor Krankheiten und Seuchen, vor Hexen und Teufeln, vor Unwetter und Teuerung, vor Sünde, Tod und vor dem Fegefeuer und vor ewiger Verdammnis. Es galt, sich durch fromme Werke (Wallfahrten, Reliquien- und Heiligenverehrung o. Ä.) den Schutz und die Fürsprache der Heiligen sowie Strafnachlass (= Ablass) zu erwerben.

Enguerrand Quarton, Krönung Marias, 1453

△ Das Bild zeigt, wie die Menschen im späten Mittelalter sich die Lebens- und Weltordnungen vorstellten und welche Hoffnungen und Ängste sie hatten.

Kirche in der Welt

Allein durch den Glauben

Fegefeuer und Ablass
Nach mittelalterlicher Vorstellung ist das Fegefeuer ein Ort der Läuterung, an dem sich die Seelen der Verstorbenen vor dem Jüngsten Gericht aufhalten, wenn sie keine Todsünden begangen haben. Ablass hieß ursprünglich der Nachlass von kirchlichen Strafen, die nach der Buße und Vergebung der Schuld als Sühneleistungen auferlegt wurden. Er konnte durch Wallfahrten, Stiftungen, aber auch durch Kauf von Ablassbriefen erworben werden. Später entwickelte sich die Vorstellung, dass durch kirchliche und private Fürbitte auch die Zeit im Fegefeuer verkürzt werden könne. Die einfachen Gläubigen unterschieden nicht zwischen kirchlichen und ewigen Strafen, sodass die Vorstellung entstehen konnte, durch den Ablass könnte die Schuld vor Gott getilgt werden.

Die Ablasspredigt des Johannes Tetzel
Martin Luther war bereits Doktor der Theologie und Prediger in Wittenberg, als dort Johannes Tetzel 1517 im Auftrag des Erzbischofs und Kurfürsten von Mainz Albrecht auftrat und Ablass gegen Geld verkaufte.
Luther berichtete darüber in seinem Lebensrückblick (1541):

„Indessen kommt es vor mich, wie der Tetzel gräulich schreckliche Artikel gepredigt hätte, derer ich diesmal etliche nennen will:
Das rote Ablasskreuz mit des Papstes Wappen, in den Kirchen aufgerichtet, wäre ebenso kräftig wie das Kreuz Christi.
Weiter: Wenn Petrus jetzt hier wäre, hätte er nicht größere Gnade noch Gewalt als er (Tetzel) besäße.
Weiter: Er wollte nicht mit Petrus im Himmel tauschen, denn er hätte mit Ablass mehr Seelen erlöst als Petrus mit seinen Predigten.
Weiter: Wenn einer für eine Seele im Fegefeuer Geld in den Kasten lege, sobald der Pfennig auf den Boden fiele und klänge, so führe die Seele heraus gen Himmel.
Weiter: Die Ablassgnade wäre eben die Gnade, durch die der Mensch mit Gott versöhnt wird.
Weiter: Es wäre nicht notwendig, Reue oder Leid oder Buße für die Sünde zu haben, wenn einer den Ablass oder die Ablassbriefe kaufe. Er verkaufe auch Ablass für künftige Sünde. Und dieser Dinge trieb er gräulich viel, und war ihm alles ums Geld zu tun.
Es waren zu Mainz vor kurzem drei Bischöfe, Berthold, Jacobus und Uriel, kurz nacheinander gestorben, sodass es dem Bistum vielleicht schwer war, so oft und kurz nacheinander das Pallium* zu kaufen, welches, wie man sagt, 26 000 – ethliche sagen 30 000 – Gulden kostet, denn so teuer kann der allerheiligste Vater zu Rom Flachsfaden (der sonst kaum sechs Pfennige wert ist) verkaufen. Da erfand der Bischof nun dies Pfündlein und gedachte den Fuggern (denn die hatten das Geld vorgestreckt) das Pallium mit des gemeinen Mannes Beutel zu zahlen und schickte diesen großen Beuteldrescher (Tetzel) in die Länder."

* bischöflicher Mantel

△ Erfindet Gespräche zwischen Zuhörern der Predigten Tetzels und spielt sie vor. Bedenkt bei der Vorbereitung, wie sich die Predigt Tetzels auf das Verhalten der Zuhörer auswirken könnte. Arbeitet die Unterschiede zwischen der kirchlichen Lehre vom Ablass und der Predigt von Tetzel heraus. Überlegt, warum Tetzel ohne Widerspruch seiner Auftraggeber so predigen konnte.
▼ Der Text nennt auch die Interessen, die hinter dem Ablassgeschäft standen. Sammelt Information über den Erwerb und die Verwaltung kirchlicher und staatlicher Ämter in jener Zeit (Ämterkauf, Ämterhäufung).

Die Reformation

Luthers 95 Thesen

Aus Sorge um die Wirkungen des Ablasshandels veröffentlichte Martin Luther 95 Thesen und schickte sie an die Bischöfe von Brandenburg, Magdeburg und Mainz.

These 1 lautete: „So unser Meister und Herr Jesus Christus spricht: Tut Buße! will er, dass das ganze Leben seiner Gläubigen auf Erden Buße sei."
These 36 zerstörte die ganze kirchliche Lehre von Buße und Ablass: „Jeder Christ ohne Ausnahme, der wahrhaft Reue empfindet, hat völlige Vergebung von Strafe und Schuld, die ihm auch ohne Ablassbrief gebührt."

Damit waren nicht nur Auswüchse des Ablasshandels angegriffen, sondern der Kirche das Recht bestritten, über Schuld und Vergebung, Heil und Unheil zu entscheiden. Zwischen Gott und Mensch bedarf es keiner zusätzlichen Autorität, die sich anmaßt, die Gnade Gottes zuzuteilen. In einer „Disputation" (= Streitgespräch) in Leipzig mit dem Ingolstädter Professor Johannes Eck (1519) bestritt dann Luther auch die Rechtmäßigkeit des Papsttums. Der Bann des Papstes ließ nicht mehr auf sich warten.

△ Vor Luther war die katholische Kirche der Auffassung, sie verwalte einen Schatz von Verdiensten Jesu und der Heiligen, mit dessen Hilfe sie menschliche Schuld ausgleichen und Strafen aufheben könne. Erklärt unter Berücksichtigung dieser Vorstellung die Ablasspraxis.

Luthers Lebensweg

Martin Luther wurde 1483 in Eisleben/Thüringen als Sohn eines Bergmanns geboren. Die Familie hatte es durch Fleiß und Sparsamkeit zu einem kleinen Vermögen gebracht. Der Sohn sollte Jurist werden, weil dieser Beruf Ehre und Wohlstand versprach. 1501 begann Martin das damals übliche philosophische Grundstudium in Erfurt, schloss es 1505 mit dem Magisterexamen ab und begann das juristische Studium: Doch wenige Wochen später wurde er zum Ärger seines Vaters Mönch in dem strengen Bettelorden der Augustinereremiten. Anlass war die Erfahrung von Todesangst, ausgelöst durch ein Gewitter. Bei seinem theologischen Studium lernte er: Durch fromme Leistungen kann man Gottes Gnade erwerben. So war er unermüdlich beim Arbeiten, Fasten, Beten und Almosengeben. Dennoch fand er keine Ruhe. Gott war für ihn der Heilige und Gerechte. Wie sollte er, Martin Luther, je vor diesem strengen Richter bestehen können? In seinem verzweifelten Ringen stieß er auf ein Wort des Paulus: „Die Gerechtigkeit Gottes wird im Evangelium offenbar: Der Gerechte lebt seines Glaubens (Römer 1,17)." Da begriff er: Gerechtigkeit Gottes meint nicht Gottes Zorn über die Sünder, sondern Gottes Bereitschaft, die Sünder gerecht zu machen: Wer sich darauf verlässt, wird von Gott als gerecht angesehen. Eine Vermittlung des Heils durch Priester oder die Kirche, durch die Beichte oder die Fürsprache von Heiligen war nicht mehr nötig.

- △ Vergleicht Luthers altes und neues Verständnis der Gerechtigkeit Gottes mit den gängigen Auffassungen von der Gerechtigkeit bei (weltlichen) Richtern. Mit welchen Personen wäre Gott – nach Luthers Auffassung – eher zu vergleichen als mit Richtern?
- ▼ Zeigt den Zusammenhang zwischen Luthers Angriff auf den Ablass und seinem neuen Verständnis von Gerechtigkeit.

Erneuerung der Kirche

Im Jahr 1520 verfasste Luther zwei grundlegende Schriften: Im August schrieb er „An den christlichen Adel deutscher Nation" und im November „Von der Freiheit eines Christenmenschen". In der ersten Schrift widerlegte er den Anspruch des Papstes, dass er allein die Bibel recht auslegen könne, und geißelte die schamlose Ausbeutung der deutschen Länder. Der Papst möge wieder Nachfolger Christi in aller Armut werden, die hohen Herren aber auf das ordentliche Leben in Schulen und Klöstern achten, den Armen beistehen und nicht mit ihren Wucherzinsen die Bauern schinden. In der zweiten Schrift übergab er der Christenheit anstelle spitzfindiger Sittengesetze die goldene Lebensregel: Durch den Glauben ist ein Christenmensch freier Herr über alle Dinge und niemandem untertan. Durch die Liebe aber ist er ein dienstbarer Knecht aller Dinge und jedermann untertan.

Gesetz und Gnade, Gemälde aus der Cranach-Werkstatt

- △ Überlegt Gründe, die Luther veranlasst haben könnten, seine Kritik an der bestehenden Kirche und am Papst in einer Schrift vorzutragen, die an den „christlichen Adel deutscher Nation" gerichtet ist. Wie kann ein Christ – nach Luther – beides zugleich sein: freier Herr und dienstbarer Knecht?
- ▼ Informiert euch über die Amtsführung der Päpste Julius II. (1503-1513) und Leo X. (1514-1521) und die Folgen für das kirchliche Leben in Deutschland. Was dürfte Luther missfallen haben?

Freiheit des Glaubens und des Wortes

* Ausschluss aus der Kirche

* Entzug der bürgerlichen Rechte einschließlich jeglichen Schutzes. Geächtete galten als vogelfrei = Reichsacht.

Vor den Mächtigen

Als Luther vom Papst mit dem Bann* belegt wurde (3. Januar 1521), soll er gesagt haben: „O dass doch Karl ein Mann wäre und sich über diese Teufel hermachte." Er meinte den jungen Kaiser Karl von Spanien, dem es mithilfe von Schmiergeldern 1519 gelungen war, die Stimmen der Kurfürsten für seine Kaiserwahl zu gewinnen. Sein Reich umfasste Mittel- und Südeuropa (außer Frankreich). Seine vornehmste Aufgabe sah er darin, die Einheit von Kirche und Reich gegen jeden inneren und äußeren Feind zu verteidigen. Luthers Lehre aber untergrub die Autorität der Kirche und spaltete die Fürsten. Also ließ er Luther nach Worms vor den Reichstag kommen, um über die Ächtung* des Gebannten zu entscheiden.

Vor dem Reichstag hielt Luther eine lange Rede, zuerst deutsch, dann lateinisch. Man unterbrach ihn und forderte eine kurze Antwort auf die Frage, ob er seine Schriften widerrufen werde. Er antwortete, dass er sich durch nichts als die heilige Schrift und klare Gründe überzeugen ließe, nicht durch den Papst oder Konzilien; sein Gewissen sei in Gottes Wort gefangen. Daraufhin wurde er entlassen. Er reiste sofort ab, während die kaiserlichen Beamten das Edikt formulierten, das die Reichsacht über ihn verhängte.

△ Karl von Spanien war Habsburger. Sucht in einem Geschichtsbuch die Länder, die das Haus Habsburg beherrschte. Informiert euch auch über die Gegner der Habsburger und des Reiches im Osten wie im Westen. Versucht das Verhalten des Kaisers zu erklären.

▼ Erklärt den Unterschied zwischen Kirchenbann und Reichsacht und zeigt, wie beide zusammenhängen. Der Kaiser hatte Luther „freies Geleit" zugesichert. Warum hat Luther dennoch Worms so schnell verlassen?

Auf der Wartburg

Auf der Rückreise wird Luthers Wagen bei Eisenach gestoppt und Luther auf die Wartburg gebracht. Die Burg gehört dem Kurfürst von Sachsen, Friedrich dem Weisen, der so den geächteten Luther in Sicherheit bringt. Zehn Monate muss Luther – als Junker Jörg verkleidet – auf der Wartburg bleiben. Dort übersetzt er das Neue Testament in die deutsche Sprache, damit es alle verstehen und sich niemand mehr zum „Meister der Schrift" aufwerfen könne. Luthers Bibelübersetzung hat Entscheidendes zur Entwicklung einer einheitlichen deutschen Sprache beigetragen.

Der Marktplatz von Wittenberg heute, mit den Stadtkirchentürmen und den Denkmälern von Luther und Melanchthon

Kirche in der Welt

Die Zwickauer Propheten

Während der Abwesenheit Luthers traten in Wittenberg Leute aus Zwickau auf, die verkündeten, der Erzengel Gabriel habe ihnen das nahe Weltende angekündigt. Vorher aber müssten die Messe abgeschafft, alle Bilder zerstört und die Priester totgeschlagen werden. Bibel und Unterweisung seien überflüssig. Jeder solle predigen, was ihm der heilige Geist eingebe. Luthers Kollege, Andreas Karlstadt, ließ sich beeindrucken und begann seinerseits mit radikalen Veränderungen. Die Heiligenbilder in den Kirchen sollten als Götzen verbrannt werden, Mönche und Nonnen die Klöster verlassen, die Pfarrer heiraten. Der Abendmahlswein, bisher den Priestern vorbehalten, sollte von allen getrunken werden (= Laienkelch). Die Unruhen veranlassten Luther, nach Wittenberg zurückzukehren. Dort predigte er acht Tage über christliche Freiheit. Sie hänge nicht an Bildern oder äußeren Dingen. Die Notwendigkeit von Veränderungen erkannte er an. Sie sollten aber nicht mit Gewalt erzwungen, sondern erst durchgeführt werden, wenn die Menschen davon überzeugt seien.

Karlstadt lenkte ein, die Zwickauer Propheten verließen die Stadt, mit ihnen ging Thomas Müntzer, ein redegewandter und leidenschaftlicher Theologe, weil er von Luthers vorsichtigen Reformen enttäuscht war. Ganz ausfegen wollte er den alten römischen Sauerteig. In Allstedt/Thüringen wurde er Prediger und Revolutionär.

Innere oder äußere Freiheit

Die Erhebung der Bauern

Es gärte im ganzen Reich. Die weltlichen und geistlichen Herren hatten immer wieder die Abgaben und Arbeitsleistungen (= Frondienste) erhöht. Wer Schulden hatte, geriet in Leibeigenschaft. Gemeindebesitz wurde den Bauern entzogen. Sie mussten mit ansehen, wie die Herren ihre Jagden durch die bebauten Felder hetzten, während sie selbst für geringe Holz- oder Fischfrevel hart bestraft wurden.

Die schwäbischen Bauern verlangten in „zwölf Artikeln" (1525) unter Berufung auf die Bibel

- die freie Wahl der Pfarrer den Gemeinden
- die Abschaffung aller Sonderabgaben außer dem Zehnten
- die Abschaffung der Leibeigenschaft
- freie Jagd und Fischfang.

Thomas Müntzer predigte, evangelische Freiheit kenne keinen Zins, keine Regierung und kein Gesetz. An die Mansfelder Bergleute schrieb er: „Lasset euer Schwert nicht kalt werden. Schmiedet und werft zu Boden dieweil ihr Tag habt! Gott geht euch voran, folgt ihm!" Burgen, Klöster und Städte gingen in Flammen auf. Geistliche und Herren wurden grausam niedergemetzelt.

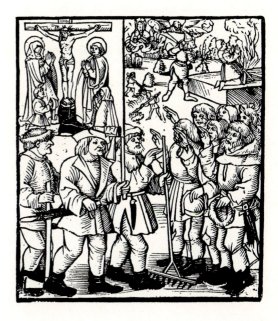

Bauern schwören auf die Bundschuhfahne (1514)

△ Konnten sich die Zwickauer Propheten auf Luther berufen, konnten es die Bauern?
▼ Thomas Müntzer nannte Luther das „sanft lebende Fleisch", weil dieser jedes gewaltsame Vorgehen ablehnte. Nehmt Stellung.

Die Reformation

Luther greift ein

In der Schrift „Ermahnung zum Frieden" hält Luther den Fürsten vor:
Die Bauern haben das Recht, das Evangelium zu hören und ihre Pfarrer zu wählen. Den Aufruhr der Bauern habt ihr mit eurer Schinderei und Abgabenlast selbst verschuldet.
Den Bauern hält er vor:
Ihr dürft eure Forderungen nicht mit Gewalt durchsetzen. Aufruhr ist immer Unrecht. Ein Christ kann frei sein, auch wenn er äußerlich unfrei ist.

Auf einer Reise durch das thüringische Aufstandsgebiet bekam Luther den Unmut der Bauern zu spüren. Spott und Hohn schlugen ihm entgegen. Von der Reise zurück, stellte er seiner Schrift „Ermahnungen zum Frieden" ein Kapitel: „Wider die räuberischen und mörderischen Rotten der Bauern" voran. Darin verurteilte er die Bauern mit erbarmungsloser Härte und forderte zu ihrer Vernichtung auf. Kurz danach kam es bei Frankenhausen zur Entscheidungsschlacht zwischen den thüringischen Bauern und den fürstlichen Truppen. Sechstausend Bauern wurden erschlagen. Ihr Anführer Thomas Müntzer (s. S. 199) wurde zehn Tage gefoltert und dann hingerichtet. Die Fürsten richteten in den folgenden Monaten in ganz Deutschland ein Blutbad an.

△ Wie werden die Fürsten, wie die Bauern auf Luthers Stellungnahme reagiert haben?

Trennung der Kirchen

Der Reichstag zu Speyer von 1529
Das Wormser Edikt hatte in Deutschland keine große Wirkung: Ein Grund dafür war, dass Kaiser Karl V. gegen die Türken und die Franzosen Krieg führte. Auf dem Reichstag von Speyer stimmte eine Mehrheit der Fürsten und Städte für die Durchführung des Wormser Edikts. Dagegen protestierten fünf Fürsten und vierzehn Städte, dass man in Fragen des Glaubens Entscheidungen durch Mehrheitsbeschlüsse herbeiführen wollte. Dieser Protest gab den Lutheranern den Namen „Protestanten".

Der Reichstag zu Augsburg von 1530
Auf dem Reichstag von Augsburg legten die Protestanten das „Augsburger Glaubensbekenntnis" (Confessio Augustana) vor. In ihm war zusammengefasst, was sie mit den Katholiken gemeinsam hatten und was sie von ihnen unterschied.

Kriege und Friedensschluss
Im Februar 1546 starb Martin Luther; im Juni kam es zum Krieg zwischen Karl V. und den evangelischen Fürsten. Zunächst siegte der Kaiser, später wurde er von den evangelischen Fürsten besiegt.
Das Ergebnis der Kämpfe war der „Augsburger Religionsfriede" (1555). In ihm wurde festgelegt, dass neben der katholischen auch die evangelische Konfession gleichberechtigt bestehen durfte. Allerdings wurde bestimmt, dass die Bevölkerung eines Gebiets sich in Fragen des Glaubens nach der „Obrigkeit" richten musste. Andersgläubige hatten die Möglichkeit auszuwandern. Cuius regio, eius religio – Wessen das Land, dessen der Glaube.

Kirche in der Welt

Die reformierten Kirchen

In einigen Gegenden Deutschlands gibt es neben den evangelischen Landeskirchen eigenständige reformierte Gemeinden, in vielen anderen Ländern selbstständige reformierte Kirchen. Sie verdanken ihre Entstehung nicht dem Wirken Luthers, sondern dem Reformator der Stadt Genf, Johannes Calvin. Die meisten von ihnen haben sich zum Reformierten Weltbund zusammengeschlossen, der ca. 60 Millionen eingeschriebene Mitglieder hat, wobei die Kinder nicht mitgezählt sind. Daneben gibt es noch einige Freikirchen, z. B. die Baptisten, die von Calvins Schriften stark beeinflusst wurden. In Deutschland haben sich im 19. Jahrhundert einige reformierte und lutherische Kirchen zu so genannten unierten Landeskirchen vereinigt (z. B. in Brandenburg und Baden).

△ Erkundigt euch, ob die evangelischen Kirchen in eurer Umgebung lutherischen oder reformierten Ursprungs oder von beiden beeinflusst sind.
▼ Die Stadt Genf ist heute Sitz vieler politischer und kirchlicher Einrichtungen von internationaler Bedeutung. Stellt einige zusammen und überlegt, ob sie mit Calvins Wirken in Zusammenhang gebracht werden können.

Weltweite Reformation

Johannes Calvin – Reformator wider Willen

Luthers Schriften wurden auch in Frankreich gelesen, selbst an der altehrwürdigen katholischen Universität von Paris. An Allerheiligen 1533 wagte es ihr Rektor Kop in einer öffentlichen Rede, die alte Lehre anzugreifen. Das Evangelium sollte unverfälscht verkündet werden. Er musste daraufhin mit seinen Freunden Paris verlassen. Zu ihnen gehörte Johannes Calvin. Dieser hart arbeitende und zurückhaltende Student, der zuerst die alten Sprachen und dann die Rechte studiert hatte, hatte nach jahrelangem Ringen mit der römischen Kirche gebrochen. Seine Bekehrung erfolgte plötzlich, doch er redete nie darüber.

Nach seiner Flucht tauchte Calvin zunächst in Südfrankreich unter, 1535 fand er in Basel/Schweiz eine Zufluchtsstätte. Dort schrieb er in wenigen Monaten die erste evangelische Glaubenslehre, die „Institutio Christianae Religionis". Das Werk machte ihn bekannt.

Bei einem kurzen Aufenthalt in Genf wurde er vom dortigen Reformator Farel genötigt zu bleiben, um eine Neuordnung der Gemeinde durchzuführen. Dieser erste Aufenthalt dauerte jedoch nur 22 Monate. Calvin wollte zu viele Veränderungen auf einen Schlag durchsetzen. Calvin und Farel mussten Genf verlassen.

In Straßburg hatte der vertriebene Reformator Gelegenheit, drei Jahre lang praktische Erfahrungen mit dem Aufbau einer Gemeinde zu sammeln, fand Zeit zu weiteren Studien und lernte bei Religionsgesprächen gemäßigt denkende Katholiken und führende Protestanten aus Deutschland kennen. Seit dieser Zeit hat er sich um eine Verständigung der Kirchen bemüht.

Johannes Calvin

Paulus
Seite 75

Die Reformation

Missstände in Frankreich und Genf

Die sittlichen Zustände in Frankreich hatten einen erschreckenden Tiefstand erreicht. Die bürgerlichen Mütter verkauften ihre Töchter an kirchliche Würdenträger, um zunächst eine Mitgift für den späteren legalen Gatten herauszuschlagen. Bischöfe bestraften hart einzelne Gemeindemitglieder, um, wie man sagt, ihnen dann Straferlass zu verkaufen. Auch Priester profitierten vom kleinsten Fehltritt in ihrem Pfarrbezirk. Sie ließen ihn sich nach willkürlichen Tarifen bezahlen – Zustände, die höchstens durch die sittliche Verrohung der damaligen katholischen Kirche Genfs noch übertroffen wurde.

Aus der Genfer Kirchenordnung von 1541

Unter den öffentlichen und allgemeinen Vergehen (Lügenhaftigkeit, Verleumdungssucht, lose Worte, beleidigende Worte, Unbesonnenheit, Sucht zu übervorteilen, Geiz, übertriebene Knauserei, unbeherrschter Zorn) gibt es Fehltritte, bei denen ein Verweis genügt. In derartigen Fällen soll es das Amt der Ältesten sein, die Schuldigen vorzuladen und ihnen in Liebe Vorhaltungen zu machen, damit sie in diesem Stück wieder zurechtkommen. Und wenn all das auf die Dauer nichts nützen sollte, muss man ihnen ankündigen, als Verächter Gottes hätten sie vom Abendmahl wegzubleiben, bis man bei ihnen eine Änderung des Lebenswandels bemerke. Hat einer sich eines Verbrechens schuldig gemacht (Irrlehre, Abspaltung von der Kirche, Auflehnung gegen die Kirchenordnung, offenbare und der weltlichen Gerichtsbarkeit verfallene Gotteslästerung, Meineid, Hurerei, Dieberei, Trunksucht, Tanz und ähnliche Ausschweifungen), das nicht nur eine Vorhaltung durch Worte, sondern Zurechtweisung samt einer gerichtlichen Strafe nach sich zieht, soll man ihm ankündigen, er habe, nach Lage des Falls kürzer oder länger, vom Abendmahl fernzubleiben, damit er sich vor Gott demütige und seinen Fehltritt besser erkenne.

Kirchenzucht – Fall 1

Antoine Simon aus Vienne, wohnhaft an der Rhône-Brücke. Ob er verheiratet sei und Kinder habe? Antwortet, dass er verheiratet ist und ein Kind hat. Ob er zur Predigt gehe? Antwort: Ja manchmal, wenn er kann; sein Sohn sei erst drei Jahre alt und verstünde sie noch nicht. Nach dem Glauben befragt, antwortet er, er verstehe ihn nicht gut. Hat das Gebet des Herrn gesagt; das Glaubensbekenntnis kann er nicht sagen… Wird gebührend ermahnt, die Predigt öfter als bisher zu besuchen und sich das Glaubensbekenntnis lehren zu lassen.

Kirche in der Welt

Kirchenzucht – Fall 2

Der Schwester des Herrn Curtert Lukretia Vorhaltungen gemacht, dass sie mit dem Geld nach Nessy geht, um dort bei den Mönchen von Sancta Clara Messen lesen zu lassen. Befragt, ob sie keine Skrupel habe, es zu sagen, antwortet sie, dass ihr Vater und ihre Mutter sie in einem andern Gesetz erzogen haben als dem hiesigen; sie verachte jedoch das jetzige Gesetz nicht. Befragt, wann das Fest des heiligen Felix war? Antwortet, dass es gestern war. Befragt, ob sie gefastet habe? Antwortet, dass sie fastet, wenn es ihr frommt. Befragt, ob sie nicht zu einem einzigen Gott beten will? Antwortet: Ja. Befragt, ob sie zu Sankt Felix betet? Antwortet, dass sie zu Sankt Felix und den anderen Heiligen betet, die für sie bitten.

Sie ist sehr starrköpfig. Es wurde entschieden, sie solle wieder zu einem Pastoren gehen und jeden Tag die Predigt besuchen; und das Abendmahl sei ihr verboten.

△ Viele Vorschriften der Genfer Kirchenordnung sind für uns heute schwer verständlich. Sie waren aber nicht außergewöhnlich. Erläutert die Absichten Calvins und überlegt, wie sie heute im Alltagsleben eine Rolle spielen können.

▼ Calvin war auch an der Hinrichtung des spanischen Arztes Michael Servet beteiligt. Informiert euch über diesen Fall und erörtert die Gründe der Hinrichtung.

Ausbreitung der reformierten Kirchen

Von Genf aus verbreitete sich die Reformation zunächst in ganz Europa. Noch heute sind die protestantischen Kirchen in Frankreich, Schottland und den Niederlanden reformiert. Auch die Puritaner in England sind von Calvin beeinflusst. Von Westeuropa aus verbreiteten sich die reformierten Kirchen in Nord- und Mittelamerika, Brasilien, Südafrika, Australien, Indonesien und Korea.

Das Konzil von Trient und seine Folgen

Die deutschen Reichsstände hatten seit 1523 ein allgemeines, vom Kaiser geleitetes (d. h. papstfreies) Konzil verlangt, das die Streitfragen beilegen sollte. Das scheiterte am Widerstand des Papstes. Erst 1542 berief Papst Pius III. ein Konzil nach Trient, das unter seiner Leitung stand. Protestantische Stimmen kamen dort nicht zu Gehör. Das Konzil beseitigte die viel beklagten Missstände in Kirche und Klerus (Ämterschacher und Ämterhäufung, mangelnde Priesterausbildung, Ablassverkauf u. Ä.), verwarf aber die grundlegenden Lehren der Reformation. In der Folgezeit setzte dann eine Gegenreformation ein mit dem Ziel, die verlorenen Gebiete mithilfe der Herrscher zurückzugewinnen. Dabei wurden friedliche und gewalttätige Mittel eingesetzt. Die protestantischen Staaten antworten mit ähnlichen Maßnahmen. Es kam zu schrecklichen Verfolgungen und Religionskriegen.

Katholische Reform

▼ Informiert euch in Geschichtsbüchern über die Verfolgung der Hugenotten in Frankreich (Bartholomäusnacht) und über den Dreißigjährigen Krieg. In Irland gab es im 19. und 20. Jahrhundert eine Unterdrückung der Katholiken durch die Protestanten, die bis heute im Nordirlandkonflikt nachwirkt.

▼ Heute gehen die Kirchen aufeinander zu. Erkundigt euch nach gemeinsamen Aktivitäten evangelischer und katholischer Christen in eurer Umgebung. Sucht herauszufinden, was evangelische und katholische Christen heute noch trennt und was sie verbindet.

Die Reformation

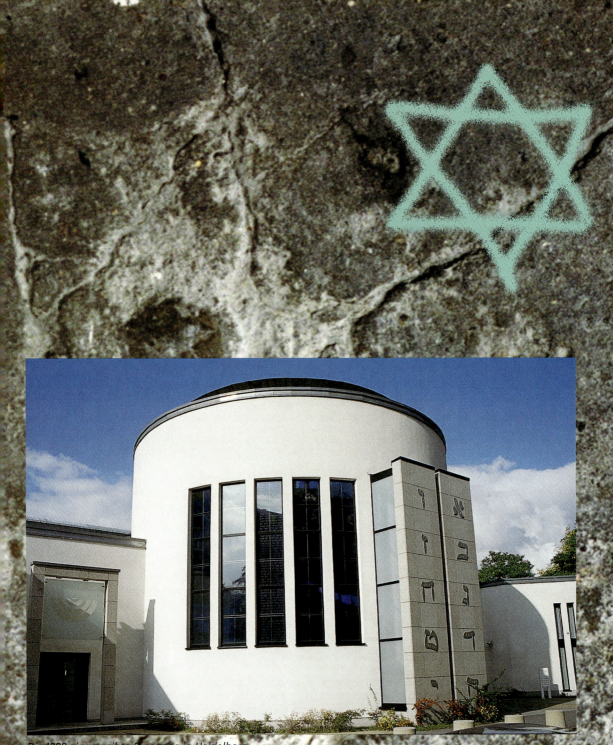
Die 1988 eingeweihte Synagoge in Heidelberg

Judentum

Jüdin, Jude sein

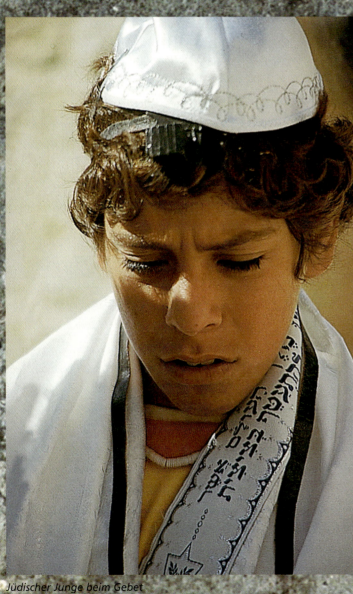

Jüdischer Junge beim Gebet

Jüdin, Jude sein

Das Judentum – die Wurzel des Christentums

Rabbi Jakob Petuchowski sagt auf die Frage, wie er das Neue Testament und damit auch das Christentum versteht:

„Es ist ja möglich, dass sich der liebe Gott die Vielfalt der Religionen auf die Dauer gefallen lässt, dass er also die Menschheit auf verschiedenen Wegen zu sich führt und, um es mit dem Johannes-Evangelium auszudrücken, dass er die Menschen in den vielen und verschiedenen Wohnungen seines Hauses wohnen lässt."

Nicht alle Juden sehen dies so. Es gibt viele, für die spielt das Neue Testament überhaupt keine Rolle. Andere lesen das Neue Testament als Geschichtsbuch, in dem sie etwas über ihre eigene Geschichte lernen.

Ein Jude kann Jude sein und seinen Glauben leben, ohne dass er sich mit dem Christentum auseinander setzen muss. Ein Christ kann aber nur dann Christ sein, wenn er seine Wurzeln ernst nimmt. Und diese Wurzeln liegen im biblischen Judentum.

Brief an die Römer:
„Rühmst du dich aber,
so sollst du wissen,
dass nicht du die Wurzel
trägst, sondern
die Wurzel trägt dich."
Römer 11,18

△ Lest Johannes 13,34 und 14,1–7. Diskutiert die Meinung von Rabbi Petuchowski und vergleicht sie mit den beiden Texten des Johannes-Evangeliums. Bedenkt dabei, dass das Alte Testament auch die „Hebräische Bibel" genannt wird.

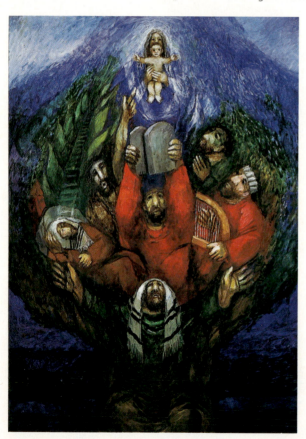

Jesus der Jude

Jesus war Jude. Er wurde als Jude geboren. Seine Erziehung erfolgte nach den Grundsätzen der Tora. Seine Heilige Schrift Jesu war das, was Christen Altes Testament nennen. Jesus lebte nach der Tora und starb mit Worten von Psalm 22. Die ersten Jünger, von denen uns die Evangelien berichten, waren Juden. So war die Jesusbewegung zunächst einmal eine unter zahlreichen religiösen Bewegungen des ersten nachchristlichen Jahrhunderts. Paulus, der die Botschaft von Jesus als dem Sohn Gottes in die heidnische Welt brachte, war Jude und hatte eine Ausbildung als Schriftgelehrter gemacht. In seinem Brief an die Christengemeinde in Rom machte Paulus deutlich, dass die Wurzel des Christentums das Judentum ist.

△ Lest Römer 11,13–24. Malt einen Baum und schreibt in die Wurzeln biblische Geschichten, die ihr aus dem Alten Testament (hebräische Bibel) kennt.

© Sieger Köder, Stammbaum Jesu
Alle Menschen werden das Heil sehen (Lukas 3)

Christen und Juden in der Geschichte

Bis ins vierte Jahrhundert hinein teilten Judentum und Christentum im Römischen Reich dasselbe Schicksal. Immer wieder wurden Juden und Christen verfolgt, weil sie sich weigerten, den Kaiser als Gott anzubeten. Eigentlich sollten solche Erfahrungen die Menschen solidarisch machen. Doch es kam anders: Als das Christentum unter den Kaisern Konstantin und Theodosius zur Staatsreligion wurde und alle anderen Religionen im Römischen Reich verboten wurden, begann die Diskriminierung der Juden. Im Mittelalter war es Juden verboten, Handwerksberufe auszuüben. Denn die Handwerker waren in Zünften organisiert. Und diese Zünfte waren christliche Zünfte. So konnten Juden nur wenige Berufe ausüben, wie beispielsweise den Beruf des Händlers oder des Geldverleihers.

Nach der Schoa, der fast völligen Vernichtung des mittel- und osteuropäischen Judentums während der Naziherrschaft zwischen 1933 und 1945, begann in Deutschland zaghaft wieder das Gespräch zwischen Juden und Christen. Von den deutschen Juden waren über 170 000 ermordet worden, einige waren den Mördern entkommen. Nur wenige Juden blieben nach 1945 in Deutschland.

Jüdisches Leben in Deutschland heute

In den letzten Jahren sind in Deutschland zahlreiche neue jüdische Gemeinden gegründet worden. Besonders der Zuzug von Juden aus den Ländern der ehemaligen Sowjetunion vergrößerte die Zahl der jüdischen Bürger. Das jüdische Leben in Deutschland ist vielfältig. Neue Synagogen wurden gebaut. In Heidelberg gibt es eine Hochschule für jüdische Studien. Die jüdische Gemeinde in Oldenburg hat eine Rabbinerin angestellt. In Düsseldorf hat die jüdische Grundschule im Sommer 1997 ihre ersten Viertklässler entlassen. 1942 war die letzte jüdische Grundschule in Düsseldorf geschlossen worden. Die vierhundert Kinder wurden deportiert und in Vernichtungslagern ermordet.

Die 19-jährige Sina hat mit neun anderen Jungen und Mädchen den Leistungskurs Jüdische Religionslehre an einem Münchner Gymnasium besucht und als Abiturfach gewählt. In Hamburg gibt es seit 1993 für die Klassen 11–13 ein Unterrichtsfach Jüdische Religionslehre, an dem auch nichtjüdische Schüler teilnehmen können.

In zahlreichen Städten der Bundesrepublik gibt es Gesellschaften für christlich-jüdische Zusammenarbeit und mehrere Landeskirchen unterstützen besondere Arbeitskreise, die sich dem jüdisch-christlichen Gespräch widmen.

Die alljährliche Woche der Brüderlichkeit ist heute deshalb eine gesellschaftliche und politische Notwendigkeit, weil in früheren Jahren gerade diese Brüderlichkeit gefehlt hat.

△ Informiert euch über Gesellschaften für christlich-jüdische Zusammenarbeit in eurer Nähe und fragt bei den Pfarrämtern an, welche kirchlichen Arbeitskreise in eurer Landeskirche bestehen. Lasst euch Informationsmaterial zuschicken.

▼ Haben in eurer Stadt oder eurer Region einmal Juden gewohnt?
Gibt es ehemalige Synagogen? Was wurde aus ihnen?
Sucht, wenn dies möglich ist, Kontakt mit jüdischen Schülern in eurer Stadt oder eurer Region.

Jüdin, Jude sein

Eine Insel der Zeit: Der Sabbat

Ein Rabbi: „Der Sabbat ist ein ewiges Zeichen zwischen Gott und den Kindern Israels. Denn in sechs Tagen machte der Herr, gelobt sei sein Name, Himmel und Erde. Aber am siebten Tag ruhte er und erquickte sich."

Der Freitagabend

Dudu, ein frommer Jude aus Jerusalem, erzählt: Die ganze Woche leben wir auf den Sabbat hin. Am Freitag kaufen wir gute Speisen, backen besonderes Brot, schmücken die Wohnung, baden uns und ziehen uns festlich an. Der Sabbat soll wie eine Königin, wie eine Braut empfangen werden.

Unsere Frauen haben bei der häuslichen Sabbatfeier eine besondere Rolle: Sie begrüßen den eintretenden Sabbat mit dem Entzünden der beiden Sabbatkerzen, über denen sie den Segen sprechen.

Die Männer gehen am Freitagabend in die Synagoge und begrüßen den Sabbat dort. Dann eilen wir schnell nach Hause. Ich als Hausvater begrüße den Sabbat mit dem Friedensgruß und spreche das Lob für die Hausfrau.

Dann vollziehe ich den Kiddusch, die Segnung des Tages. Ich erhebe dabei den bis zum Rand mit Wein gefüllten Becher, trinke daraus und reiche ihn weiter. Alle, die an der Sabbatfeier teilnehmen, bis hin zum jüngsten Kind, trinken einen Schluck Wein aus dem Becher.

Ich spreche das Tischgebet: Gepriesen seist du, Ewiger, unser Gott, König der Welt, der hervorbringt Brot aus der Erde. Dann nehme ich vom Sabbatbrot, schneide für mich und alle anderen ein Stück ab und teile es aus. Die Sabbatmahlzeit soll so schön und festlich sein wie möglich, denn am Sabbat ist jeder Jude ein König in seiner Stube. Dazu gehört auch das Singen von Sabbatliedern. Am Schluss steht der Psalm 126.

Der Samstag

Am Samstag gehe ich mit meinen Söhnen in den Synagogengottesdienst. Ansonsten ist der Tag der Ruhe gewidmet. Es ist ein sehr erholsamer Tag. Gegen Abend verabschiede ich den Sabbat im Kreis der Familie. Dann essen wir gemeinsam das Abendbrot.

Jüdische Mutter segnet ihre Kinder

▼ Lest in Gruppen 2. Mose 31,17; 2. Mose 20,8-11; Sprüche 31,10-31 (Lob der Frau); Psalm 126. Vergleicht die Bedeutung des Sabbats bei den Juden mit dem Sonntag, wie ihn wir Christen feiern.

Judentum

Ein Rabbi: „Ein Knabe wird in der Regel am achten Tag nach seiner Geburt beschnitten und im 13. Jahr feiert er seine Bar Mizwa."

Kindheit und Jugend

Die Beschneidung: Berit Mila
Das wichtigste Zeichen des Abraham-Bundes zwischen Gott und dem Volk Israel ist die Beschneidung der Jungen.

△ Lest 1. Mose 17,9 - 14 und 3. Mose 12,3.

Die Beschneidung war im Altertum bei mehreren Völkern verbreitet. Heute wird sie auch im Islam ausgeübt und von afrikanischen, australischen und asiatischen Volksstämmen vollzogen, zum Teil erst in der Pubertät. Aus medizinischen Gründen wird sie gelegentlich auch bei uns praktiziert.

Bar Mizwa – Sohn der Weisung
Mit dreizehn Jahren feiert ein jüdischer Junge das Fest der Bar Mizwa. Die Vorbereitung dauert ein Jahr. Er hat gelernt, die Gebetsriemen (Tefillin) richtig anzulegen und er hat unter sachkundiger Anleitung die Tora studiert. Nun wird er zum ersten Mal die vorgesehene Lesung aus der Tora übernehmen.

Die erste und wichtigste Pflicht, die ein Bar Mizwa hat, ist es, beim Abendgebet das Schma Israel, das Glaubensbekenntnis Israels, zu lesen und damit täglich Zeugnis für den Einen Gott abzulegen.

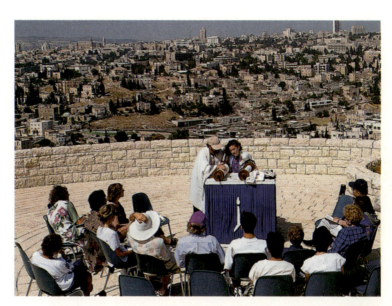

△ Lest das Schma Israel (5. Mose, 6,4 - 9).
▼ Vergleicht das christliche Glaubensbekenntnis über Gott.

*Ein jüdisches Mädchen feiert mit 12 Jahren **Bat Mizwa**. Als Tochter der Weisung übernimmt sie religiöse Pflichten einer jüdischen Frau.*

Die Bar-Mizwa-Feier beginnt mit dem Ausheben der Tora: Die Torarolle wird unter Singen und Beten aus dem Toraschrein geholt, sie wird ausgehoben. Fröhliche Lieder singend und tanzend ziehen die Männer zu einem großen Lesepult auf dem weiten Platz. Die Torarolle wird geöffnet. Der für den jeweiligen Tag vorgesehene Abschnitt wird vom Bar Mizwa gelesen. Nun spricht sein Vater den Segensspruch: „Gelobt seist Du, der Du mich von der Verantwortung für meinen Sohn befreit hast." Der Vater dankt Gott dafür, dass er ihm einen Sohn geschenkt hat und dass dieser gesund herangewachsen ist und nun eigene Verantwortung übernehmen kann.
Die Familie feiert ein großes Fest dazu.

Jüdin, Jude sein

Feste

Das Wochenfest: Schawuot

Ein Rabbi: „Mit Wasser, Wein und Milch wird die Tora verglichen. Wie diese Getränke sich nur in einfachen irdenen Gefäßen erhalten, so erhalten sich die Worte der Tora nur bei dem, der einfach an Gott glaubt und demütig ist."

Sieben Wochen nach dem Pessach-Fest feiern die Juden das Dankfest für die Kornernte. Es ist gleichzeitig das Fest der Erinnerung an die Zeit, als Mose am Berg Sinai die Zehn Gebote verkündigte.

▼ Am Wochenfest verkündigte Petrus zum ersten Mal in Jerusalem die Auferstehung Jesu. Wir Christen feiern an diesem Fest Pfingsten. Lest Apostelgeschichte 2. Diskutiert den Satz: „Das Judentum ist die Wurzel des Christentums".

Das Laubhüttenfest: Sukkot

Ein Rabbi sagt zu einem Nichtjuden: „Eines haben wir gemeinsam: Wir sind fröhlich, wenn Regen fällt, weil er Nahrung bringt!"

Das Laubhüttenfest findet acht Tage lang im Herbst statt. Im Mittelpunkt steht die Bitte um Regen. In Israel regnet es ja vom Frühjahr bis in den Herbst hinein nicht. Wenn der Herbstregen nicht rechtzeitig kommt, ist die Ernte gefährdet.

In Erinnerung an die Zeit der Wüstenwanderung leben die Juden in der Festwoche viele Stunden am Tag in selbst gemachten Laubhütten vor dem Haus, auf dem Balkon oder auf den Hausdächern. Sie nehmen dort die Mahlzeiten ein und lesen in der Tora. Zu den Gottesdiensten in den Synagogen bringen sie Feststräuße aus vier verschiedenen Pflanzen mit: Zweige von Palmen, Myrthen, Weiden und der Zitrusfrucht. Am letzten Tag des Festes ist das Fest der Tora-Freude.

Das Lichterfest: Chanukka

Dieses achttägige Fest erinnert an die Neueinweihung des Tempels im Jahre 164 v. Chr. Jeden Tag wird am achtarmigen Chanukkaleuchter eine weitere Kerze angezündet. Am achten Tag brennen dann alle acht Kerzen.

▼ Erinnert euch dieses Fest an eine christliche Festzeit? Sprecht über das Symbol „Licht".

Das Fest der Freude an der Tora: Simchat Tora

Ein Rabbi: „Wohin wir uns auch wandten an Simchat Tora, überall wurden Gläser geleert, Lieder gesungen und getanzt. Man versuchte die Freude bis in die späten Nachtstunden aufzuhalten, bis man erkennen musste, dass der Tag vergangen war."

Freude und Fröhlichkeit bei Kindern und Erwachsenen prägen diesen Feiertag. Jeder, der an diesem Tag den Synagogen-Gottesdienst besucht, kann zur Tora-Lesung aufgerufen werden. Also auch Jungen unter 13 Jahren, die noch nicht Bar Mizwa sind. Und so werden einfach manche Tora-Abschnitte so lange wiederholt, bis alle aus der Tora vorgelesen haben. Nach der Lesung durch die Gottesdienstteilnehmer wird der Chatan Tora, der Bräutigam der Tora, aufgerufen. Das ist meist der Rabbiner oder ein anderer schriftgelehrter Mann. Mit ihm zusammen liest die Gemeinde die beiden letzten Kapitel des 5. Buches Mose (Kap. 33 und 34). Alle stehen dazu auf und rufen am Ende: „Seid stark und wir werden gestärkt!" Dabei wird die Tora-Rolle hochgehoben und in alle vier Himmelsrichtungen geschwenkt.
Für viele sind die festlichen Umzüge mit der Tora-Rolle durch die Synagoge der Höhepunkt des Festes. Dazu werden alle Tora-Rollen aus dem Tora-Schrein geholt. Sie werden von den Männern in sieben Umzügen durch die Synagoge getragen; jeder soll dabei einmal an die Reihe kommen. Deshalb wechseln sich die Träger der Rollen ab. Auch die Kinder nehmen an den Umzügen teil. Sie haben entweder eigene kleine Tora-Rollen oder kleine Fähnchen. Darauf sind Bibeltexte geschrieben wie 5. Mose 4,35: „Du aber hast's gesehen, auf dass du wissest, dass der Herr allein Gott ist und sonst keiner."

Mit bedecktem Kopf lesen Juden Tora-Abschnitte

△ Lest in verteilten Rollen die Verheißungen Moses an die Stämme Israels (5. Mose 33) und über den Tod Moses (5. Mose 34).
Sprecht über die Freude am Bibellesen.

Jüdin, Jude sein

Fest der Befreiung: Pessach

Ein Rabbi: „Als die Ägypter ins Rote Meer versanken, wollten die Engel einen Gesang anstimmen. Da rief ihnen Gott zu: ‚Wie, wenn meiner Hände Werk ins Meer versinkt, wollt Ihr einen Gesang anstimmen?'"

In der Familie von Slomo wird Pessach gefeiert. Er erzählt:

Am Vorabend des Pessachfestes, am Sederabend, ziehen wir uns alle festlich an. Du weißt ja, bei uns beginnt der Tag nicht am frühen Morgen, sondern schon am Abend vorher. Am Sederabend ist der Tisch besonders schön geschmückt. Mutter hat die Kerzen angezündet. Sie hat das Pessachgeschirr auf den Tisch gestellt, das sie sonst das ganze Jahr über nicht benützt. Nur am Sederabend essen und trinken wir daraus.

An jedem Platz stehen vier Becher und mitten auf dem Tisch steht die dreistöckige Sederschüssel. Seder, das heißt Ordnung, denn der Sederabend verläuft nach einer ganz bestimmten Ordnung, und die Sederschüssel enthält Dinge, die einer ganz besonderen Ordnung folgen. In jedem Fach der Sederschüssel liegt ein Mazzen-Brot. In der Zeit des Pessach essen wir nur ein ganz bestimmtes Brot. Es wird aus Getreidemehl hergestellt, jedoch ohne Zusatz von Hefe oder Sauerteig und auch ohne Salz und Gewürze, Öl oder Eier. Wir nennen dieses Brot Mazzen. Daneben gehören in die Sederschüssel noch ganz bestimmte andere Dinge: Ein kleiner gerösteter Knochen, an dem noch ein wenig Fleisch ist, Bitterkräuter, Petersilie, ein hart gekochtes Ei und ein Mus aus Äpfeln, Mandeln, Zimt und Rosinen.

Neben der Schüssel steht eine kleine Schale mit Salzwasser. Am Beginn der Sederfeier trinken wir alle einen Becher Wein, wenn der Vater darüber seinen Lobpreis gesprochen hat. Dann spricht der Vater einen Lobpreis über einer Mazze und bricht sie. Die eine Hälfte verteilt er an die Tischgemeinschaft. Die andere Hälfte hebt er auf für das Ende der Feier. Der Jüngste in der Familie muss dem Vater einige Fragen stellen:

„Warum ist diese Nacht so anders als alle anderen Nächte?

An allen anderen Nächten können wir Gesäuertes und Ungesäuertes essen, in dieser Nacht nur Ungesäuertes.

An allen anderen Nächten essen wir beliebige Kräuter, in dieser Nacht nur Bitterkraut.

An allen anderen Nächten brauchen wir nicht einzutauchen, in dieser Nacht tauchen wir zweimal ein (Petersilie in Salzwasser und Bitterkraut in das Mus)."

Jemenitische Juden bei der Sederfeier

Judentum

Dann antwortet unser Vater und erzählt eine Geschichte:

„Sklaven waren unsere Vorfahren in Ägypten. Hart bedrückte sie der Pharao. An diese schwere Zeit denken wir, wenn wir jetzt die Bitterkräuter essen. An die vielen Tränen, die unsere Vorfahren vergossen haben, denken wir, wenn wir die Petersilie in Salzwasser eintunken. Wir denken so daran, als seien wir selbst dort gewesen. Aus braunem Lehm mussten wir Ziegel formen. Deshalb tauchen wir das Bitterkraut in das braune Mus. Immer wieder schickte Gott einen Mann zum Pharao, den Mose. Der sagte dem Pharao: Gott will, dass du mein Volk freilässt. Aber der Pharao hörte nicht auf das, was Mose ihm sagte. Im Gegenteil: Immer härter ließ er uns arbeiten, immer schwerer wurde die Unterdrückung.

In unserer Not schrien wir zu Gott. Und er erhörte uns. Er befreite uns von der Last der Sklaverei und bestrafte den Pharao und die Ägypter hart. In jeder Familie starb der älteste Sohn. Das geschah in dieser Nacht, in der Pessach-Nacht.

Jetzt konnten wir fliehen. Wir hatten die Sachen schon gepackt. Ganz schnell musste es gehen. Damit wir unterwegs zu essen hatten, nahmen wir in Schüsseln und Tücher gehüllt den rohen Brotteig mit. Er war noch nicht mit Sauerteig vermischt. Wenn wir hungrig waren, backten wir Mazzenbrot aus ungesäuertem Teig. Und seitdem essen wir an diesem Abend, ja in der ganzen Pessach-Woche immer ungesäuertes Brot.

Und der Knochen, der in der Mitte der Schüssel liegt, erinnert an das Lamm, das unsere Väter damals geschlachtet und gegessen hatten."

Und dann gibt es ein Festessen. Anschließend feiern wir ein fröhliches Fest. Schließlich machen die Kinder noch einen besonderen Spaß. Sie verstecken die übrige Hälfte der Mazze, die Vater am Beginn der Feier abgebrochen hat. Dann muss Vater suchen. Das Fest darf aber nicht beendet werden, bevor er nicht die zweite Hälfte der Mazze gefunden und das Dankgebet über dem ganzen Brot gesprochen hat.

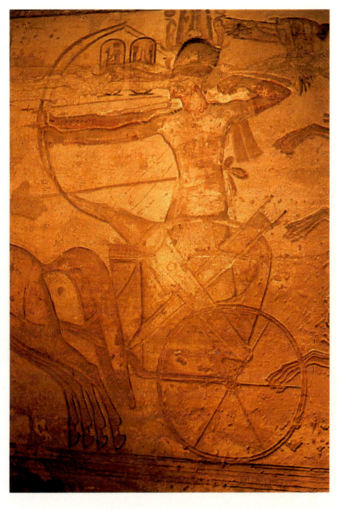

Pharao Ramses II. im Kampfwagen

△ Lest 2. Mose 12. Erinnert euch an die Geschichte von Mose, die ihr in der Grundschule erzählt bekommen habt. Ihr könnt sie nachlesen: 2. Mose 1-4.
▼ Die Sklaven in Amerika haben ihre Sklaverei mit der der Israeliten in Ägypten gleichgesetzt. Kennt ihr Lieder, in denen dieses Thema zur Sprache kommt?

Jüdin, Jude sein

Die jüdischen Speisevorschriften

Religion der Tat

Ein Rabbi: „Das Judentum ist eine Religion der Tat und nicht des bloßen Glaubens. Wir äußern nicht nur Bekenntnisse des Glaubens, sondern wir setzen unseren Glauben in die Tat und Kraft um. Darum essen wir auch koscher."

△ Koscher bedeutet tauglich. Unerlaubte Nahrungsmittel heißen taref (zerrissen). Lest dazu 2. Mose, 23, 19.

Zu den Grundlagen jüdischer Speisevorschriften gehört das strikte Verbot, Fleischiges und Milchiges zusammen zuzubereiten und zu essen. Dies ist eine uralte Vorschrift, die in biblische Zeiten zurückreicht.

△ Lest 2. Mose 34, 26. Bedenkt, dass damals die Menschen mit der Natur sehr verbunden waren.

Erlaubt sind alle Obst- und Gemüsesorten sowie das Fleisch von Säugetieren, die Wiederkäuer sind und die sich selbst von Pflanzen ernähren. Koscher ist auch alles Geflügelfleisch und sind alle Fische, deren Flossen man mit der Hand abziehen kann.
Das Schweinefleisch fehlt auf jüdischen Speisezetteln. Das Schwein hat, wie das Rind, zwar gespaltene Klauen, ist aber kein Wiederkäuer. Deshalb ist Schweinefleisch taref.
Ob ein Lebensmittel koscher ist, zeigt nicht nur die Zubereitung. Auch die Schlachtung der Tiere muss den traditionellen Vorschriften entsprechen. Die Schechita ist eine Tötungsart, durch die den Tieren lange Qualen erspart werden. Die Halsschlagader wird mit einem extrem scharfen Messer geöffnet. Das Tier wird sofort besinnungslos und stirbt ohne langen Todeskampf. Das Blut muss ganz auslaufen, denn der Genuss von Blut ist verboten.
Die Kücheneinrichtung eines orthodoxen jüdischen Haushalts trägt den Vorschriften der Kasrut Rechnung. Wer die Kasrut-Vorschriften befolgen will, braucht getrennte Kochgeräte, Geschirr und Besteck für Milchiges und Fleischiges, ja sogar zwei Geschirrspülmaschinen. Glas, das nicht porös ist, darf sowohl für milchige als auch fleischige Nahrung und Nahrungszubereitung benutzt werden.

▼ Informiert euch, ob es in eurer Umgebung koschere Geschäfte und Restaurants gibt.

Die Gebetsriemen: Tefillin

Ein Rabbi: „Wir befestigen jeden Tag die Grundlage des jüdischen Denkens an unseren Gliedern, die für die Tätigkeit des Menschen im täglichen Leben wichtig sind. Auf diese Weise sind unsere Gedanken, Taten und Gefühle auf die Erfüllung des Willens des Herrn gerichtet."

Ab dem 13. Lebensjahr legt ein Jude zum Morgengebet die Gebetsriemen an. Sie sollen als Zeichen am Arm (all mein Handeln) und zur Erinnerung als Stirnbinde am Kopf (all mein Denken) getragen werden. Beim Anlegen des Armtefillins wird das Gebet gesprochen: „Gepriesen seist Du, Ewiger Gott, König der Ewigkeit, der Du uns geheiligt hast durch Deine Weisungen und uns befohlen hast, die Tefillin anzulegen." Die Tefillin bestehen aus vier Lederriemen und einer Kapsel, in der vier Bibeltexte enthalten sind.

Erinnerungszeichen

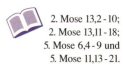
2. Mose 13,2 - 10;
2. Mose 13,11 - 18;
5. Mose 6,4 - 9 und
5. Mose 11,13 - 21.

Die Kopfbedeckung: Kippa

Ein Rabbi: „Das Tragen einer Kippa geht auf eine alte Sitte zurück, die uns Gottesfurcht, Demut und Bescheidenheit vor Gott lehrt."

Das Tragen der Kippa ist ein alter Brauch. Im Mittelalter wurde zuerst in Frankreich, dann in Deutschland das Tragen einer Kopfbedeckung beim Gottesdienst und dem Studium der Tora verbindlich vorgeschrieben.

Die Türkapsel: Mesusa

Ein Rabbi: „Wie die Beschneidung das Zeichen am Körper des Juden ist, so kennzeichnet die Mesusa das jüdische Haus und unterscheidet es von allen anderen Häusern."

Die meist verzierte Kapsel an den Türrahmen enthält das Glaubensbekenntnis. Die gesetzestreuen Juden berühren beim Betreten und Verlassen der Wohnung oder des Zimmers die Mesusa mit der Hand und führen sie dann an die Lippen. Auf der Mesusa befindet sich ein hebräischer Buchstabe, der den Namen Gottes symbolisiert.

△ Sprecht über die religiöse Bedeutung von Kippa und Mesusa.
▼ Vergleicht die religiösen Bräuche der Kopfbedeckung im Islam. Auch im Christentum war früher eine Kopfbedeckung üblich.

Jüdin, Jude sein

Der Tempel

Die Mauer: Ha Kotel
Ha Kotel, die Mauer, steht auf zahlreichen Schildern und Wegweisern im jüdischen Viertel der Jerusalemer Altstadt. Für sie ist die Westmauer des Tempels der heiligste Ort der Welt. Hier wird gebetet, werden Gottesdienste gefeiert und Feste begangen.

Vom alten Jüdischen Viertel bietet sich ein prächtiger Blick auf die Westmauer des Tempels, auf die Al-Aqsa-Moschee und den Felsendom. Die mächtigen Quader aus Kalkstein sind bis zu zwei Meter hoch und vier Meter breit. Sie wurden ohne Fugenmaterial aufeinander geschichtet.

Der Tempel Salomos
Der erste Tempel wurde hier vor etwa 3000 Jahren von König Salomo errichtet. Er wurde etwa 400 Jahre später durch die Babylonier zerstört.

△ Lest 1. Könige 6. Beschreibt die Bedeutung des Tempels nach 1. Könige 8.

Der zweite Tempel
Als die Juden aus der babylonischen Gefangenschaft zurückkamen, errichteten sie einen einfachen zweiten Tempel. Im Jahr 19 v. Chr. beschließt König Herodes, der für den Kindermord in Bethlehem verantwortlich ist, diesen Tempel zum schönsten und größten seiner Zeit auszubauen. Mehr als tausend Priester wurden zu Steinmetzen, Zimmerleuten und Dekorateuren ausgebildet, denn nur Priester sollten diesen Tempel bauen. Der Tempelplatz hatte große Ausmaße. Die Mauer misst 1,5 km. Das Heiligtum stand an der Westseite des Platzes. Dort gab es zahlreiche Opferaltäre, auf denen Priester dem Gott Israels Tieropfer brachten. Und im Süden stand die Königshalle, wo auch die Geldwechsler und Verkäufer der Opfertiere ihre Stände hatten. Der eigentliche Tempel lag auf einem Podium, zu dem zwölf Stufen hinaufführten. Die Außenwände waren mit einem Goldbelag versehen. Der Tempel hatte zwei Innenräume. Im ersten, dem Heiligen, standen eine goldene Menora, der Räucheraltar und der Tisch für die Schaubrote mit den zwölf Borten als Zeichen für den ewigen Bund Gottes mit seinem Volk. Der zweite Raum, das Allerheiligste, war ein fensterloser leerer Raum und symbolisierte die Gegenwart Gottes auf Erden. Nur einmal im Jahr, am Versöhnungstag, betrat der Hohepriester den Raum und brachte ein Rauchopfer dar.

Die Westmauer des Tempels, die Herodes der Große aufrichten ließ

▼ Lest Matthäus 21,12-17 und findet heraus, warum Jesus die Händler und Geldwechsler aus dem Vorhof des Tempels getrieben hat. Lest auch die Wehklage Jesu über Jerusalem und seine Verheißung vom Ende des Tempels, Matthäus 23,37-39 und 24,1-2.

Römische Truppen zerstören den Tempel

Im Jahr 70 zerstören römische Soldaten den Tempel. Sie rauben die kostbaren Kultgeräte und führen sie im Triumph zusammen mit den gefangenen Sklavinnen und Sklaven durch Rom. Der Tempel blieb von da an zerstört und wurde nicht mehr wieder aufgebaut. Den Juden wurde später bei Androhung der Todesstrafe verboten, Jerusalem und den Ort des früheren Tempels zu besuchen. Im 8. Jahrhundert bauten die Muslime nach der Eroberung Palästinas auf dem Tempelplatz die Al-Aksa-Moschee und den Felsendom in Erinnerung an die Opferung Isaaks. Für die Muslime ist der Tempelplatz ein sehr heiliger Ort.

Ein Rabbi: „Die Synagoge ist ein Ort, der heilig ist nur durch das, wofür er benutzt wird, nämlich Beten und religiöses Lernen."

Schon nach der Zerstörung des ersten Tempels (587 v. Chr.) haben die Menschen angefangen, Gottesdienste in einfachen Häusern zu halten. Sie nannten sie Bet Knesset (Haus der Versammlung, auf griechisch: Synagoge). Der Gottesdienst bestand hier nicht darin, Opfer darzubringen, denn dies war ja nur im Tempel erlaubt, sondern im Beten und Studieren der Tora. Heute ist die Synagoge das Zentrum der jüdischen Gemeinde. Sie ist auch Schule und Gemeindebibliothek und beherbergt oft auch ein koscheres Restaurant.

Die Synagoge

Montags und donnerstags, am Freitagabend und am Samstag werden in der Regel Gottesdienste gefeiert. Im Mittelpunkt jeder Synagoge ist der Tora-Schrein. Hier sind die Schriftrollen verwahrt. Zum Gottesdienst wird eine Rolle ausgehoben, das heißt in feierlichem Zeremoniell aus dem Schrein genommen. Aus ihr wird dann vorgelesen. Der Gottesdienst wird nicht vom Rabbiner, sondern vom Vorbeter, dem Kantor, geleitet. Aber jeder Beter steht für sich allein vor Gott – ob in der Synagoge oder in der eigenen Wohnung. Der Gottesdienst kann nur stattfinden, wenn zehn Männer anwesend sind. Die Schriftlesungen aus der Tora und den Propheten wie die Gebete sind nach dem Jahresablauf festgeschrieben.

▼ Vergleicht den Synagogengottesdienst mit dem christlichen Gottesdienst am Sonntag. Sprecht dabei auch über Unterschiede zwischen dem evangelischen und dem katholischen Gottesdienst.

Jüdin, Jude sein

Unterricht in einer Koran-Schule in Duisburg

Islam
Muslimin, Moslem sein

Musliminnen in einer ägyptischen Moschee

Muslimin, Moslem sein

Muslime unter uns

Musikunterricht in der gemischten deutsch-türkischen Schule in Berlin-Kreuzberg

Muslimische Mitbürger kommen aus vielen Ländern Europas, Afrikas und Asiens zu uns nach Deutschland. Manche leben schon seit Generationen hier und haben die deutsche Staatsbürgerschaft. Andere können nur kurze Zeit bei uns leben, weil ihre Aufenthaltsgenehmigung abläuft.

▼ Sammelt Bilder und Berichte aus Zeitungen. Interviewt muslimische Mitschüler über Glauben und Leben hier in Deutschland. Ihr könnt sie auch in euren Unterricht einladen und mit ihnen über den Islam reden und euch vom Glauben erzählen.

Imman Cevat Cicek in der türkischen Moschee in Dietzenbach, wo ca. 4000 türkische und ca. 1000 marokkanische Muslime leben

Belma kommt aus Anatolien in der Türkei. Schon als Kind hat sie Teppichknüpfen gelernt. Ihr Vater ist vor über dreißig Jahren nach Deutschland als „Gastarbeiter" gekommen. Er hat einige Jahre später seine Familie nachkommen lassen. Belmas Kinder sind in Deutschland geboren und fühlen sich ganz als Deutsche. „Manchmal aber träume ich von meiner alten Heimat", sagt sie. „Als wir in den Ferien einmal dort waren, fand ich mich nicht mehr zurecht."

Ali el Fassi ist Marokkaner. Er hat Medizin studiert und möchte sich in Deutschland zum Lungenfacharzt weiterbilden. „Meine Frau und meine zwei Kinder leben in Fes, einer alten marokkanischen Königsstadt. Dort möchte ich eine eigene Praxis aufmachen, sobald ich hier meine Prüfungen erfolgreich abgeschlossen habe."

Islam

Muhammed ist Kurde. Die Kurden haben keinen eigenen Staat. Sie leben vor allem in der Osttürkei und im Norden des Irak. Obwohl viele von ihnen Muslime sind, werden sie immer wieder von ihren Glaubensgenossen verfolgt. „Ich wurde ohne Grund verhaftet und gefoltert. Als ich aus dem Gefängnis entlassen wurde, flüchtete ich aus Angst nach Deutschland. Hier habe ich einen Antrag auf Asyl gestellt. Ich gehöre nicht der gewalttätigen kurdischen Arbeiterpartei an und hoffe deshalb, nicht ausgewiesen zu werden."

Cemal ist Gewürzhändler in Aleppo in Syrien. Viele deutsche Touristen besuchen diesen größten Markt im Orient. Seit seiner Kindheit träumt Cemal davon, einmal nach Deutschland zu fahren. Nun arbeitet er für zwei Jahre in einer Autofabrik, während seine Familie den Gewürzladen betreibt. „Wenn ich einmal zurückkomme, kann ich prima deutsch sprechen und alle Touristen werden bei mir kaufen", meint Cemal mit einem Augenzwinkern. „Aber ich bin froh, wenn ich wieder in Aleppo bin. Da ist meine Familie, da bin ich zu Hause!"

Hanifa ist die Tochter einer Professorin und eines UNO-Botschafters in Kairo in Ägypten. Sie hat mit ihren Eltern schon in vielen Ländern gelebt. In Kairo besuchte sie die deutsche Schule. Nach ihrem Pädagogik-Studium bekam sie ein Stipendium am Goethe-Institut. „Ich möchte in Kairo das Fach Deutsch unterrichten. Deshalb bin ich froh, dass ich hier meine Deutsch-Kenntnisse verbessern kann und auch erfahre, wie in Deutschland die Menschen leben. Ich habe schon viele Freunde hier. Ich lese gerade in deutscher Sprache das Buch von Jehan Sadat. Sie ist die Ehefrau des ermordeten Präsidenten und Friedensnobelpreisträgers Anwar el Sadat. Wenn ihr uns Muslime, besonders uns Frauen im Islam besser verstehen wollt, dann müsst ihr Jehan hören."

▼ Muslime unter uns. Was wisst ihr sonst noch darüber?

Muslimin, Moslem sein

Muslimin – oder Christin?

Jehan Sadats Mutter war Engländerin und Christin – ihr Vater Ägypter und sunnitischer Moslem. Da im Islam die Kinder die Religion des Vaters annehmen, wurde Jehan Muslimin.

Jehan Sadat erzählt in ihrem Buch auch aus ihrer Kindheit:

„Meine Mutter stammt aus England. Mein Vater ist Ägypter und gehört der Religion des Islam an. Als ich geboren wurde, lebten meine Eltern auf der Nilinsel Roda in Kairo. Wir teilten unser Haus mit einer anderen Familie, die in der Wohnung über uns lebte, und zu Weihnachten holte meine Mutter zu unserem und dem Staunen aller anderen Nachbarn einen wunderschönen Fichtenbaum ins Haus, den sie mit glänzenden Sternen und Kugeln dekorierte. Die Kinder aus der Nachbarschaft strömten herbei, um unseren Baum zu bewundern, denn nur wenige ägyptische Familien feiern Weihnachten und keines hatte jemals einen Christbaum gesehen.

Meine Mutter erzog uns nicht zu Engländern. Ganz und gar nicht. Zu Hause sprachen wir alle arabisch, das sie ebenfalls sehr gut sprechen gelernt hatte, und da sie keinen Bekehrungseifer kannte, beeinflusste sie uns auch nicht gegen unsere Moslemtraditionen. Dennoch war das alles für mich als Kind ein bisschen verwirrend. Über dem Bett meiner Mutter hing ein Kruzifix des Propheten Jesus und manchmal sah ich, wie sie, die Hände nach der Art der Christen gefaltet, davor kniete und betete. Obwohl wir als kleine Kinder noch nicht beteten, wusste ich, dass die Moslems das ganz anders machten: Sie standen aufrecht mit ausgebreiteten Armen und warfen sich sodann zu Boden. Ich konnte diesen Unterschied zwischen meiner Mutter und der übrigen Familie nicht verstehen.

„Warum bist du Christin und wir anderen sind alle Muslime?", erkundigte ich mich eines Nachmittags bei ihr, nachdem eine Mitschülerin mir diese Frage gestellt hatte …"

△ Die Mutter von Jehan sagte: „Niemand kann sich seine Religion aussuchen. Wir sind alle das, wozu wir geboren sind. Wichtig ist nur, dass man niemals vergisst, dass alle Religionen nur einen Gott haben. Wie wir ihn verehren, spielt keine Rolle, solange wir nur den Glauben haben."
▼ Setzt euch mit dieser Meinung auseinander. Bedenkt, wie ihr evangelisch geworden seid.

Heirat zwischen Muslimen und Andersgläubigen:
Es ist erlaubt, dass muslimische Männer andersgläubige Frauen heiraten. Die Kinder werden nach der Religion des Vaters im muslimischen Glauben erzogen. Den muslimischen Frauen ist nicht erlaubt, einen andersgläubigen Mann zu heiraten, da dann die Kinder keine Muslime würden.

Islam

Der Fastenmonat Ramadan

So erzählt Jehan:

„Der Fastenmonat Ramadan ist eines meiner religiösen Lieblingsfeste. 30 Tage lang fasten wir von Sonnenaufgang bis Sonnenuntergang und dürfen nach dem Koran während dieser Zeit nicht eine einzige Krume Brot essen, nicht einen einzigen Tropfen Wasser trinken. Zigaretten und Pfeifenrauchen, Intimitäten zwischen Ehepaaren, Fluchen und Streitigkeiten sind verboten. Mohammed, der Prophet, sagt: Damit sie lernen, sich zu beherrschen und sich mit den Armen zu identifizieren.

Wir Muslime beginnen mit dem Fasten am Morgen, wenn man einen weißen, vor den Himmel gehaltenen Faden deutlich von einem schwarzen zu unterscheiden vermag. Der Koran erlaubt den Kindern, mit dem Fasten zu warten, bis sie in die Pubertät kommen. Die Tage sind nicht allzu anstrengend im Ramadan. Die meisten Geschäfte und Büros machen erst spät am Vormittag auf, damit jene, die die ganze Nacht hindurch aufbleiben, am Morgen ausschlafen können. Gegen Abend jedoch, wenn sich der Zeitpunkt des iftar nähert, der Augenblick, wo das Fasten unterbrochen werden darf, verändert sich die Atmosphäre drastisch. Alle Muslime feiern dann mit ihrer ganzen Familie mit einem abendlichen Festmahl.

Schon kurz vor Sonnenuntergang strichen wir Kinder um den gedeckten Tisch herum und starrten hungrig auf die eigens für den Ramadan zubereiteten Speisen: Mit Pistazien, Mandeln und Rosinen gefülltes, mit Zitronensirup und Zucker getauchtes Gebäck, Zuckerwatte, gekrönt mit Rosinen, Nüssen und Sahne, Kompott aus gedünsteten Aprikosen, Feigen, Pflaumen und Rosinen. Ungeduldig lauschten wir alle auf die Kanonenschüsse, die in jedem Stadtviertel abgefeuert wurden, sobald die Sonne unterging. Dann stopften wir uns mit den Süßigkeiten voll, um anschließend noch stundenlang am Esstisch sitzen zu bleiben, Geschichten zu erzählen und fröhlich zu sein.

Das Fest des Festes

Am Ende des Ramadan gibt es dann noch einmal ein religiöses Fest, das dreitägige Aid el-Sachir. Dieses Fest ist das genaue Gegenteil des Fastenmonats, denn wie Gott uns während des Ramadan das Essen verbietet, ist es verboten, nicht zu essen. Geschäfte, Schulen, Fabriken und Büros haben geschlossen. Bettler und Obdachlose bekommen Almosen. Dienstboten erhalten beträchtliche Geld- oder Kleidergeschenke. Kinder neue Kleider und Schuhe. Nach der Beendigung des Fastens soll niemand mehr etwas entbehren. Das Leben kehrt in seine normalen Bahnen zurück."

▼ Viele Christen fasten in der Passionszeit. Stellt Gemeinsamkeiten und Unterschiede einander gegenüber. Ihr könnt muslimische Mitschüler einladen und euch erzählen lassen, wie sie Ramadan in Deutschland feiern.

Die fünf „Säulen" („arkan") des Islam

Der Ramadan ist eine der fünf „Säulen" des Islam

Muslimin, Moslem sein

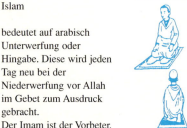

Das Gebet ist eine der fünf „Säulen" des Islam

Das Gebet

Jehan erzählt:

„Mit meiner Freundin Raga besuchen wir öfters deren Tante Nimat. Im Gegensatz zu den Frauen in meiner Familie kleidet sie sich sehr konservativ. Sie trägt ausschließlich lange Kleider, die ihre Arme und Beine bedecken, und schlingt sich stets ein Tuch um den Kopf, unter dem sie ihre Haare versteckt. Nimat lehrte mich das moslemische Ritual des Gebets. Das Gebet ist eine Pflicht des Islam, so wichtig, dass es als Schlüssel zum Paradies bezeichnet wird. Kein Moslem wird je von der Gebetspflicht befreit. Im Laufe der Zeit, da ich von Nimat die streng vorgeschriebenen Stufen des Gebets erlernte, nahm meine Religion für mich eine ganz neue, tiefere Bedeutung an.

Wir gehen zum Beten nicht in die Moschee. Das ist nicht notwendig und gehört auch nicht zur Tradition. Obwohl der Prophet den Frauen nicht ausdrücklich verbot, in der Moschee zu beten, riet er uns dennoch, unser Gebet in der Zurückgezogenheit des Hauses zu verrichten. Wenn Frauen trotzdem in der Moschee beten wollen, tun sie es von den Männern getrennt im Hintergrund, denn wenn ihre Kleider auch bis zu den Knöcheln reichen, wollen sie sich beim Beten nicht schamlos vorkommen."

Gebetshaltungen

Aufrecht stehend, die Hände in Schulterhöhe nach vorn geöffnet (mit den Daumen hinter den Ohrläppchen), spricht er: „Allahu Akbar" (="Gott ist groß").

Weiterhin aufrecht stehend, mit herabhängenden Armen oder die rechte Hand etwa in Körpermitte über die linke gelegt, spricht er die erste Koransure (Fatikha) und danach weitere Suren oder Verse.

Mit einer Verbeugung, die Hände auf die Knie gestützt, spricht er Lobpreisungen Allahs.

Es folgen weitere Lobpreisungen, wobei die Stirn den Boden berührt.

Nach jedem zweiten und nach dem letzten Gebetsteil spricht er, am Boden kniend, das Glaubensbekenntnis mit auf dem Knie ausgestrecktem Zeigefinger der rechten Hand.

Zum Abschluss des Gebetes grüßt der Gläubige, weiterhin kniend, über die rechte und linke Schulter blickend, die Schutzengel bzw. die anderen Mitbetenden.

Islam

bedeutet auf arabisch Unterwerfung oder Hingabe. Diese wird jeden Tag neu bei der Niederwerfung vor Allah im Gebet zum Ausdruck gebracht.
Der Imam ist der Vorbeter.

„Von einem Menschen, der unrein oder schmutzig ist, nimmt Allah keine Gebete an. In den Moscheen gibt es große hanafiyas – Wasserhähne –, an denen die Männer vor dem Gebet ihre Waschungen vollziehen. Falls kein Wasser vorhanden ist, darf der Gläubige zur Gebetsstunde in der Wüste statt Wasser Sand verwenden. Wir sehen Nimat zu, wie sie sich dreimal die Hände wäscht, sich dreimal mit Wasser aus der rechten Hand den Mund spült, die Nase reinigt, das Gesicht, die Arme bis zu den Ellbogen, den Kopf, die Ohren, den Hals und zuletzt die Füße bis zu den Knöcheln hinauf. Das alles dauert bei ihr höchstens zwei Minuten.

Nach der Waschung nimmt uns Nimat mit in ihr Schlafzimmer, wo wir barfuß mit dem Gesicht nach Mekka zu beten beginnen. Wir beide stehen stets ein paar Schritte hinter ihr. Aufgrund ihres Alters und ihrer Kenntnisse ist sie der Imam. Die flachen Hände rechts und links ans Gesicht gelegt, rufen wir gemeinsam ‚Allahu Akbar' – Allah ist groß – und beginnen mit dem Nachmittagsgebet. Die übrigen Gebete werden kurz nach Sonnenuntergang, bei Einbruch der Nacht, wenn es ganz dunkel ist, unmittelbar vor Tagesanbruch und kurz nach zwölf Uhr mittags gesprochen."

Die Moschee

Immer trifft ein Besucher in der Moschee Menschen. Sie beten, sie lernen aus dem Koran, sie besprechen Glaubens- und Lebensfragen. Müde Reisende können hier ausruhen oder übernachten.

Am Freitag, dem islamischen Feiertag, findet zur Zeit des Mittagsgebets eine gottesdienstliche Versammlung statt. Daran teilzunehmen ist Pflicht der Männer, nicht der Frauen.
Außer den üblichen Gebeten wird bei dieser Feier auch eine Predigt gehalten. Die Gläubigen hören sich die Ansprachen meistens stehend an. Ihr Inhalt sind Ermahnungen für ein frommes Leben, Lobpreisungen Gottes und Zitate aus dem Koran.
Eine Moschee hat mindestens ein Minarett, von dem fünfmal am Tag der Ruf des Muezzin (Gebetsrufer) erschallt (heute meist vom Tonband über Lautsprecher).
Die Moschee muss der Moslem nur zum Mittagsgebet am Freitag besuchen. In den Moscheen ist die Gebetsrichtung (Qibla oder Kibla) an einer besonderen Nische (Mihrab) zu erkennen; ansonsten bestimmt der Gläubige die Gebetsrichtung nach Mekka gemäß dem Sonnenstand selbst. Islamische Gebete schließen weder Bitten noch Wünsche ein.
In einer Moschee leitet der Imam (Vorsteher) das Gebet (Imam kann jeder Muslim sein, der die vorgeschriebenen Kenntnisse hat und die Gebetsformen beherrscht). In der Nähe der Mihrab steht die Kanzel. Der Schmuck einer Moschee besteht in ihrer Bauweise, den Teppichen und künstlerisch gestalteten Koran-Suren. Darstellungen von Gott und Gottes Geschöpfen sind verboten.

Muslimin, Moslem sein

Mohammed

Jehan erinnert sich, wie die Nachmittage bei Nimat in ihr das Bedürfnis erweckten, mehr vom Glauben des Islam zu erfahren: „Ich begann, Biografien des Propheten Mohammed zu studieren und spät abends sowie früh morgens den Koran auswendig zu lernen."

Mohammed ist um 570 n. Chr. in Mekka geboren. Nach dem frühen Tod seiner Eltern wurde er von seinem Onkel erzogen, zusammen mit seinem Vetter Ali. Mit 25 Jahren heiratete er die reiche Kaufmannswitwe Chadidscha.

Als „Gottsucher" verbrachte Mohammed jedes Jahr einige Tage in einer Höhle in der Wüste. Eines Tages kam er ganz verwirrt nach Hause und erzählte seiner Frau, der Erzengel Gabriel sei ihm in der Höhle des Berges Hira erschienen und habe ihn zum Propheten Allahs erklärt. Chadidscha ermutigte ihren Mann und sagte: „Freue dich und sei guten Mutes. Wahrlich, du wirst der Prophet dieses Volkes sein." Chadidscha wurde durch dieses Bekenntnis zur ersten Muslimin.

Die Bewohner von Mekka aber nahmen Mohammeds Berufung als Prophet Allahs nicht an. Deshalb wanderte er im Jahre 622 n. Chr. nach Medina aus. Mit diesem Auszug, der Hidschra, beginnt die islamische Zeitrechnung. Acht Jahre später erobert er Mekka, bestimmt sie zur heiligsten Stadt des Islam und legt fest, dass das alte heidnische Heiligtum, die Kaaba, zum wichtigsten Wallfahrtsort für Muslime wird. Nur noch Muslime dürfen Mekka betreten. Seit dieser Zeit werden alle Gebete in Richtung Mekka gesprochen.

△ Fertigt eine Zeitleiste an nach der Zeitrechnung des Islam.

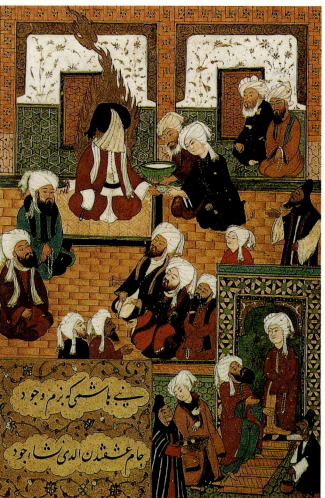

Mohammed im Kreis seiner Gefährten

Große Frauen um Mohammed

Jehan faszinierten vor allem zwei Frauen Mohammeds: Chadidscha, die Mohammeds Berufung erkannte, die ihn immer unterstützte und die vier Mädchen und zwei Jungen zur Welt brachte. Nach ihrem Tod heiratete Mohammed Aischa, die erst neun Jahre alte Tochter seines Freundes Abi Bakr. Aischa war eine tapfere und kluge junge Frau, die zu Mohammeds großer Liebe wurde. Ihr verdanken die Muslime einen großen Teil der Hadithen, das sind Worte des Propheten, die für Muslime wichtig sind für das Verständnis des Islam. Sie kämpfte für Mohammed und für den neuen Glauben. Der Prophet war ihr sehr zugetan. Er starb mit dem Kopf in ihrem Schoß am 8. Juni 632.

Islam

Vor Mohammed verehrten die Araber viele Gottheiten. Bizarre Felsbildungen, geheimnisvolle Höhlen, missgestaltete Bäume oder seltene Steine, wie der schwarze Stein von Mekka, waren besonders verehrungswürdig.

Glauben an einen einzigen Gott

Von dem Glauben an den einen Gott erfuhr Mohammed auf seinen Karawanenreisen. Jüdische und christliche Händler erzählten Geschichten von Abraham und Mose, von Johannes dem Täufer, von Maria und ihrem Sohn Jesus.

Eines Tages hatte Mohammed eine Vision. Der Engel Gabriel beauftragte ihn, die Menschen zum Glauben an Gott zu bekehren.

▼ Sucht nach Bildern von Engeln aus der christlichen Kunst. Erkundigt euch, ob in der Kirche eures Heimatortes Engel abgebildet sind oder ob Kirchen in der Nähe den Namen von Engeln tragen.
Lest Engelsgeschichten: 1. Mose 16 (Hagar); 1. Mose 28 (Jakob); Matthäus 1 und 2 (Josef); Lukas 1 und 2 (Maria).

Der Engel Gabriel erscheint Mohammed und befiehlt ihm, die Menschen zum Glauben an Gott zu bekehren

Das Bekenntnis zu Allah

Täglich bezeugen die Muslime: Es gibt keinen Gott außer Gott, und Mohammed ist sein Prophet. Allah ist der Schöpfer, Erhalter und Vollender der Welt. Er ist der Allmächtige und Allwissende – aber auch der große Erbarmer. Im Koran in der Sure 112 steht: „Im Namen des barmherzigen und gnädigen Gottes, sag: Er ist Gott, ein Einziger, Gott, durch und durch der, an den man sich wenden kann. Er hat weder gezeugt noch ist er gezeugt worden. Und keiner ist ihm ebenbürtig."

Das Bekenntnis zu Allah ist eine der fünf „Säulen" des Islam

▼ Der christliche Gottesdienst beginnt üblicherweise „Im Namen Gottes des Vaters und des Sohnes und des Heiligen Geistes". Muslime meinen deshalb, die Christen glaubten an mehrere Götter. Diskutiert diesen Vorwurf. Lest 1. Mose 18 (Drei Männer bei Abraham).

Muslimin, Moslem sein

Nach Mohammeds Tod

Goldenes Zeitalter

632-34 Abu Bakr
Ausbreitung: Palästina/ Mesopotamien

634-44 Umar
Siege der muslimischen Araber über die Byzantiner, Ägypter, Perser

644-56 Uthman
Herausgeber des **Koran** ermordet

656-61 Ali
letzter der „rechtgeleiteten" Kalifen ermordet

Sunniten   Schiiten

Die Kalifen

Die Nachfolger Mohammeds wurden Kalifen genannt. Sie waren sowohl religiöse wie auch politische Führer. Immer wieder rufen sie zum Heiligen Krieg auf. Immer mehr Länder im Osten können sie erobern. Im Westen besetzen sie Nordafrika und Spanien. Erst Karl Martell (733) kann ein weiteres Vordringen verhindern. Die Kalifen nennen sich jetzt Bewahrer der Religion und tragen den Titel „Imam" (Führer). Wenn in den eroberten Ländern die „Schriftbesitzer", nämlich die Juden und Christen, auf Macht verzichteten und ein Kopfgeld zahlten, durften sie wie bisher leben und ihren Glauben ausüben.

Die Sunna und die Sunniten

Die Offenbarungen Gottes an Mohammed wurden im Koran zusammengestellt und veröffentlicht. Andere Reden und Taten Mohammeds und seiner Gefährten werden in der Sunna überliefert. „Sunna" bedeutet im Arabischen „gewohnte Handlungsweise", „Brauch" oder „der Weg, den man beschreitet". Muslime, die den Koran als Heilige Schrift und die Sunna als Richtschnur für das Leben anerkennen, nennen sich Sunniten. Koran und Sunna bilden zusammen die Scharia, das religiös begründete islamische Recht. Sie bestimmt das gesamte private und öffentliche Leben der Muslime. Dies geht so weit, dass auch die einfachsten täglichen Handlungen des Menschen (Ess- und Trinkgewohnheiten, Körperpflege, Kleidung) durch sie geregelt werden. Da Koran und Sunna nicht alle Fragen des Lebens beantworten und in einigen Fällen sogar widersprüchliche Aussagen lieferten, mussten diese Punkte von religiösen Gelehrten, Ulema, ausgelegt werden. Deren Deutungen wichen jedoch in einigen wesentlichen Punkten voneinander ab und wurden so zum Anlass für die Bildung verschiedener Glaubensrichtungen.

Die Schiiten

Im Jahre 661 kam es zur ersten großen Abspaltung. Der vierte Kalif Ali, ein Vetter und Schwiegersohn Mohammeds, sah sich als ersten rechtmäßigen Nachfolger des Propheten. Er verfügte, dass nur leibliche Verwandte des Propheten dessen Erbe antreten könnten. Nach seiner Ermordung mussten seine Anhänger fliehen. Sie nannten sich die Partei Alis, arabisch; Schiat Ali, also die Schiiten. Sie anerkennen die Sunna nicht als verbindlich, da in ihr auch Geschichten der Nachfolger Mohammeds überliefert sind, die nicht mit dem Propheten verwandt waren. Die Schiiten erwarten die Erlösung durch den Mahdi, den letzten Imam, der ein Reich von Gerechtigkeit in dieser Welt errichten soll.

Die Taten des Propheten

Im ersten Jahrhundert nach dem Tod Mohammeds hat Ibn Ishak (gest. 767) die „Sira", Geschichten aus dem Leben des Propheten, geschrieben. Er versteht den Stifter des Islam als Vollender des jüdischen und christlichen Glaubens. In einer Legende wird die Reise Mohammeds nach Jerusalem erzählt.

Die Nachtreise

An einem Abend wird Mohammed das Pferd Buraka vorgeführt. Das Tier, das schon andere Propheten vor ihm trug, setzt seine Hufe so weit auseinander, wie das Auge reicht. Der Engel Gabriel setzt Mohammed hinauf aufs Pferd und begleitet ihn auf dem Weg von Mekka nach Jerusalem. So sieht der Prophet alle Wunder zwischen Himmel und Erde.

Auf dem Tempelberg trifft er Abraham, Mose und Jesus. Sie reden und beten zusammen. Mohammed muss sich dann einer Prüfung unterziehen. Der Engel Gabriel bringt drei Becher, gefüllt mit Milch, Wasser und Wein. Mohammed trinkt die Milch. Dies ist das Zeichen, dass er der von Gott erwählte Prophet ist. Noch in der gleichen Nacht kehrt Mohammed nach Mekka zurück.

Als er am nächsten Tag von der Nachtreise nach Jerusalem erzählt, schütteln die Leute nur ungläubig ihre Köpfe. Sie sagen: „Wie soll er in einer Nacht nach Jerusalem gereist sein? Für eine solche Reise braucht doch eine Karawane zwei Monate." Aber die Lieblingsfrau Mohammeds, Aischa, erklärt es so: „Mohammeds Körper war in dieser Nacht hier in Mekka. Allah ließ vielmehr Mohammeds Geist reisen." Und Mohammed pflegte zu sagen: „Mein Auge schläft, aber mein Herz wacht."

Allah weiß, wie all das geschehen und in welchem Zustand dies geschehen ist.

Arabien im 7. Jahrhundert

△ Jerusalem gilt aufgrund dieser Erzählung nach Mekka und Medina als drittwichtigstes Heiligtum im Islam. Informiert euch über die Bedeutung des Felsendoms für die Muslime und des Tempelbergs für die Juden (s. Seite 230).

▼ Vergleicht die Karte von Arabien im 7. Jahrhundert mit einer Karte von heute. Sucht in Geschichtsatlanten alte Handelskarawanenwege auf der arabischen Halbinsel.

Muslimin, Moslem sein

Der Koran

Jedes Wort im Koran ist nach der Überzeugung der Muslime direkt von Gott. Die 114 Suren (Kapitel) sind der Länge nach geordnet: Die längste Sure steht am Anfang.
Wie alle Kinder im Islam lernte auch Jehan die Worte des Koran auswendig. Sie erzählt: „Schon mit dreizehn entdeckte ich in dem reichen, melodischen Arabisch des Korans etwas wirklich Göttliches. Da der Prophet Mohammed, wie viele seiner Anhänger, Analphabet gewesen war, wählte Allah Worte, die die Zuhörer sowohl gefühlsmäßig ansprechen als auch belehren sollten. Die Schönheit der Sprache im Koran ist fast nicht mit Worten zu beschreiben. Das öffentliche Rezitieren ihrer makellos konstruierten Rhythmen, Reime und Assonanzen ist eine große Kunst in der arabischen Welt.

Als ich vierzehn war, sprach ich zu den täglichen fünf vorgeschriebenen noch einige weitere kurze Gebete. Zweimal am Tag las ich im Koran. Ich las in den Hadithen, den Büchern mit den Aussprüchen des Propheten. Sie sind zwar keine göttlichen Worte wie die im Koran, aber für die Moslems nach dem Koran von größter religiöser Bedeutung."

Die Frau im Koran

Viele Jahre später, als Jehan die Frau des Präsidenten Anwar el Sadat von Ägypten war, kämpfte sie um die Rechte der islamischen Frauen. Vor allem die Fundamentalisten sind gegen eine Gleichberechtigung. Jehan erzählt: „Für die religiösen Fanatiker ist die Rolle der Frau eindeutig. Sie hat dem Mann zu dienen, hat keine Fragen zu stellen und muss absolut gehorchen.

Einmal geriet ich in ein Streitgespräch mit einem jungen Scheich. Er fragte mich: ‚Wie können Sie behaupten, Frau Sadat, dass ein Mann nicht mehr als eine einzige Frau heiraten darf? Das ist unser Recht.' Ich antwortete: ‚Wir wollen Ihnen keineswegs Ihre Rechte nehmen. Wir wollen nur der Polygamie ein paar Hindernisse in den Weg legen. Der Koran lehrt, dass es sehr schwer für einen Mann ist, mehr als einer Frau gerecht zu werden.' Der junge Mann gab nicht nach: ‚Warum soll ich meine Frau informieren, wenn ich vorhabe, mir eine zweite Frau zu nehmen? Sie hat mir zu gehorchen. Das ist ihre Pflicht. Solange ich ihr ein Heim bieten und alles geben kann, was sie verlangt, ist das genug.'

Die Fundamentalisten sind unbelehrbar. Sie sagen: Die Frauen, die ihre Rechte verlangen, machen nur die Frauen des Westens nach. Sie laufen herum wie Männer. Der Platz einer guten Moslemfrau ist zu Hause."

Seite aus dem Koran

▼ Im Christentum ist die Gleichberechtigung von Mann und Frau nicht überall selbstverständlich. Lest 1. Mose 1,27 über die Gleichberechtigung von Mann und Frau. Vergleicht dazu auch Sprüche 31,10 - 30. Jesus hat in seine Nachfolge auch Jüngerinnen berufen: Lukas 8,1 - 3, 19 - 21.

Die Armengabe

Aus Dankbarkeit gegenüber Gott sollen alle Muslime einen Teil ihres Einkommens den Armen geben, damit die Reichen nicht habgierig werden, denn alle Muslime sind Brüder. Diese Hilfe wird nicht als Steuer eingezogen, sondern direkt den Armen gegeben.

Jehan erzählt, wie sie als Zehnjährige von einer alten Frau hörte, die in einem Baum lebte. Sie war blind und hatte niemand, der für sie sorgte. Da brachte ihr Jehan jeden Tag auf dem Schulweg ihr Pausenbrot und verschenkte ihr Taschengeld:

„Ich erzählte niemand von ihr, nicht einmal meiner Mutter. Sie war mein Geheimnis. Ich machte mir Sorgen, weil sie ständig an ihren Augen herumrieb. Also packte ich eines Tages Augentropfen und Salbe in meine Schultasche und begann sie behutsam damit zu behandeln. Sie ließ es sich widerspruchslos gefallen. Zuhause brach ich dann mein Schweigen und erzählte meiner Mutter von meinem Geheimnis. Sie war entsetzt und schickte augenblicklich einen Arzt zu der Alten. Es stellte sich heraus, dass sie blind war. Da mein Geheimnis nun gelüftet war, beschloss ich, auch meine Freundinnen zu der Alten mitzunehmen. Monatelang besuchten wir sie nach der Schule und brachten ihr Lebensmittel und Kleidung mit. Dann aber war der Baum eines Tages leer. ‚Wo ist sie?', erkundigte ich mich bei dem Süßwarenverkäufer an der Ecke. ‚Sie ist heute Morgen gestorben', berichtete er. ‚Die Polizei hat ihren Leichnam abgeholt.' Ich war untröstlich, denn ich hatte geglaubt, sie mit meiner Fürsorge am Leben erhalten zu können. Aber ich habe sie nie vergessen."

Die Gabe für die Armen ist eine der fünf „Säulen" des Islam

▼ Können wir, wie die Muslime, den Armen auch so direkt helfen? In den großen christlichen Kirchen wird Kirchensteuer eingezogen. Ein Teil dieser Gelder wird für die Unterstützung von Bedürftigen ausgegeben. Kennt ihr kirchliche Hilfsorganisationen, Möglichkeiten, wie Armen, sozial Schwachen und Hungernden geholfen werden kann?

Die Pilgerreise nach Mekka

Für Muslime ist Mekka die heiligste Stadt. Sie darf von keinem Ungläubigen betreten werden. Einmal im Leben sollte jeder Gläubige eine Wallfahrt nach Mekka machen. Sie dient der religiösen Besinnung, der Liebe und dem Frieden. Alle Probleme, alle Feindseligkeiten und alle Konflikte soll der Pilger zu Hause lassen.

Frauen und Männer tragen während der Pilgerreise weiße, lange Gewänder, die sie meist wieder mit nach Hause nehmen als Erinnerung an die Hadsch, um sich nach dem Tod in diesen begraben zu lassen. Wer die Pilgerreise gemacht hat, trägt den Ehrentitel Hadschi.

Jehan als Ehefrau von Anwar el Sadat, der inzwischen Präsident von Ägypten geworden war, machte eine Pilgerreise mit dem Flugzeug. Sie erzählt einige Eindrücke:

„Als wir den weiten weißen Marmorhof der großen Moschee erreichten, verschlug es mir den Atem. Sieben Haupttore führen auf den riesigen, rechteckigen Innenhof. Er fasst eine halbe Million Menschen. Auf allen Seiten ist er von Bogen und Säulengängen aus weißem Marmor umschlossen. Sieben reich verzierte Minaretts überragen das breite Flachdach über den Kolonnaden. Unversehens verstummen die Rufe der Pilger, die zuvor noch mit lauter Stimme Allah gepriesen haben. An diesem Ort sind alle Menschen gleich.

Die Pilger begeben sich jetzt zur Kaaba, dem sechzehn Meter hohen und elf Meter langen steinernen Bauwerk in der Mitte des Hofes. Die Kaaba ist ein schlichtes Bauwerk, eigentlich kaum mehr als ein riesiger Würfel mit einer einzigen Tür. An der Südostecke der Kaaba

Die Pilgerreise nach Mekka ist eine der fünf „Säulen" des Islam

Muslimin, Moslem sein

ist der schwarze Stein eingelassen. Nur zwanzig Zentimeter im Durchmesser und in Silber gefasst, nimmt der schwarze Stein in unserer Tradition einen sehr wichtigen Platz ein. Siebenmal umschreiten wir die Kaaba entgegen dem Uhrzeigersinn und beten jedes Mal, wenn wir am schwarzen Stein vorbeikommen: ‚Allahu Akbar – Allah ist groß.' Danach begeben wir uns zu der Quelle Zamsam. Hier, in der Umgebung Mekkas, hatte Ibrahim seine zweite Frau Hagar und seinen ältesten Sohn zurückgelassen, als er mit seiner Frau Sara und seinem Sohn Isaak nach Palästina weiterzog. Weil Isaak und Ismael beide Ibrahims Söhne waren, nennen wir Sara die Mutter der Juden und Christen, während Hagar die Mutter der Moslems ist. Wir halten uns alle, Moslems, Christen und Juden, für Cousins.

Hagar, mit nur einem Sack Datteln in der Wüste zurückgeblieben, suchte verzweifelt nach Wasser, um ihren und den Durst ihres kleinen Sohnes zu stillen. Siebenmal lief sie zwischen den beiden Bergen Safa und Marwa hin und her und hoffte, eine Quelle zu finden, an der sie und Ismael trinken konnten. Schließlich füllte der Engel Gabriel durch Allahs Gnade zu Ismaels Füßen eine versiegte Quelle mit frischem, klarem Wasser, um Hagars Leben und das des Kindes zu retten. Diese Quelle wurde Zamsam genannt und sprudelt noch heute frisch und klar."

Pilger umschreiten die Kaaba

△ Im Koran ist Ibrahim (Abraham) ein Prophet Gottes und ein Vorbild im Glauben. Im Koran wird auch die Opferung Isaaks erzählt (Sure 37, 99-113). Vergleicht die Abraham- und Hagargeschichte in der Bibel (1. Mose 16).
▼ Diskutiert den Satz: Alle Moslems, Christen und Juden sind Cousins.

Islam

Islamischer Festkalender

Für die Ansetzung der islamischen Feiertage ist Grundlage das Mondjahr, was in jedem Jahr zu neuen Daten für die Feste führt. Nach traditionell islamischer Auffassung dürfen die Daten der Monatsanfänge nicht wissenschaftlich vorausberechnet werden, sondern sind erst durch Beobachtung (erstes Erscheinen der zunehmenden Mondsichel) festzustellen und danach zu verkünden. Das führt dazu, daß die islamischen Feiertage in verschiedenen Ländern zu unterschiedlichen Terminen gefeiert werden: eine Differenz von ein bis zwei Tagen ist möglich.

Islamische Feiertage

Miradsch Kandili	Eine der fünf heiligen Nächte: Gedächtnis der nächtlichen Himmelsreise des Propheten
Ramadan	Bezeichnung des Fastenmonats (türkisch: Ramazan). In ihm wurde Mohammed die Offenbarung zuteil. Von der Morgendämmerung bis zum Sonnenuntergang enthalten sich gläubige Muslime des Essens, Trinkens, Rauchens und des Geschlechtsverkehrs. Nach Sonnenuntergang treffen sich Familien und Nachbarn zu gemeinsamem Essen.
Nacht der Bestimmung	Eine der fünf heiligen Nächte (27. Nacht im Fastenmonat): Gedächtnis der Offenbarung der ersten fünf Verse der Koran-Sure 96 an Mohammed.
Fest des Fastenbrechens	Abschluss des Fastenmonats. Der türkische Name meint wohl zunächst „Dankfest", wird heutzutage aber damit in Verbindung gebracht, dass Süßigkeiten als Geschenke verteilt werden. Zu diesem Tag gehört ein besonderes Feiertagsgebet.
Opferfest	Höchstes Fest des Islam. Für die meisten Muslime Erinnerung an die von Abraham erwartete Opferung seines Sohnes Ismael. Familien schlachten ein Opfertier, meist ein Schaf.
Neujahr	Das islamische Mondjahr beginnt mit dem Gedächtnis der Auswanderung aus Mekka im Jahr 622.
Aschura	Der zehnte Tag des ersten islamischen Monats: An diesem Tag soll Noah die Arche verlassen haben. In der schiitischen Tradition gedenkt man an diesem Tag der Ermordung Hussains: Darum ist es ein Fasttag.
Mevlid Kandili	Eine der fünf heiligen Nächte: Geburtstag des Propheten.

Muslimin, Moslem sein

Das Mondjahr

Das islamische Mondjahr beginnt mit dem Monat Muharram.
Der neunte Monat ist der Fastenmonat Ramadan.
Das islamische Jahr geht mit dem Pilgermonat Dhu I-Hidjja zu Ende.
Da das Mondjahr um neun bis elf Tage kürzer als das Sonnenjahr ist, durchwandern die einzelnen Monate den gesamten Jahreszyklus des Sonnenjahres.

1999
14./15. Januar	Nacht der Bestimmung
19. Januar	Fest des Fastenbrechens
28. März	Opferfest
17. April	Beginn des islamischen Jahres 1420
26. April	Aschura-Fest
25./26. Juni	Mevlid Kandili
9. Dezember	Beginn des Fastenmonats

2000
3./4. Januar	Nacht der Bestimmung
8. Januar	Fest des Fastenbrechens
16. März	Opferfest
6. April	Beginn des islamischen Jahres 1421
15. April	Aschura-Fest
14./15. Juni	Mevlid Kandili
26. November	Beginn des Fastenmonats
21./22. Dezember	Nacht der Bestimmung
26. Dezember	Fest des Fastenbrechens

▼ Überlegt euch kleine Geschenke für eure muslimischen Mitschüler oder Nachbarn zum Fest des Fastenbrechens.

Islam

Text- und Liednachweis

So sind wir – echt

Seite	
13	Es passiert jedem: Nach: Ruth Bell, Wie wir werden, was wir fühlen. Rowohlt, Reinbek 1993, S. 25 (stark verändert).
15	Miriam, 15 Jahre: Bundeszentrale für gesundheitliche Aufklärung (Hg.), Starke Mädchen. Köln 1994, S. 33.
16f.	Herzklopfen: Marion Bolte u. a. (Hg.), Total verknallt. Rowohlt, Reinbek 1994, S. 92-94 (gekürzt und leicht verändert).
17	Die Arbeit fängt an: Heike Hupperz, Die Arbeit fängt an. In: Marion Bolte u. a. (Hg.), Total verknallt. Rowohlt, Reinbek 1994, S. 139.
18	Familienchronik: Ingrid Bacher, Das war doch immer so? Beltz, Weinheim 1987, S. 47-49 und 88.
21	Manchmal denke ich: Gerhard Kiefel, An meine Eltern. In: Gerhard Kiefel, Wir suchen das Leben. Wuppertal 1970, S. 14.
	Reden – und: Dietmar Rost u. a. (Hg.), Zeit zum Leben. Gütersloher Verlagshaus, Gütersloh 1995, S. 52-53.
22	Stell dir vor, du knackst den Jackpot: Nachempfunden nach: Südwestpresse: Mit Lotto-Jackpot viel Gutes tun. (etwa April 1996)
25	Vier Jahre benötigte: Rock-Musik-Lexikon. Hg. Christian Graf. Fischer TB, Hamburg 1989.
26	Liedtext: Would you know my name, Eric Clapton. © 1992 Reprise Records. CD 9362-45024-2.
27	Liedtext: Paradies, Die Toten Hosen. CD „Opium fürs Volk" 1996, JKP-Jochens kleine Plattenfirma GmbH.
29	Heaven Bound: „Ruhrpott-Reggae": Aus: Teens Magazin 1/95, S. 15 (stark verändert und gekürzt).
	Liedtext: Hey Little Man, Heaven Bound. Pila Music, p.o.box 143, 72133 Dettenhausen. © Arts & Graphics: Hapo. CD 27237-2.
33	Josef ist einer: Aus: Projektgruppe Erbach/Odenwald, Der Mensch und sein Gewissen, Schönberger Hefte 1/73, S. 28 (leicht verändert).
35	Wie gut dürfen Kinder sein?: In: Ursula Haucke, Papa, Charly hat gesagt, Band 3. Rowohlt, Reinbek 1979, S. 111–115 (Ausschnitt).
40	Der Johannisbrotbaum: Nach: H. u. U. Halbfas (Hg.), Das Menschenhaus – ein Lesebuch für den Religionsunterricht. Verlage Benzinger/Calwer/Patmos, Zürich/Stuttgart/Düsseldorf 1972, S. 88.

Mit Gott unterwegs

43	Ich bin allein: Samuel Liew Singapore. In: New Songs of Asian Cities, published by East Asia Christian Conference, entnommen aus: Das Wort in der Welt, Zeitschrift des Evangelischen Missionswerks Nr. 5/1973 Oktober, Hamburg, S. 2.
45	augen wir haben noch augen: In: Kurt Marti, Leichenreden. Luchterhand Verlag, Darmstadt ^{7}1974, S. 17.
48	Die Buchstaben GOTT: J. Kneer, Gott, die Zuflucht bis ins Alter. In: Gottfried Bitter/Norbert Mette (Hg.), Leben mit den Psalmen. Kösel-Verlag, München 1983, S. 184.
49	Der betende Gaukler: In: Hubertus Halbfas, Der Sprung in den Brunnen. Patmos-Verlag, Düsseldorf ^{5}1984.
50f.	Ich bin bange, ob mein Herz auch erbebt: Renate u. Ulrich Günzel. In: Gottfried Bitter/Norbert Mette (Hg.), Leben mit den Psalmen. Kösel-Verlag, München 1983, S. 41-46 (gekürzt).
52f.	Als Rita sich: Friderun Krautwurm. In: Dietrich Steinwede/Sabine Ruprecht (Hg.), Vorlesebuch Religion 2. Kaufmann-Verlag, Lahr 1973, S. 224 (gekürzt).

53	Herr, unsere Mutter: In: Manfred Seitz/E. Thiele (Hg.), Wir beten. Gebete für die Menschen von heute. Aussaat, Neukirchen-Vluyn ⁴1970, S. 111.
	Herr, du darfst: Aus: rp-modell Nr. 3, Gebet. Verlag M. Diesterweg/Kösel Verlag, Frankfurt a. M./München, S. 22.
	Lieber Gott, ich danke dir: Aus: rp-modell Nr. 3, Gebet. Verlag M. Diesterweg/Kösel Verlag, Frankfurt a. M./München 1971, S. 22.
	Lieber Gott, ich habe diese Nacht gut geschlafen: Aus: rp-modell Nr. 3, Gebet. Verlag M. Diesterweg/Kösel Verlag, Frankfurt a. M./München 1971, S. 22.
54f.	Gott erhört auf seine Weise: Paul Gallico. In: Elfriede Conrad/Klaus Deßecker (Hg.), Erzählbuch zum Glauben 3: Das Vaterunser. Kaufmann/Benziger, Lahr/Solothurn 1985, S.34-36 (dort Hinweis, dass Rechteinhaber nicht ausgemacht werden konnte).
55	Manchmal kennen wir Gottes Willen: © Text: K. Marti/A. Juhre; Melodie: F. Kukuck, © Gustav Bosse Verlag, Kassel. EG 642 BEP, 594 NB, 626 Wü.
68	Was immer den Kephas: In: Susanne Krahe, Das riskierte Ich. Paulus aus Tarsus. Kaiser, München 1991, S. 133-135 (Auszüge).
69	Im Fernsehen tritt eine evangelische Predigerin: In: Neil Postman, Wir amüsieren uns zu Tode. Fischer TB, Frankfurt a. M. 1991, S. 141f. (gekürzt).
72	Die Korinther benahmen sich wie: Aus: Susanne Krahe, Das riskierte Ich. Paulus aus Tarsus. Kaiser, München 1991, S. 199f., 201f.

Menschen begegnen Jesus

77	Kinderfragen: In: Dorothee Sölle, spiel doch von brot und rosen. © Wolta-Fiethem Verlag, Berlin 1981, S. 43.
81	Ich kam. Ich blieb: Luise Rinser, Mirjam. Fischer TB, Frankfurt a. M. 1993, S. 53f.
82	Wie soll ich ihn lieben?: Übersetzung von Ulrich Rutzenhöfer/Barbara Schlindwein. In: Gerhard Büttner/ Joachim Maier: Maria aus Magdala – Ester – Debora. Modelle für den evangelischen und katholischen Religionsunterricht Sekundarstufe 1. Calwer Verlag, Stuttgart 1994, S. 41.
84	Da sah ich im Olivenhain: Luise Rinser, Mirjam. Fischer TB, Frankfurt a. M. 1993, S. 304f.
85	Weil ich mich immer viel: Rigoberta Menchú. In: Rüdiger Riediger, Mach mit! Kirche für junge Menschen. Gütersloher Verlagshaus, Gütersloh 1995, S. 52.
86	Die Gesellschaft der Zukunft: Dieter Wellershoff, in: N. Born (Hg.), „Die Phantasie an die Macht". Literaturmagazin 3. Rowohlt Tb-Verlag, Hamburg 1975, S. 18f.
89	Wenn Jesus von den Seligen: In: Jörg Zink, Erfahrung mit Gott. Kreuz-Verlag, Stuttgart 1974, S. 29; 433.
90	Ihr habt gehört: Faltblatt des Aktionskreises Gastarbeiter, Düsseldorf.
91	Der jüdische Geschichtsschreiber: Ingrid Weng, Exempla trahunt. In: Peter Härtling (Hg.), Textspuren. Radius-Verlag, Stuttgart 1990, S. 213f.
92f.	Da ist für mich ein Wunder passiert: In: Hans Heller, ... und so haben wir dann in unserem Weinberg gearbeitet. Verlag M. Diesterweg, Frankfurt a. M.
94	Hephata: Friederike Nestler, In: B. u. V. Kahl (Hg.), Aufgestanden gegen den Tod. Union Verlag, Berlin 1984, S. 216.
	Wunderheiler: Warschau/dpa. 1.3.1992.
95	Es war einmal eine alte Frau: 99 Minutenmärchen. Ausgesucht und erzählt von Kaethe Recheis und Friedl Hofbauer. Kerle-Herder, Freiburg i. Br. 1981, S. 60f.
101	lied für blinde lahme taube: Zitiert nach: Biblische Texte verfremdet, hg. u. eingel. von Sigrid und Horst Klaus Berg, Band 11: Himmel auf Erden. Wunder und Gleichnisse. Kösel/Calwer, München/Stuttgart 1989, S. 36f.
	Von einem chassidischen Wunderrabbi: In: Salcia Landmann (Hg.), Der jüdische Witz. Walter, Freiburg i. Br. 1977, S. 138. Zitiert nach der Sekundärquelle: Lore Graf u. a. (Hg.), Die Blumen des Blinden. Kurze Geschichten zum Nachdenken. München 1983, S. 80.

102f. Der Synagogendiener: und: Ein jüdischer Gelehrter: In: Schalom Ben-Chorin, Bruder Jesus – Der Nazarener in jüdischer Sicht. Deutscher Taschenbuch Verlag, München 1977, S. 159-163.

104 Eine Erzählung: Auszüge aus: Werner Laubi, Geschichten zur Bibel 4. Jesus von Nazareth (Teil 2). Kaufmann Verlag, Lahr ²1993, S. 109-113 (gekürzt).

108 Der gekreuzigte und alsdann begrabene Jesu: Nele Löw Beer zu Johannes 20,19-29. In: Peter Härtling (Hg.), Textspuren 1. Radius-Verlag, Stuttgart 1990, S. 131f. (Auszüge).

109 Wir wollen mal: Nach: Wieland Schmid, aus: Mannheimer Morgen, Nr. 81, Ostern 1996, Beilage Erholung vom Alltag (Spiel und Spaß). (gekürzt)

Wirklichkeit deuten, prophetisch handeln, Hoffnung wecken

112 Der eine Gott: Vgl. dazu: Johanna Kopp, Israels Propheten – Gottes Zeugen heute. Bonifatius Verlag, Paderborn 1991, S. 20ff.

114f. Der Kampf um den einen Gott: In: Helmut Hanisch/Dieter Haas, 20 Unterrichtseinheiten für den Religionsunterricht 5./6. Schuljahr, 1. Halbband. Calwer Verlag, Stuttgart ²1989, S. 103f.

119 Der Bauer Amos: Nach: Werner Laubi, Geschichten zur Bibel. Elia-Amos-Jesaja. Band 2. Kaufmann/Patmos, Lahr/Düsseldorf ²1987, S. 96f.

120 Wie ist es zu den sozialen Problemen: In: Johanna Kopp, Israels Propheten – Gottes Zeugen heute. Bonifatius Verlag, Paderborn 1991, S. 47.

123 Zwei Menschen: Alfred Müller-Felsenburg. In: Erzählbuch zum Glauben. Die zehn Gebote. Für Religionsunterricht, Kindergottesdienst und Familie, hg. von Elfriede Conrad, Klaus Deßecker, Heidi Kaiser. Verlag Ernst Kaufmann/Patmos Verlag, Lahr/Düsseldorf 1983, S. 32f.

124f. Gerichtstag in Assisi: Aus: „z. B.". Zeitschrift für die Praxis des christlichen Unterrichts in Schule und Kirche. 7. Jg. 1972, Heft 4, S. 97-100, Käthe Seidel, Forsthaus, 27313 Dörverden (Diensthop)

132 Ich sage zu Jesus Jupp: Manfred E. Neumann/Willi Schraffenberger, Platte machen. Vom Leben und Sterben auf der Straße. Quell Verlag, Stuttgart 1992, S. 28.

136 Gemachte Armut: In: Willi Hoffsümmer (Hg.), Kurzgeschichten 4. Grünewald Verlag, Mainz 1991, S. 165ff.

Aberglaube – oder?

142 Und sie vertrauen dem Kaffeesatz: nach: epd (Evang. Pressedienst) NR 16/96 (stark gekürzt).

In der Schöpfung als Ebenbild Gottes

152 Ein Einsiedler lebte allein: Christiane Eggers. Zitiert nach: Willi Hoffsümmer, Kurzgeschichten 4. Grünewald Verlag, Mainz 1992, S. 142. Rechte bei der Autorin.

154 Adam und Eva teilten: In: Hildburg Wegener u. a. (Hg.), Frauen fordern eine gerechte Sprache. Gütersloher Verlagshaus, Gütersloh 1990, S. 123.

155 Ein Gewichtheber fuhr: In: Ursula Wölfel, Neunundzwanzig verrückte Geschichten. Hoch-Verlag, Düsseldorf 1974, S. 18.

156 Spiegelbild: Aus: Mädchen Nr. 22, 18. Oktober 1995, S. 67.

157 Einer sagte es dem anderen weiter: Nach: Die Zeit vom 6.3.1969, zitiert nach: Ev. RU in Berlin 8 (1987), Nr. 1,2 UM, S. 1f.

158 Es war einige Tage: Nach: Wolfgang Greive, Das bedrohte Ja zum Leben. Glaube und Lernen, 1991, S. 5.

159 Ich sah sie neben Peter: In: Rolf Krenzer, Kurze Geschichten 2. Ernst Kaufmann Verlag, Lahr o. J.

161 Die Statuten des Menschen: Thiago de Mello, deutsch v. Catharina Wendt. In: Gesang der bewaffneten Liebe 1976, zitiert nach Almanach 10 für Literatur und Theologie: Zärtlichkeit. Peter Hammer Verlag, Wuppertal 1976.

Du sollst Kinder achten: Hartmut von Hentig. In: Gott gibt Kindern Recht – Kinder haben Rechte. Arbeitsheft für Schule und Gemeinde zum Sonntag der Weltmission 1991. Hamburg 1991, S. 32 (gekürzt).
162f. Mit zittrigen Händen: In: Bernd Knill, Mein Zuhause ist die Straße. Bravo 14.5.96, S. 16f. (gekürzt).
166 Nennen Sie es ein Wunder: Ines K. Wetzel, Die Sucht ist wie ein freier Fall. In: Sächsische Zeitung, 4./5.5.96, S. 7.

Kirche in der Welt
171 Unsere Mahlzeit: Tertullian, Verteidigung des Christentums, hg. und übersetzt v. Carl Becker. Kösel, München 1992, S. 183.
172 Aufzusuchen sind sie nicht (Trajan an Plinius): Zitiert nach: Briefe des Altertums, ausgewählt und teilweise übersetzt von Horst Rüdiger. Zürich ²1965, S. 273.
173 Das Martyrium eines Soldaten: Zitiert nach: P. Hanozin, Helden der Urkirche. Urkunden. Berichte. Graz 1938.
174 Das Mailänder Edikt (313): In: H. Meltzer, Kirchengeschichtliches Quellenbuch, Teil I., S. 39.
176 Edikt des Konstantinus (346): In: H. Meltzer, Kirchengeschichtliches Quellenbuch, Teil I., S. 45.
177 ... So schmiedeten: Zitiert nach: Heiko A. Obermann u. a. (Hg.), Kirchen- und Theologiegeschichte in Quellen, Band I. Neukirchener Verlag, Neukirchen-Vluyn 1977, S. 196.
178f. Um 1400: In: Heinz-Joachim Draeger, Die Torstraße. Häuser erzählen Geschichte. Atlantis Verlag, Zürich und Freiburg i. Br. 1977, o. S. (gekürzt).
180 Die Nacht: und: Der Tag: In: Otto Borst, Alltagsleben im Mittelalter. Insel Verlag, Frankfurt a. M. 1983, S. 216ff. (gekürzt).
181 Der Zunfthandwerker: In: Otto Borst, Alltagsleben im Mittelalter. Insel Verlag, Frankfurt a. M. 1983, S. 223f.
185 Er gönnte sich kein Essen: In: Vladimir J. Koudelka (Hg.), Dominikus. Zeugnisse mystischer Welterfahrung. Walter Verlag, Olten 1982 (zitiert nach der Lizenzausgabe 1983, S. 93f.).
Die Brüder von St. Nikolaus: In: Vladimir J. Koudelka (Hg.), Dominikus. Zeugnisse mystischer Welterfahrung. Walter Verlag, Olten 1982 (zitiert nach der Lizenzausgabe 1983, S. 173f.).
186 Petrus Waldes: Dietrich Steinwede. In: Dietrich Steinwede (Hg.), Erzählbuch zur Kirchengeschichte, Band 1. Benziger/Kaufmann/Vandenhoeck & Ruprecht, Zürich/Lahr/Göttingen 1982, S. 293ff. (gekürzt).
188 Wenn aus der Zeit: In: Otto Borst, Alltagsleben im Mittelalter. Insel Verlag, Frankfurt a. M. 1983, S. 422.
190f. Im Haus der Beginen: Kordula Müller-Hesse, Mechthild von Magdeburg. In: Elisabeth Achtnich, Frauen, die sich trauen. Kaufmann, Lahr 1991, S. 75f. (gekürzt).
193 Was unsere Vorfahren taten: In: Georges Duby, Unseren Ängsten auf der Spur. Vom Mittelalter zum Jahr 2000. DuMont, Köln 1996, S. 140.
202 Aus der Genfer Kirchenordnung von 1561: Zitiert nach Corpus Reformatorum, Band 38, S. 5ff.

Judentum
(ohne Fremdtexte)

Islam
222ff. Jehan Sadat, Ich bin eine Frau aus Ägypten. Autobiographie. Verlag Heyne TB, München 1995. (Ihre Lebensgeschichte zieht sich wie ein roter Faden durch das Kapitel. Kurze Auszüge zu: „Muslimin oder Christin", „Ramadan", „Gebet", „Mohammed", „Große Frauen um Mohammed", „Die Frau im Koran", „Die Armengabe", „Pilgerreise".)
233 Für die Ansetzung ...: Aus: Was jeder vom Islam wissen muss, EKD (Hg.). Gütersloher Verlagshaus, Gütersloh ³1991.

Abbildungsnachweis

U1: Luigi Russolo (1885–1947) "Maisons + lumières + ciel", (Ausschnitt) 1912/13 Oel auf Leinwand, 100 x 100 cm, Öffentliche Kunstsammlung Basel, Schenkung Sonja Delauny 1949, Photo: Martin Bühler; S.10: IFA-Bilderteam/IPP, Frankfurt; S.11: Mauritius/Phototheque SOP Mittenwald; S.12–14, 16 (2), 17, 19 (4), 22, 23 (3), 30 u., 39, 42, 43, 61, 97, 114, 115, 152 (4), 153, 163. 211, 213, 215, 216, 217, 219, 225: G. Kraft, Schwäbisch Hall; S.15 li.: Mauritius/Sam, Mittenwald; S.15 re.: Mauritius/AGE, Mittenwald; 5. 24: New Eyes GmbH, Hamburg/Redferns; S.24/25, 25: PPW Max Kohr, Berlin: S.30 o.: Markus Schanz, Vöhringen; S.32 li.: CCC/Mester, München; S.43: Paul Klee (1879–1940). Disput, 232 (X2) 67 x 67 cm; Öl auf Leinwand; originale Rahmenleisten; Kunstmuseum Bern, Paul-Klee-Stiftung, Bern, Inv. Nr. B 13 (© VG Bild-Kunst, Bonn 1998; S.45: B. Hübener, Mannheim; S.46: Lade/S. K., Frankfurt; S.47: Missionskalender, der die Richtung weist. Die Botschaft kommt aus Indien, Missio 1973/74; S.48: Zeichnungen aus: Helmut Hanisch, Die zeichnerische Entwicklung des Gottesbildes bei Kindern und Jugendlichen. Calwer Verlag/Ev. Verlagsanstalt, Stuttgart/Leipzig 1996; S.56: Walter Habdank, Jona im Fischleib; S.58/59: Detlef Willand: Jona. Holzschnittbuch zur Bibel mit neun vom Stock gedruckten Holzschnitten. Verlag Galerie im unteren Tor, Bietigheim-Bissingen 1983; S.60: © S. Magnin, CH-Guntershausen; S.65: Kunsthist. Museum, Wien; S.68: AKG/Erich Lessing, Berlin; S.69: Bilderberg/H. J. Burkard, Hamburg; S.70: Bildarchiv Steffens/Pieter Jos van Limbergen, Mainz; S.73: AKG/Erich Lessing, Berlin; S.74: aus: Walter Habdank, 24 Holzschnitte zur Bibel. Kösel, München 1978; S.76 li.: Otto Dix Archiv, CH Schaffhausen, © VG Bild-Kunst, Bonn 1998; S.76 re.: Schwabenverlag AG, Ostfildern; S.77: (© VG Bild-Kunst, Bonn 1998; S.83: Artothek, Peissenberg; S.84: aus dem Misereor Hungertuch "Biblische Frauengestalten – Wegweiser zum Reich Gottes" von Lucy D'Souza, © 1990, Misereor Medienproduktion und Vertriebsgesellschaft mbH, Aachen; S.86: Schwabenverlag AG, Ostfildern; S.90: G. Grossmann, Missionswerk der Ev. Luth. Kirche in Bayern, Neuendettelsau; S.91: Focus/Riboud/Magnum Photos, Hamburg; S.93: 1932, 274 (X14) Ad Parnassum, 100 x 126 cm; 109 x 135 cm (inkl. Rahmen); Öl auf Leinwand; originaler Rahmen, Inv. Nr. 1427, Kunstmuseum Bern, Verein der Freunde des Berner Kunstmuseums, (© VG Bild-Kunst, Bonn 1998; S.101: Schwabenverlag AG, Ostfildern; S.103: Arnulf Rainer, Wien; S.105: Paul Klee 1918, 20: Agnus Dei qui tollis peccata mundi 28 x 14/15,3 cm; Tusche und Aquarell auf Papier, Staatsgalerie moderner Kunst/Bayerische Staatsgemäldesammlungen/Sammlung Stangl; Foto: Artothek, Peissenberg, (© VG Bild-Kunst, Bonn 1998; S.106: (© Demart pro arte B. V. NG Bild-Kunst, Bonn 1998; S.109: Schwabenverlag AG, Ostfildern: S.110: Wolfgang Janisch, Berlin; S.111: foto-present/Pohl, Essen; S.113: Foto: Helmut Hanisch, Leipzig; S.121: aus: Liselotte Corbach, Amos, Göttingen 1972; S.123: Schwabenverlag AG, Ostfildern; S.124 , 128: Toni Schneiders, Lindau; S.126/127: KNA, Frankfurt; S.132, 133, 135: Manfred E. Neumann/ Willi Schraffenberger, Platte machen, Quell Verlag, Stuttgart 1996; S.137 o.: Das Fotoarchiv/Friedrich Stark, Essen; S.137 u.: Das Fotoarchiv/Dirk Eisermann, Essen: S.139: German. Nationalmuseum, Nürnberg; S.150/151: (© De Verbeelding, Willibrord Vereinigung, 5211 DK's-Hertogenbosch; S.155: Schuster GmbH/S. Tauqueur, Oberursel; S.157 o.: epd-bild/Netzhaut, Frankfurt; S.157 u.: KNA, Frankfurt; S.158: foto-present/Stark, Essen; S.161: Mütter und Väter gegen atomare Bedrohung e.V., Berlin; S.168, 169o., 170, 173: Scala, Florenz; S.169 u.: Klaus G. Beyer, Weirnar; S.170: Scala; S.176, 177: AKG, Berlin; S.178: aus: H.-J. Draeger, Die Torstraße. Häuser erzählen Geschichte. Atlantis Verlag, Zürich/Freiburg i.Br. 1977, o. S.; S.180: Bildarchiv Steffens/Ralph-Rainer Steffens, Mainz; S.190: Ch. Grüger, Schönebeck; S.192: Giraudon, Paris; S.193: Sygma/Mathias Lacombe, Paris; S.197: German. Nationalmuseum, Nürnberg; S.198: Schuster GmbH/Backhaus, Oberursel; S.199, 201: AKG, Berlin; S.204: A. Winkler, Greilsheim; S.206: Schwabenverlag AG, Ostfildern; S.208, 209, 210, 212: Werner Braun, Jerusalem; S.214: Das Fotoarchiv/Geoffrey Hiller, Essen; S.218: Das Fotoarchiv/Markus Matzel, Essen; S.220 o.: epd-bild/Lichtblick, Frankfurt; S.220 u.: ems/Martina Waiblinger, Stuttgart; S.221 o.: VISUM/Th. Cojaniz, Hamburg; S.221 u.: Bilderberg/ Th.Ernsting, Hamburg; S.226: Brit. Museum, London; S.230: AKG, Berlin; 5.232:dpa/Biber, Frankfurt.